個別化教育計畫

的理念與實施

胡永崇——著

作者簡介

胡永崇

學歷：國立彰化師範大學特殊教育學系博士
經歷：國立屏東大學特殊教育學系專任教授
現職：國立屏東大學特殊教育學系退休／兼任教授
電子信箱：hyc@mail.nptu.edu.tw

作者序

　　個別化教育計畫（Individualized Education Program, IEP）是整個特殊教育之核心，是保障身心障礙學生接受符合其特殊需求之適性教育與相關服務的最重要法定文件。個別化教育計畫的發展是一個團隊合作的歷程，包括需求評估、召開個別化教育計畫會議、訂定教育目標與相關服務內容、執行計畫、成效評估與檢討、計畫調整等系列過程，皆需學校行政人員、特殊教育教師、普通班教師、家長、相關專業人員之充分參與。

　　本書主要內容即依據我國特殊教育法規對個別化教育計畫之規定，說明個別化教育計畫的意義及其訂定歷程，做為學校及特殊教育工作者為身心障礙學生訂定個別化教育計畫之參考。全書共分十章，第一章緒論；第二章美國 IDEA 法案對個別化教育計畫的規範；第三章我國特殊教育法規對個別化教育計畫之相關規定；第四章個別化教育計畫會議；第五章家庭狀況、學生能力現況及需求評估；第六章特殊教育、相關服務與支持策略；第七章學年目標與學期目標；第八章行為功能介入方案與行政支援；第九章轉銜輔導及服務內容；第十章個別化教育計畫的實施原則。

　　我國《特殊教育法》第 28 條規定：高級中等以下各教育階段學校，應以團隊合作方式對身心障礙學生訂定個別化教育計畫，訂定時應邀請身心障礙學生家長參與，必要時家長得邀請相關人員陪同參與。《特殊教育法施行細則》第 9 條、第 10 條，也分別對個別化教育計畫所應包含之內容及訂定時程加以規範。不過，特殊教育法規皆僅做較原則性之規範，因此，個別化教育計畫之訂定過程、表格格式、內容繁簡程度等，或許不同學者、不同縣市、不同學校，其觀點與做法亦未必完全一致。本書依作者

對個別化教育計畫的見解而敘述，並無意做為典範或標準，因此，讀者除參閱本書內容外，尚可再參考特殊教育相關法規、各縣市做法、其他學校做法、其他學者觀點等，研訂屬於各校之個別化教育計畫實施方式與相關表格文件。但無論各校如何訂定個別化教育計畫之發展歷程與文件格式，皆需把握符合特殊教育法規、符合學生個別需求、具體可執行、重視特殊教育績效等個別化教育計畫的最重要原則。

　　本書之撰寫，作者雖盡可能力求完整與務實，但相信疏漏之處仍多，尚祈讀者不吝賜教。

胡永崇 謹識
2018 年 4 月春暖時節

目次

參考文獻

附錄

表目次

Chapter 1

緒論

　　一般而言，社會的進步情況可由其對待殊異者的態度判斷之，教育的進步情形則可由對待身心殊異者的態度判斷之，因此，特殊教育的發展情況也常做為一個國家教育發展或整體國家發展的重要指標之一。保障身心障礙學生接受適性教育的權益，是特殊教育發展最主要的目標，而個別化教育計畫（Individualized Education Program, IEP）的擬定與執行，則是達成此一目標的必要途徑。

第一節　特殊教育的發展階段

　　就特殊教育發展歷史而言，約可分為六個階段。不過，各發展階段不易有明確的年代劃分，且各階段對身心障礙者的態度只是程度上的差別，而非截然不同。

一、排斥期

　　此一時期，社會上對待身心障礙者大都採取排斥、拒絕的態度，多數人不但不認為身心障礙者有權接受教育，更不認為身心障礙者可以接受教育。因此，此時期的身心障礙者不見容於社會，也不能享有社會或家庭中的各種可能權益。

二、隔離養護期

此一時期，社會上逐漸發展出對身心障礙者的憐憫、救濟與養護態度，不過，多數人仍主張身心障礙者應加以隔離，一方面保護其不致受到傷害，另一方面也使社會免於受到負面影響。因此，此時期的身心障礙者，多數接受教養院之集中式與隔離式養護，身心障礙者受到的待遇，養護的成分遠大於教育。

三、隔離教養期

當身心障礙者被隔離養護後，隨著在教養院的日子增加，院內也會開始提供院生一些生活技能訓練，加上許多院生也具有若干學習能力，因此，此一時期逐漸將隔離養護轉為隔離教養。雖其中仍有養護成分，但已大幅增加教育或訓練的比例。不過，就教育態度而言，此時期的社會大眾仍認為身心障礙者之教育，以採用隔離教育方式為佳，不適合回歸正常社會參與一般學生之學習活動。

四、隔離教育期

隔離教養期之後，社會上開始認為身心障礙者應有接受教育之權利，應回歸教育系統，不應再以教養院之形式加以教養。不過，此一時期雖重視身心障礙者之教育權利，但卻普遍認為適合之教育形式應為隔離之教育環境。此一隔離之教育環境，初期為特殊教育學校形式，後期則採集中式特殊教育班的形式。採取隔離式教育的主要觀點，認為身心障礙學生與普通學生在學習能力、課程與教學方面，皆有明顯落差，因而難以適應普通教育環境或普通班，集中式的教育環境可以提供身心障礙者較適當之教育。

五、融合教育期

隨著社會對身心障礙者和其家長權益之重視，及家長對自身權益的爭取，加上身心障礙者的範圍逐漸由重度障礙者擴及中度、輕度或一些隱性障礙者，此一時期出現許多去機構化、回歸主流等呼聲或運動，社會上普遍認為身心障礙者有權回歸普通學校及普通班。因此，身心障礙者的教育主流也逐漸由隔離式之教養機構、特殊教育學校、特殊教育班，轉為更接近正常班級之資源班或直接安置於普通班，除少數障礙程度較重學生外，多數學生皆採資源班或普通班之安置形式。不過，此時期特殊教育安置的議論焦點，仍在於隔離或融合的教育安置方式之爭論，較少顧及身心障礙學生所接受之教育內容是否符合其特殊需求，也較少重視學生接受適性教育與相關服務的權益之保障。此時期，教育主導權仍集中於教師等專業人員及行政人員，家長及學生本人通常處於被告知、被動接受之地位。

六、教育權益保障期

在此一時期之前，社會上對身心障礙者教育的關注重點，大都在於教育安置方式之論爭，較少觸及身心障礙者教育權益及家長權益的保障。隨著家長自主教育的權益意識升高，出現許多家長與學校或行政單位爭執的情況，不過，長期以來，教育的主導權皆在於學校及行政單位，家長通常處於弱勢，因此，許多家長在與學校爭取教育權益的過程中，也常處於不利地位，於是社會上興起立法保障身心障礙者及其家長權益之呼聲。藉由法律規範，促使身心障礙者之教育權益保障，不再只是教育人員的一種理念或態度，而是必須執行之義務。此時期也大都視特殊教育為團隊合作與溝通之過程，且將家長及學生視為特殊教育之實施過程中的平等參與者，而非只是被動接受的角色。權益保障的範圍也由安置、課程與教學，擴及環境調整與相關支持服務。

依前述特殊教育發展階段，就教育安置方式而言，身心障礙者從不被

視為需教養的對象，到被隔離養護，再到隔離教養、隔離教育，最後發展為融入普通教育環境中；就社會的態度而言，身心障礙者從被排斥、漠視，到被視為救濟、養護對象，再到被視為可接受隔離之教養、教育的對象，最後被肯定有權融入普通教育環境之中；就教育對象而言，從早期僅關注重度障礙者或顯性障礙者，逐漸擴及輕度障礙者或隱性障礙者，甚至後者接受特殊教育之人數已超過前者；就教育內容而言，從早期認為身心障礙者不需接受教育、無法接受教育，到認為身心障礙者可接受生活技能訓練，再到認為身心障礙者具有明顯之個別差異，其所接受之教育內容需符合其特殊需求；就家長教育權益而言，從早期不認為身心障礙者及其家長擁有教育權益，到認為身心障礙者之教育是一種專業，應由教師等專業人員及行政人員主導，而非讓家長參與其中，最後則認為特殊教育是團隊合作的過程，並認為特殊教育的主體在學生，而家長對學生的認識程度不亞於教師，家長與學生本身亦應擁有特殊教育的參與權，且此一權益需立法規範與保障；就權益保障內容而言，從早期僅重視學生應有權接受教育，到認為其所接受之教育應符合其身心特性與需求，再到認為除教育內容之外，整體教育環境之調整因應及相關支持服務皆應納入特殊教育範疇之中。

　　個別化教育計畫的興起，與特殊教育發展過程中對身心障礙學生接受適性教育權益的保障有關。1975 年，美國的《全體身心障礙兒童教育法案》（Education for All Handicapped Children Act, Public Law 94-142）首度將個別化教育計畫納入法案規範之中，規定學校需為每位接受特殊教育的身心障礙兒童擬定及執行個別化教育計畫，自此美國在保障身心障礙學生接受適性教育方面，不再僅是一項理念或社會運動，而是形諸法律的具體規範，為身心障礙學生擬定及執行個別化教育計畫成為學校之義務。其後該法案經幾次修訂，一直到 2004 年該法案新修訂之《美國身心障礙者教育法案》（Individuals with Disabilities Education Act, IDEA, Public Law 108-466）（以下簡稱 IDEA 法案），個別化教育計畫一直是該法案的核

心之一。在我國，1984 年首度制定之《特殊教育法》，僅於第 6 條規定「特殊教育之設施，以適合個別化教學為原則」，但並未將個別化教育計畫列入法案之規範，1997 年所修訂之《特殊教育法》，則於第 27 條規定「各級學校應對每位身心障礙學生擬定個別化教育計畫，並應邀請身心障礙學生家長參與其擬定與教育安置」，至此，個別化教育計畫亦成為我國身心障礙學生特殊教育的法定權益。其後《特殊教育法》又經幾次修訂，但個別化教育計畫始終仍為法案的重要內容之一。

第二節　個別化教育計畫的意義與重要概念

　　本節分別說明個別化教育計畫的意義、IDEA 法案的原則、個別化教育計畫的重要概念等。

一、個別化教育計畫的意義

　　「個別化教育計畫」一詞，可做以下幾個分析解釋。

(一) 個別化

　　個別化（individualized）主要指符合個人的（individual）特殊需求，此處之個人則指具有法定資格（eligibility）的身心障礙學生。學生的需求固然與其障礙類別有關，但同一障礙類別的學生，未必有相同需求，有相同需求的學生，也未必皆屬於相同障礙類別，因此，學生之需求應依其個別狀況而定，而非受限於障礙類別。「個人的」與「個別化」的教育計畫，其差別在於前者重視為個人所設計，後者之核心概念則為符合個人特殊需求。即使為特定學生所設計的教育計畫，若未符合該生之個人特殊需求，仍不符合「個別化」的精神；反之，符合學生個別需求的教育方案也可採用小組方式進行，未必需以個人的或一對一的方式進行教學。不過，身心障礙學生的個別差異較大，一般而言，教學人數愈多，愈難以兼顧每

一學生個別的特殊需求。特殊需求意指對特殊教育與相關服務的需求,而非泛指所有需求,因此,只是為個人所設計,但卻未符合個人特殊需求,則仍不符合「個別化」之概念。

此外,學生的個別化需求也衍生出學校的個別化需求。亦即學校為因應學生個別化需求所需採取之調整因應措施,例如學校為滿足某一聽覺障礙學生安置於普通班之需求,亦需採取輔具備置、教室環境調整、教學與課程調整、評量方式調整等各種可能之因應措施。因此,學校需因應學生之個別化需求來做個別化調整,而非依學校之既有條件,抑制學生之個別需求。

(二) 教育

「教育」(education)一詞,強調符合身心障礙學生特殊需求的教育,意指特殊教育及協助學生接受特殊教育所需提供之相關服務。IDEA 法案將特殊教育界定為經過特殊設計(specially designed)以符合學生特殊需求(unique needs)的教育。此外,教育固然包括教學(instruction),但其範圍大於教學,因此,個別化教育計畫不應被稱為個別化教學計畫。個別化教育計畫所謂之教育,其範圍不僅是適性的課程與教學,更包括家長與學生參與特殊教育的權益,及與接受特殊教育有關的支持服務。此外,符合個別需求之適性教育,可能因障礙類別、障礙性質、生涯發展階段、家庭或社區狀況等等條件之不同而異。

(三) 計畫

「計畫」之英文有時會以 program 與 plan 二字互用,不過 IDEA 法案之法定用詞為 program,因此,英文文獻亦大都採用 program 一字。此外,program 一字中文可譯為計畫或方案,以往中文譯名曾被稱為個別化教育方案,不過,自 1997 年我國《特殊教育法》首度於法案中使用個別化教育計畫一詞後,目前譯名幾乎皆統一採用「個別化教育計畫」。學校在訂定時亦需使用法定的「個別化教育計畫」一詞,避免使用其他譯名。

　　「計畫」若當名詞，代表計畫書、書面文件；若當動名詞則代表計畫發展、執行、檢討與調整之歷程，亦即計畫不僅是靜態的文件，尚需付諸動態的執行。個別化教育計畫一詞，便同時包含文件與執行等兩個層面之意義，亦即經由召開個別化教育計畫會議，訂定個別化教育計畫書，接著付諸執行，然後檢討計畫執行成效，並加以調整。因此，個別化教育計畫訂定時，即需重視其「可執行性」或明確性，不應只是做一些類似教科書上的原則性或概念性之規範或論述，例如「教師應調整該生之評量方式」即因缺乏明確性而難以執行。換言之，個別化教育計畫之「計畫」並非一種理想、希望、努力想達成的目標，而是一種為符應學生個別需求的具體行動方案、一種教育內容的預定執行計畫，同時也是一種教育計畫與教育成效的管理工具。

二、個別化教育計畫的相關立法精神

　　個別化教育計畫源自美國。美國 IDEA 法案雖經數次修訂，但個別化教育計畫始終是該法案之重心。綜合而言，IDEA 法案有幾個重要原則：

(一) 零拒絕

　　法案規定，不管學生之障礙程度如何，學校皆不得拒絕身心障礙學生入學。身心障礙學生有權就讀於任何非身心障礙學生可以就讀之學校。

(二) 無歧視性評量

　　學校必須使用無偏差、多元的評量方法，以評估學生是否符合接受特殊教育的法定資格及據以提供符合其特殊需求之適性教育。

(三) 免費的、適當的公共教育

　　不論身心障礙者之障礙類別與程度，其教育費用需由政府支應。身心障礙者除享有免費教育外，其教育內容亦需符合「適當」之條件，所謂「適當」即指學生所接受之教育內容符合其特殊需求。

(四) 個別化教育計畫

為確保學校所提供之教育符合「適當」的條件，學校必須依學生個別需求，為每一位身心障礙學生發展及執行個別化教育計畫。

(五) 最少限制環境

法案規定學校必須盡最大可能，讓身心障礙學生與一般學生共同學習，除非提供輔具與相關支持服務後，仍難以因應學生之障礙性質或程度，否則需將學生安置於最少限制環境（the least restrictive environment），不可做隔離之特殊教育安置。

(六) 權益保障

法案規定教育單位需保障家長在特殊教育過程之權益（procedural safeguards）及遵守解決紛爭的法定過程（due process）。特殊教育學生鑑定、安置、教育服務的過程中，皆涉及學校與家長雙方之責任與權益。法案對相關責任、權益及爭議解決等方面，做了許多相關規範。

(七) 家長參與

家長有權參與身心障礙學生教育的決策過程。家長不但有權參與鑑定、安置、個別化教育計畫等，且相關之決定需獲家長同意。

三、個別化教育計畫的重要概念

發展與執行個別化教育計畫，可能涉及上述 IDEA 法案之各項原則，因此，個別化教育計畫可說是整個 IDEA 法案最重要的部分，也常被視為該法案保障身心障礙者接受適性教育之核心（core）、心臟（heart）、靈魂（soul）或基石（cornerstone）（Gartin & Murdick, 2005; Siegel, 2014）。

IDEA 法案強調個別化教育計畫之目的，在於確保身心障礙學生所接受之教育為符合其特殊需求的適性教育，且法案將個別化教育計畫定義

為：是依據法令，為每一位身心障礙學生所發展、檢討與修改的書面文件。此一書面文件的形成包含兩個法定的主要成分，其一為發展此一文件所應包含的團隊成員，其二為此一文件應包含之內容。在我國，教育部所訂《特殊教育法施行細則》（2013）第 9 條，將個別化教育計畫定義為：指運用團隊合作方式，針對身心障礙學生個別特性所訂定之特殊教育及相關服務計畫。

事實上，個別化教育計畫已是法律概念，因此，個別化教育計畫之意義自需依據法令規定。綜合而言，個別化教育計畫是指依據法律規定，由包含家長在內之團隊成員以合作方式，為每位身心障礙學生所發展及執行之教育計畫。此一教育計畫內容必須符合學生個別需求，且需包含法令所規定之必要成分。

就靜態性質而言，個別化教育計畫是一項需包含法定成分，且符合身心障礙學生特殊需求的法定文件或教育計畫書；就動態歷程而言，個別化教育計畫代表計畫之擬定、執行與檢討調整的歷程，亦即召開個別化教育計畫會議、考量身心障礙學生之特殊需求、擬定因應措施、適性安置、提出教學目標、考量支持服務、檢討與修正等循環歷程。個別化教育計畫具有以下幾個重要概念：

・是強制性規定，而非授權學校得以選擇擬定與否。
・以法律為依據，其發展過程與文件內容需符合法令規定。
・學校需為每一個通過特殊教育鑑定標準、具有法定資格的身心障礙學生訂定。
・就權責而言，擬定與執行個別化教育計畫是教育單位之責任，得公平參與則是家長之權益。
・就績效責任而言，確保身心障礙學生的教育績效是教育單位的責任，要求具有績效則是家長的權益。
・其目的在於確保身心障礙學生接受符合其個別需求之適性教育。
・就實施成效而言，發展與執行過程除需符合法令規定外，更需重視

學生由此計畫獲得有意義的進步。

- 具有明確的目標導向,且做好目標管理,包括目標將如何達成、何時達成、是否達成、如何告知與何時該告知家長其子女的教育目標之達成狀況,皆需明確規劃訂定。

- 是證據或資料為本位的,而非虛擬或主觀認定的。所有有關兒童的鑑定、需求、服務、預定目標、目標管理、父母的權益規範、教育單位的權責等,皆需以證據為依據並見諸文件資料。

- 其發展方式為包含家長在內之團隊成員共同合作訂定。

- 團隊成員與計畫內容需符合法律規定。

個別化教育計畫在特殊教育過程之重要性

「特殊教育」的意義,或許可由不同觀點視之。就法律觀點而言,特殊教育是法定之教育項目,政府有義務提供特殊教育學生適性教育,特殊教育實施之方法與內容,及其所涉及之權利、義務與責任,均受各項特殊教育法令規範;就社會政治觀點而言,特殊教育代表社會對身心障礙者的接納態度,也代表身心障礙者之人權獲得保障,政府對身心障礙者之教育人權的重視,不僅是一種態度的改變,更藉由法令加以保障;就教育觀點而言,特殊教育是指為因應學生特殊需求,所做個別化規劃的、特殊的、密集的、目標導向的教學。此一教學的目的在於預防問題的嚴重化、補救其缺陷或能力不足、彈性因應身心限制。特殊教育過程則涉及教育對象、教育內容、教育方法、教育環境等因素的整合(Heward, 2013)。

特殊教育過程包含以下系列問題:

- 哪些學生需要特殊教育?

- 學生的障礙情況是否已對其表現造成明顯影響,是否達到需接受特殊教育的標準?

- 學生因其障礙,衍生哪些特殊需求?

- 為因應學生之特殊需求，需提供哪些特殊教學、課程、彈性調整、支持服務？
- 何種教育環境是符合學生特殊需求，且與普通學生隔離最少或最少限制之教育環境？
- 特殊教育對學生之成效如何？需做哪些調整或改變？

特殊教育建立於普通教育的基礎之上，如果一個學生的學習或行為問題在普通教育環境中，藉由普通教育所提供的相關輔導措施，或配合相關介入措施後，該生之問題即獲得明顯改善，則代表該生並無特殊教育之需求；反之，當普通教育環境所提供之輔導、介入措施，難以改善學生之問題，則該生即可能為特殊教育之對象。一般而言，特殊教育包含以下幾個歷程及內容（Heward, 2013）。

一、轉介前介入

學生的學習或行為問題之察覺，可能來自家長或教師之觀察，或來自篩選測驗之評量結果。不論是家長或教育人員，當發現學生出現學習或行為問題時，皆需做好親師合作，結合學校輔導機制，面對學生問題，找出問題原因，提供轉介前介入（pre-referral intervention）措施。可能之措施包括家庭環境、教學環境、教學方法、評量方法之調整，也可能包括醫療介入、補救教學介入。如果普通教育環境中，這些轉介前介入措施仍難有效因應學生之問題，才會將該生做進一步轉介，接受特殊教育之鑑定評量。2004 年，美國 IDEA 法案亦將「對介入之反應」（Response to Intervention, RTI），列為學習障礙學生鑑定之重要標準，此一標準意指當學校採取有科學實證之教學方法後，學生之學習問題仍難有效改善，才符合學習障礙之鑑定標準。

轉介前介入雖能避免普通教育即可有效輔導的學生被轉介到特殊教育系統，不過若未適當規劃，也可能延遲學生接受特殊教育，以致其學習或行為問題嚴重化。

二、多元適性的評量

經由普通教育輔導後仍難有效改善學習或行為問題者，則會被轉介接受特殊教育之鑑定與評量。學生接受鑑定前，需先取得父母之書面同意書，接著需考量學生之生理、心理、文化、語言等限制，結合多重專業領域，使用對學生不致產生低估或偏差之多元適性的評量工具與方法，以確定學生是否具有障礙，及因應其障礙提供所需之教育、相關服務、隔離或限制最少之安置環境等。

多元適性評量的原則在於採取適當的評量調整措施，以避免學生因相關條件之限制，而損及測驗效度。「多元」是指評量方法或歷程之調整，「適性」則指評量歷程或方法符合學生身心特性且具備評量效度。因此，多元的歷程，其目的在於達成適性的目標。例如對視覺障礙學生實施閱讀理解測驗，若未採取適當調整措施（例如放大字體、延長時間、採用點字題本等），則測驗結果將因學生的視力限制而低估其閱讀理解能力。不過，評量者採取評量調整時，也需注意此一調整是否因而損及測驗之效度，例如如果因學生視力限制而將閱讀理解測驗，改採主試者口述題目之施測方式，則可能使測驗所測得之能力由閱讀理解變成聽覺理解。

三、鑑定

鑑定代表對多元適性評量結果之確認，以了解學生是否具有障礙（disability），是否符合法定之鑑定標準與障礙類別。如果學生的問題來自教學不當、環境不當、語言文化差異，則不被視為身心障礙。鑑定亦需結合多重專業領域，並需邀請家長列席。鑑定的目的在於確定學生是否具備接受特殊教育的法定資格，通過鑑定者即具有接受特殊教育與相關服務的權益。不過，鑑定過程與結果也可能因而為學生貼上標籤（labeling），影響其自我概念與人際適應，甚至使學生或家長對接受鑑定及特殊教育產生排拒現象。

四、個別化教育計畫

當學生符合某一障礙類別的鑑定標準，即具有接受特殊教育之權益。美國 IDEA 法案規定，教育單位必須在確定學生具有特殊教育與相關服務的需求後，30 天內召開個別化教育計畫會議，並於學年開始即執行身心障礙學生之個別化教育計畫。在我國，教育部所訂《特殊教育法施行細則》第 10 條規定，新生及轉學生的個別化教育計畫在入學後一個月內訂定；其餘在學學生之個別化教育計畫，應於開學前訂定。這些規定的目的即在於確保通過鑑定的身心障礙學生，能即時接受特殊教育服務。IDEA 法案及我國《特殊教育法施行細則》，皆有對個別化教育計畫會議之成員的相關規定，並將父母納為公平參與的法定成員之一。兩項法案對個別化教育計畫所應包含的內容，也都做了明確規範。

個別化教育計畫擬定與執行，是確保身心障礙學生接受適性教育權益的必要歷程，不過，其執行成效則受計畫是否能充分因應學生的特殊需求、學校之教育資源與因應措施能否配合、計畫成效是否適當監控等因素所影響。

五、教育安置

由於身心障礙學生的鑑定，屬於各主管機關身心障礙及資賦優異學生鑑定及就學輔導會（簡稱鑑輔會）的權責，且安置涉及跨校的教育行政運作，兩者皆非學校的權責，因此，我國各縣市實際做法皆為經由鑑輔會的召開，將鑑定與安置合一，亦即在鑑定安置會議中，一方面決定學生是否符合鑑定標準，另一方面依據學生之障礙情況決定適當的教育安置環境（例如普通班、分散式資源班、集中式特殊教育班、特殊教育學校等）。不過，就較廣義之個別化教育計畫而言，教育安置應包含於個別化教育計畫之中，亦即先召開個別化教育計畫會議，確定學生之障礙情況與特殊需求之後，接著再決定適合學生之最少限制環境。

　　美國 IDEA 法案規定，身心障礙學生應安置於最少限制環境之中，除非提供支持性之輔具與服務後，仍難以滿足學生之需求，否則即需將學生安置於普通教育環境之中。我國《特殊教育法》（2014）第 10 條亦規定：學前教育階段及國民教育階段，特殊教育學生以就近入學為原則；第 18 條規定：特殊教育與相關服務措施之提供及設施之設置，應符合適性化、個別化、社區化、無障礙及融合（inclusion）之精神。

　　近年來，雖然有些學者主張完全融合（full inclusion），認為所有身心障礙學生，無論其障礙類別與程度，皆應完全安置於同年齡之普通班級（Artiles, Harris-Murri, & Rostenberg, 2006; Schwarz, 2007），不過，IDEA 法案之法定用詞仍為「最少限制環境」，而非「完全融合」。我國《特殊教育法》雖於第 18 條提及「融合」，但仍強調為「融合之精神」，而非強制性之完全融合，因此，實際安置仍需考量學生之障礙情況及需求，安置於隔離最少的教育環境中。

六、特殊教育與相關服務

　　特殊教育與相關服務是整個特殊教育內容的核心，也是個別化教育計畫的最重要成分。IDEA 法案將身心障礙學生界定為需要接受特殊教育及相關服務的學生。我國《特殊教育法》第 3 條將身心障礙學生界定為：因生理或心理之障礙，經專業評估及鑑定具學習特殊需求，須特殊教育及相關服務措施之協助者。此處所謂特殊教育意指身心障礙學生所接受之普通教育課程、調整後之普通教育課程、因應特殊需求之教育課程（例如點字、溝通訓練、社會技巧、職業教育等等）；相關服務則指除特殊教育之外，其他為滿足學生特殊需求所提供之服務措施（例如無障礙環境、輔具、相關調整措施、人力支持、相關專業介入等等）。IDEA 法案將相關服務界定為：交通服務及為協助身心障礙兒童接受特殊教育所必要提供之發展性、矯治性及其他支持性服務（例如語言病理與聽能服務、物理治療、社會工作等等）。

相關服務的目的在於協助身心障礙學生得以順利接受特殊教育，或使特殊教育之效果更能充分發揮，因此，相關服務雖非特殊教育，但缺乏此類服務措施，卻可能使學生難以享有特殊教育之權益或限制特殊教育之成效，例如有些學生若其交通問題未獲解決，即無法到校接受特殊教育。

七、教育計畫的監控、檢討與調整

特殊教育歷程是動態的過程，學生身心狀況、環境等皆隨時改變，因此，教學亦需不斷檢討、調整，教育成效也需經由假設—驗證歷程考驗之。個別化教育計畫所設定之教學方法、教學目標是否具有成效，教學目標是否達成，皆有賴對學生進步狀況之評估與監控，並做必要之檢討與修正。美國 IDEA 法案規定，身心障礙學生之資格至少每三年需做重新評估，個別化教育計畫至少每年需做一次檢討。學校也需定期對家長提供報告，讓家長了解子女是否朝向個別化教育計畫之年度目標持續進步。如果家長對子女之進步情況有異議，亦可提出檢討個別化教育計畫之請求。我國《特殊教育法》第 17 條規定：各主管機關應每年重新評估安置之適當性。《身心障礙及資賦優異學生鑑定辦法》（2013）第 23 條規定：經鑑輔會鑑定安置之身心障礙學生或資賦優異學生，遇障礙情形改變、優弱勢能力改變、適應不良或其他特殊需求時，得由教師、家長或學生本人向學校或主管機關提出重新評估之申請。《特殊教育法施行細則》第 10 條規定：個別化教育計畫，每學期應至少檢討一次。

鑑定與安置皆非一次定終身，影響教學成效的相關因素也不斷在改變，學生教學目標是否達成，需進行持續性之監控、評估與檢討。

就上述特殊教育歷程而言，一旦學生經由鑑定確定符合身心障礙之法定標準，即享有接受特殊教育之權益，此後之特殊教育歷程即為個別化教育計畫之發展與執行歷程。若將學生身心障礙法定資格與個別化教育計畫法定資格合一，則整個特殊教育歷程就是個別化教育計畫歷程。因此，當學生之身心障礙法定資格確定後，學校即需將家長納為個別化教育計畫會

議的團隊成員之一，並依以下歷程，發展學生之個別化教育計畫：

・召開個別化教育計畫會議。

・評估學生之身心特質與特殊需求。

・決定學生之安置環境。

・討論學生之教育目標。

・研擬及提供學生相關服務。

・執行個別化教育計畫。

・了解學生之進步情況，監控學生是否朝向年度目標不斷進步。

・召開檢討會議，檢討實施成效。

・調整或修正個別化教育計畫。

個別化教育計畫即是身心障礙學生整個特殊教育歷程的計畫與管理，包括了解學生的現況與特殊需求、設定學生所需之特殊教育與相關服務、建立學生之教育目標、規劃與管理目標達成的完整歷程（包括目標的達成方法、預計期程、評量方法、報告達成與否的方式與頻率等）。

美國 IDEA 法案對個別化教育計畫的規範

　　美國是主要國家中首先將個別化教育計畫列入法案規定的國家，1975年 IDEA 法案立法時，即規定教育單位需為每位身心障礙學生擬定及執行個別化教育計畫。IDEA 法案除對個別化教育計畫有明確規定外，尚包含許多特殊教育的相關規定。雖然各國對特殊教育及個別化教育計畫皆各有規定，但美國 IDEA 法案之規定，仍具有相當之參考價值。

第一節　美國 IDEA 法案對特殊教育的相關規定

　　以下分別由整體的父母權益、父母同意方式、鑑定評量、教育安置、教育紀錄查閱、紛爭解決等方面，說明 IDEA 法案之重要規定。個別化教育計畫則留待下一節說明。

一、父母權益

　　IDEA 法案可以說就是身心障礙者教育權益保障法或父母權益保障法。法案的各項規定，就教育單位而言，是權責、義務；就家長而言，就是權益保障。整體而言，家長可以享有以下權益（Siegel, 2014）：

- 子女有權接受免費的、適當的公共教育。
- 子女有權被安置於最少限制的教育環境。
- 子女有權就其需求獲得完整之評量，且這些評量事先需獲得家長同意。

- 子女有權擁有個別化教育計畫，此一計畫需由包含家長在內的團隊共同發展。
- 個別化教育計畫內容需免費提供家長複本。
- 個別化教育計畫會議，每年至少需召開一次。
- 子女之個別化教育計畫需包含法定之各項內容。
- 子女有權接受提升其特殊教育成效所需之相關服務。
- 若學區內無符合子女需求之公立學校，有權安置於私立學校。
- 子女有權安置於離家最近的學校，且有權就讀任何非障礙學生可以就讀的學校。
- 鑑定、安置、個別化教育計畫、服務等，皆需獲得父母之同意。
- 父母不同意鑑定結果與個別化教育計畫時，有權藉由調解（mediation）與公聽會（hearing）解決爭議。
- 未經父母同意，教育單位不能單方面改變個別化教育計畫。

二、父母同意權

　　IDEA 法案對於鑑定、安置、教育歷程之父母同意方式，有幾個重要規定（胡永崇，2013）：

- 在父母做出決定前，需確定已對父母做充分告知（fully informed）。
- 父母同意需為告知後同意（informed consent）。
- 要求父母做出決定前，需事先提供書面通知書（prior written notice）。
- 書面通知書內容需採用父母能理解之語言或適合之溝通方式。
- 父母之同意需採書面同意書之方式。
- 需給父母合理的思考時間。
- 即使父母已做出同意，但仍有權隨時撤回其同意。
- 父母未同意某一服務或活動，不能因而排除其子女接受其他服務或

活動之權利。

‧不能將父母對鑑定的同意，視為其對特殊教育與相關服務之同意。

三、鑑定評量

做為判斷學生是否符合法定資格的初次鑑定評量（initial evaluation）及重新鑑定評量（reevaluation），IDEA 法案亦做出許多規範：

‧初次鑑定及重新鑑定，皆需獲得父母之告知後書面同意書。

‧父母同意後，需在 60 天內完成鑑定評量。

‧鑑定評量的目的在於確定學生是否符合法定之身心障礙學生資格及其特殊需求。

‧鑑定評量需採用完整（full）與個別（individual）的方式。

‧做為教學決定之篩選測驗結果，不可做為鑑定之依據。

‧需使用各種評量工具或方法，蒐集學生發展、行為、功能、學業等資料，做為決定學生身心障礙資格及發展個別化教育計畫之依據。

‧不可僅以單一測驗或評量的結果，做為決定學生法定資格或教育計畫的唯一依據。

‧若學生之學習問題乃因缺乏學科教學、英語熟練度不佳而直接造成，則不可判為身心障礙。

‧測驗或評量需具有效度與信度，能反應學生可能之障礙類別或領域，且需避免對學生之語言文化帶有歧視作用（discrimination）。

‧測驗材料及實施需符合學生之母語或溝通方式，需由具備專業知識與訓練者實施，施測過程需依據測驗指導手冊。

‧學生的身心障礙法定資格及特殊教育需求，需由包括家長在內之合格專業人員組成的團隊會商決定之。

‧鑑定評量及法定資格確定的報告文件，其複本需提供給父母。

‧除非教育單位及父母皆同意無須重新鑑定，否則至少每三年需重新鑑定評量學生身心障礙的法定資格。

- 教育單位、教師、家長皆有權提出重新鑑定，但除非教育單位與家長同意，否則重新鑑定一年最多一次。

- 家長不同意鑑定結果，且對教育單位之解釋不滿意時，有權要求獨立評量（independent evaluation）。獨立評量意指由非公營且非負責學生教育之單位的合格人員所實施的評量。教育單位需提供家長何處可獲得獨立評量之資訊，及可資應用之鑑定標準。

- 家長提出要求獨立評量，學校可以詢問原因，但不可因家長未說明原因或另以其他不合理方法，延遲家長要求之獨立評量或延遲進行解決爭議之法定程序。

- 若經公聽會決議，原先鑑定結果是適當的，家長仍有權進行獨立評量，但評量經費需由家長自付。不過，若先前鑑定未通過，但獨立評量結果卻顯示符合法定標準，則此一經費仍需由政府負擔。

四、教育安置

IDEA 法案規定，身心障礙學生應接受免費的、適當的公共教育，且應安置於最少限制環境，任何非障礙學生可以就讀之學校，皆不得拒絕身心障礙學生。法案對教育安置有以下規定：

- 所有 3～21 歲的身心障礙學生皆有權接受免費的、適當的公共教育。其中 6～17 歲為全國統一保障對象，但 3～5 歲、18～21 歲等兩個年齡層，則視各州情況而定；若各州這些年齡層的非障礙學生有權接受免費的公共教育，則其身心障礙學生享有相同的教育權利。

- 免費的、適當的公共教育意指，學生所接受之教育經費是政府支付的，是需受政府監督與指導的。

- 最少限制環境意指在適當情況下，盡最大可能讓身心障礙學生與普通學生一起接受教育。除非學生的障礙性質及嚴重程度，使其在安置於普通班的情況下，即使應用輔具與支持服務仍難以滿足其需

求，否則不可將障礙學生安置於集中式特殊教育班、特殊教育學校或其他較隔離的安置環境。

- 教育單位需提供可以滿足身心障礙學生特殊教育與相關服務需求的連續性變通安置（continuum of alternative placements），亦即因應學生特殊需求之各種不同隔離程度的安置環境。安置也是因應學生需求之連續性過程，需經常檢討安置之適當性，而非一安置定終身。

- 學校需提供所有身心障礙學生完全的教育機會（full educational opportunity），讓身心障礙學生能享有與一般學生相同之教育機會。

- 適當的教育意指滿足學生特殊需求的特殊教育與相關服務。不過，適當的教育亦需考量教育環境、教育資源、學生條件等因素。以往相關判例即顯示，適當的（appropriate）不等同於最好的（best）、最適當的（most appropriate）、發揮學生最大或所有潛能的（maximize child's potential, or full potential）、竭盡所能（exhaustion）或保證達成某一結果（Siegel, 2014）。

五、教育紀錄查閱

　　教育紀錄可能涉及學生在校表現之各種紀錄，這些紀錄在我國通常被視為機密，家長亦無權查閱，但 IDEA 法案則視查閱這些教育紀錄為家長權益。法案對家長查閱教育紀錄有幾個重要規定：

- 教育紀錄指關於篩選、鑑定、教育安置、適當的教學內容等紀錄。
- 家長或家長代表，有權檢視（inspect）與檢討（review）其子女之學校教育紀錄與要求獲得複本，並有權要求教育單位對紀錄提供合理說明與解釋。
- 教育單位對家長檢視教育紀錄之請求，需在 45 天之內處理，不可做非必要之延遲，且不可延誤其在個別化教育計畫會議及公聽會所

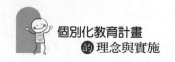
需之紀錄檢視。

· 除非學生之個人身分資料未包含於其教育紀錄中，或查閱者已獲授權無須家長同意，否則此一資料之查閱皆需獲得家長同意。

· 除家長及獲授權之教育人員外，其他獲授權可查閱學生資料者之姓名、查閱日期、查閱目的等，教育單位皆需留下紀錄。

· 教育單位需採取適當行動，確保學生個人資料之保密。

· 家長若覺得子女之教育紀錄不正確、誤導、違反其隱私、影響子女其他權益，有權要求教育單位修改。

· 教育單位接到家長要求修改學生教育紀錄的要求，需在合理時間內決定是否修改；若決定不修改，則需通知家長其有權要求舉辦公聽會。

六、紛爭解決

特殊教育的過程中，家長與教育單位對於學生之評量、鑑定、教育安置、個別化教育計畫、特殊教育、相關服務，皆可能產生不同意見。雖然多數意見分歧皆可透過家長與學校之對話或討論而獲得解決，但家長若對特殊教育過程有異議，向教育單位提出後，未獲教育單位同意修改或對教育單位之解釋不滿意，皆有權要求舉辦公正之公聽會（impartial due process hearing）。對於紛爭解決，IDEA 法案做以下規範：

· 教育單位需每年提供家長有關其權益保障之相關規定的書面文件，此一書面文件需充分解釋權益保障措施、以家長的母語及其易於理解的方式敘寫。

· 紛爭解決可經由三項歷程：調解（mediation）、紛爭解決會議（resolution session）、法定公聽會（due process hearing）。

· 當家長提出異議時，教育單位即可舉行調解會議，此一會議由一位公正且合格的調解者主持。即使家長參加調解會議，但其仍有權要求舉辦公聽會。

- 若家長對調解會議的結果仍不滿意，則可要求舉辦公聽會。公聽會之前，教育單位可先召開紛爭解決會議。家長提出申訴七日內即需召開此一會議，會議需有一位有決策權之教育單位代表出席。
- 若教育單位或家長對紛爭解決會議的結果仍不滿意，則需舉辦公聽會。家長提出申訴 15 日內即需舉辦公聽會。公聽會由一位公聽會官員（hearing officer）主持，此一官員不得為教育單位員工，或與學生之教育產生利益衝突者。
- 紛爭解決之法定程序完成前，除非教育單位與家長雙方皆同意，否則不能改變學生目前之教育安置。
- 教育單位及家長皆有權邀請律師及具有專業知識者出席會議。
- 公聽會舉行五天前，家長及教育單位皆需將各自完成的評量資料及根據這些評量所做之建議，提供給對方。
- 如果公聽會仍無法解決紛爭，則可訴諸法律訴訟。

第二節　美國 IDEA 法案對個別化教育計畫之規範

　　IDEA 法案對個別化教育計畫的規定主要包括個別化教育計畫會議與個別化教育計畫內容等兩方面。此外，法案對個別化教育計畫的適用對象也做了規範。以下分別說明之。

一、個別化教育計畫的適用對象

　　IDEA 法案規定，3～21 歲具有接受特殊教育之法定資格的身心障礙學生，教育單位皆需為其發展與執行個別化教育計畫，不過，其中 3～5 歲的幼兒，則可訂定個別化教育計畫，亦可訂定個別化家庭服務計畫（Individualized Family Service Plan, IFSP）。如果決定採用個別化家庭服務計畫代替個別化教育計畫，則需符合以下規定：

- 符合該州教育單位之規定。

・個別化家庭服務計畫之內容需符合法令規定。

・教育單位及父母皆同意。

・為父母詳細解釋個別化教育計畫與個別化家庭服務計畫之間的差別。

・如果父母選擇個別化家庭服務計畫，必須提出其告知後同意書。

二、個別化教育計畫會議

以下說明個別化教育計畫會議之召開、個別化教育計畫會議之成員、個別化教育計畫會議之出席、發展與執行個別化教育計畫之注意事項等，與多年期個別化教育計畫。

(一) 個別化教育計畫會議之召開

IDEA法案對召開個別化教育計畫會議有以下規定：

・獲得家長書面同意書後，60天內需完成鑑定評量以決定學生是否符合身心障礙之法定資格。

・法定資格確定後，30天之內需舉行個別化教育計畫會議，以決定學生之特殊教育與相關服務需求，並發展個別化教育計畫，且盡快提供學生特殊教育與相關服務。每一學年開始，即需開始執行年度個別化教育計畫。

(二) 個別化教育計畫會議之成員

個別化教育計畫由包括父母在內之個別化教育計畫團隊（IEP team）所發展，團隊成員如下：

・學生之父母。

・如果學生即將或可能參與普通教育環境，則至少需有一位該學生的普通教育教師。

・至少有一位該學生的特殊教育教師，或至少一位該學生的特殊教育提供者。

- 一位公立教育單位之代表，其負責提供或監督提供滿足身心障礙學生特殊需求的特殊教育。此一代表需了解普通教育課程，也了解公立單位可提供的資源。
- 一位可解釋評量結果對教學之啟示的人員。
- 父母或教育單位認為對學生具有知識（knowledge）或特殊專業知能（special expertise）者，此類人員包含適當的相關服務人員。
- 如果適當，需包含學生本人。
- 若會議需討論轉銜服務時，則需邀請學生本人出席，如果學生無法出席，則需確保其偏好與興趣已被考量。此外，亦需邀請負責提供轉銜服務的單位之代表出席。
- 如果學生先前接受早期教育服務，則下一教育階段之初次個別化教育計畫會議，若家長要求，需邀請該學生早期教育單位代表或業務負責人出席。

(三) 個別化教育計畫會議之出席

個別化教育計畫的召開與人員出席方面，IDEA 法案做了以下規範：

- 教育單位需採取措施，確保父母一人或二人能出席個別化教育計畫會議，這些措施中需包括提早通知父母，使其有充分時間準備；會議時間及地點需經父母與學校雙方同意。
- 如果教育單位邀請父母出席個別化教育計畫會議，但父母仍未出席，則個別化教育計畫會議仍可召開，但教育單位需保留曾盡力安排父母與學校雙方都同意的會議時間及地點之紀錄，例如電話紀錄、往返的通信之影本、家庭或父母上班地點訪問紀錄等。
- 如果某一個別化教育計畫會議成員，其專業領域在本次會議中不會討論或先前結果沒有改變，則在父母及教育單位代表皆同意下，此一個別化教育計畫會議成員可以全程或部分議程不出席。
- 如果某一個別化教育計畫會議成員，其專業領域已非本次會議的討

論議程或其意見已於會議前以書面方式提供，則在父母及教育單位
同意下，此一成員可以全程或部分議程不出席。

- 經父母及教育單位同意，會議形式可以採用視訊或電話方式。

(四) 發展與執行個別化教育計畫之注意事項

IDEA 法案對發展個別化教育計畫提出以下幾項考量事項：

- 學生的優勢。

- 父母對該學生之教育的關心重點。

- 鑑定及新近評量的結果。

- 學業、發展、適應功能上的需求。

- 具有行為問題的學生，需考慮使用正向行為介入與支持（positive behavioral interventions and supports）及其他策略。

- 英語不熟練的學生需考慮其語言需求。

- 全盲或視覺障礙學生，除非評估後認為沒必要或不適合，否則應提供點字技巧之教學。

- 考量學生是否有科技輔具及服務之需求。

- 年度個別化教育計畫會議之後，若仍有修改個別化教育計畫之必要，經父母及教育單位同意，可改以書面方式為之，但修改後之個別化教育計畫需提供父母複本。

- 教育單位需定期檢討學生的個別化教育計畫，至少每年需檢討一次，以檢視學生的年度目標是否達成。

- 若有下列情況則需修改個別化教育計畫：年度教學目標與普通教育課程沒有達到預期之進步，或依據重新鑑定結果、父母提供或其他相關資訊、學生的預期需求、其他情況等，有必要修改個別化教育計畫。

- 教育單位需採取適當措施，強化個別化教育計畫會議之功能。

- 個別化教育計畫複本需提供給該計畫中所有負責提供服務與執行的

普通班教師、特殊教育教師、相關服務人員及其他相關人員。

- 應通知個別化教育計畫中每一個有關的教師及服務提供者，其在計畫中所負擔之職責。

- 個別化教育計畫所列之各項調整（accommodations）、修改（modifications）與支持（supports），需確實執行。

(五) 多年期個別化教育計畫

IDEA 法案為減少行政作業與文書負荷，允許最多 15 州提出多年期之個別化教育計畫的試探性方案（pilot program）。針對多年期個別化教育計畫，做了以下規範：

- 目的在於讓父母及教育單位有一個發展多年期完整個別化教育計畫之選擇。

- 父母有權選擇多年期或一年期之個別化教育計畫，教育單位若採用多年期個別化教育計畫，需取得父母之告知後同意書。

- 最多三年期，但每年至少仍需檢討一次。

- 需在跨教育階段轉銜時規劃，以做為下一教育階段之多年期個別化教育計畫。

- 多年期之個別化教育計畫，其所需包含內容與一年期計畫相同。

- 只要父母提出要求，即需對多年期個別化教育計畫加以檢討，若個別化教育計畫團隊發現學生的年度教育目標無適當進步，則 30 天內需召開個別化教育計畫會議對此一計畫做較完整之檢討。

- 多年期個別化教育計畫的實驗目的，在於了解是否較一年期計畫更有助於達成以下目標：減少文書作業負擔、減少教師所費時間、促進較長期之教育規劃、增進障礙兒童積極表現、增進個別化教育計畫團隊成員之間的合作、確保家庭成員之滿意。

三、個別化教育計畫之內容

　　個別化教育計畫的內容，可說是整體個別化教育計畫實施歷程的核心，IDEA 法案規定個別化教育計畫應包含以下內容：

(一) 目前的學業成就與功能表現

　　此一部分包括以下內容：(1) 障礙狀況對兒童參與普通教育課程及其進步可能造成的影響；(2) 障礙狀況對學前兒童參與適當活動可能造成的影響；(3) 採用替代性成就標準（alternate achievement standards）與替代性評量（alternate assessments）的障礙兒童，其應有的短期目標（short-term objectives）或評量基準（benchmarks）。

(二) 年度目標

　　年度目標包括學業（指學科表現）與功能（指生活適應功能）的可測量性（measurable）年度目標，此一目標需符合以下主要功能：(1) 滿足障礙兒童對普通教育課程的參與及進步方面之需求；(2) 滿足障礙兒童其他的教育需求。

(三) 進步的評量

　　兒童進步的評量需包括以下內容：(1) 使用明確界定的、客觀的、可測量的用詞，說明對兒童教育成就的期待；(2) 說明兒童年度目標進步情況的評量方法與評量時間；(3) 說明兒童年度目標之進步狀況的定期報告時程（例如季報、其他定期報告或隨成績單做報告等）。對父母報告兒童的進步情況，其頻率比照一般兒童的父母獲得其子女成績報告的頻率。

(四) 特殊教育、相關服務、輔具與服務

　　此方面需包括以下內容：(1) 所提供的服務需根據具同儕檢驗制度之研究（peer-reviewed research）結果的實務應用；(2) 相關服務包括為協助身心障礙兒童接受特殊教育，所必需提供的交通服務，發展性、矯治性、

及其他支持性的服務；(3) 相關服務需將下列項目包括其中：語言病理與聽能服務、解釋性服務、心理服務、物理與職能治療、社會工作服務、學校護理服務、諮商服務、定向與行動服務、醫學服務、早期篩選與評量。

(五) 調整或支持

　　調整與支持包括學校教育人員需提供給兒童的調整與支持措施，藉以達成以下目標：(1) 促進兒童達成年度目標；(2) 促使兒童參與普通教育課程且獲得學習進步；(3) 增進兒童對課外、其他非學業性活動的參與；(4) 促進兒童與其他障礙兒童、非障礙兒童一起接受教育及參與各項活動。

(六) 參與普通教育

　　說明兒童無法參與普通班學生及學校各項活動的範圍。

(七) 評量調整

　　此方面需包括以下內容：(1) 說明兒童參與州及地區性之學科成就與功能表現的測驗，所需的適當調整措施；(2) 如果個別化教育計畫會議決議，在州或地區性的學生成就評量中，兒童應採用替代性評量，則需說明兒童無法參與普通教育評量（regular assessment）的理由，並說明何以所選用的特定替代性評量適用於該兒童；(3) 未參與普通教育評量的兒童，其個別化教育計畫需陳述替代性成就標準的評量基準或短期目標。

(八) 服務起訖日期

　　說明特殊教育、相關服務、調整措施等服務內容，其預計之開始日期、持續時間、頻率、實施地點等。

(九) 轉銜服務

　　最遲在兒童 16 歲時，個別化教育計畫需包含以下內容，且每年更新之：(1) 依據符合其年齡的轉銜評量結果，在訓練、教育、就業、獨立生活技能等方面，設定適當的、可測量的中學後目標；(2) 促進兒童達成前

述目標所需的轉銜服務（包括所需之課程學習）；(3) 最遲在兒童到達各州所規定的成年年齡前一年，需告知兒童與其有關的權益，且將這些權益交付兒童。

Chapter *3*

我國特殊教育法規對個別化教育計畫之相關規定

　　我國於 1984 年首度正式通過《特殊教育法》，其後歷經 1997 年與 2009 年兩次全面性之法規修訂，再加上歷年的部分條文修訂及相關子法之訂定，目前已建立較為完整的特殊教育法規體制。本章將分別探討我國特殊教育法規對特殊教育的相關規定、我國《特殊教育法》對個別化教育計畫的規定與釋義、我國《特殊教育法施行細則》對個別化教育計畫之規定等三部分。

第一節　我國特殊教育法規對特殊教育的相關規定

　　我國之特殊教育法規，主要包含《特殊教育法》母法，及其所有之相關子法，子法又分為中央權責與地方權責二類。

　　本節將就《特殊教育法》及其相關子法，依特殊教育原則、整體家長權益、鑑定評量、教育安置、課程與教學、支持服務等項目說明之。

一、特殊教育原則

　　就我國整個特殊教育相關法規之精神而言，具有以下幾個基本的特殊教育原則：

(一) 及早開始

　　身心障礙兒童自二歲起即有權接受特殊教育，雖然學前教育仍非義務

教育或強迫教育，但達此一年齡的障礙幼兒，只要父母提出申請，教育主管機關即有義務提供其特殊教育。

(二) 向上延伸

雖然我國之特殊教育在身心障礙學生就學年齡向上延伸方面，並無明確規範，不過，近年來少子化趨勢下，許多高中職、大專校院皆出現招生不足現象，加上政府推動 12 年國民教育措施，因此，目前身心障礙學生就讀高中職、大專校院之機會仍非常充分。此外，政府提供身心障礙學生入學大專校院甄試、允許大專校院辦理身心障礙學生入學獨立招生、提供身心障礙學生高中職入學考試加分、實施各項身心障礙學生入學高中職方案、提供身心障礙學生入學考試之彈性調整、加強高中職與大專校院身心障礙學生輔導等，皆有助於增進身心障礙學生對較高教育階段之入學機會與適應。依據教育部特殊教育通報網（http://www.set.edu.tw/）之統計，截至 2018 年 5 月臺灣地區就讀大專校院之身心障礙學生有 13,189 人，就讀高中職的身心障礙學生有 20,996 人。

(三) 優障並進

身心障礙學生與資賦優異學生，同時皆為《特殊教育法》保障之特殊教育對象。雖然資賦優異學生在能力方面具有優異表現，但其獨特之身心特質亦產生許多特殊需求，若未提供適當之教育與輔導措施，則不但潛能難以發揮，且可能造成適應不良。身心障礙學生則因身心條件之限制，對特殊教育之需求更形殷切。

(四) 家長權益保障

我國之《特殊教育法》對家長的權益保障雖不如美國 IDEA 法案明確，但整個特殊教育法規也顧及許多家長權益的保障。例如鑑定與安置需獲家長同意、家長有權參與鑑定安置會議及個別化教育計畫會議、家長對鑑定安置或教育輔導不滿意可提出申訴等，皆是家長權益保障的措施。

(五) 個別化與適性化

　　滿足身心障礙學生特殊需求是個別化、適性化之核心概念。我國《特殊教育法》第 1 條即規定，特殊教育的目的在於使特殊教育學生「均有接受適性教育之權利」，《特殊教育法》亦規定，高中職以下身心障礙學生，學校需為其發展個別化教育計畫；大專校院之身心障礙學生，學校需為其發展個別化支持計畫；高中職以下資賦優異學生，則學校需為其發展個別輔導計畫。這些規定之目的皆在於保障特殊教育學生接受符合其個別需求的教育之權益。

(六) 零拒絕

　　零拒絕意指各級學校不得因學生之身心障礙而拒絕其入學。《特殊教育法》明確規定，各級學校及試務單位不得以身心障礙為由，拒絕學生入學或應試。《身心障礙者權益保障法》（2015）亦規定：各級學校對於身心障礙者，不得以身心障礙、尚未設置適當設施或其他理由拒絕其入學。

(七) 社區化

　　社區化安置意指學生可以就近於其居住之社區就學。《特殊教育法》規定，國民教育階段，特殊教育學生以就近入學為原則。因此，除非學區內缺乏適當之安置環境，否則身心障礙學生不應被安置於學區以外之學校。

(八) 多元化與彈性化

　　多元化與彈性化是滿足身心障礙特殊需求之重要方法，身心障礙學生在鑑定與評量、教育安置、教育年限、課程與教學、相關服務與支持等方面，皆需保持彈性化。這些多元化與彈性化之配合措施，特殊教育相關法規皆做了許多規範。例如《特殊教育法》規定，特殊教育學生之教育階段、年級安排、教育場所及實施方式，應保持彈性；《身心障礙及資賦優異學生鑑定辦法》（2003）亦規定，身心障礙學生之鑑定，應採多元評

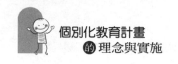

量，依學生個別狀況採取標準化評量、直接觀察、晤談、醫學檢查、參考身心障礙證明等，綜合研判之。

(九) 保障教育品質

除保障身心障礙學生接受教育權益之外，更需保障身心障礙學生接受特殊教育之品質。教育品質保障主要需由師資及課程兩方面著手。《身心障礙者權益保障法》規定：各級特殊教育學校、特殊教育班之教師，應具特殊教育教師資格。《特殊教育法》亦規定：特殊教育之課程、教材、教法及評量方式，應適合特殊教育學生身心特性及需求。主管機關應對改進特殊教育課程、教材教法及評量方式，進行相關研究。

(十) 多重專業領域

多數身心障礙學生需要普通教育、特殊教育、醫療、社會工作、職業輔導、家長等不同領域之專業整合服務。《特殊教育法》即規定，身心障礙教育之實施，各級主管機關應依專業評估之結果，結合醫療相關資源，對身心障礙學生進行有關復健、訓練治療。

(十一) 支持服務

身心障礙學生除特殊教育與相關專業之服務外，尚需支持服務，以協助其有效接受特殊教育。身心障礙學生所需之支持服務可於個別化教育計畫會議中討論。特殊教育法規亦對無障礙環境、交通服務、考試服務、教師助理員、學生助理員、減少普通班之班級人數、就學費用減免、獎助學金等，制定相關規定。

(十二) 法制化

落實特殊教育，訂定詳實之法規，且要求各級主管機關與學校執行，是保障身心障礙學生教育權益最重要的做法。我國除《特殊教育法》此一母法外，教育部及各級主管機關亦需依據母法訂定各相關子法。這些特殊教育法規並依現況不斷修改，以符合社會現況及特殊教育學生所需。

二、整體家長權益

依我國之特殊教育法規，整體而言，身心障礙學生及其家長享有以下權益：

- 身心障礙兒童自二歲起，即享有接受特殊教育及相關服務之權利。
- 家長有權參與鑑定及安置會議，鑑定及安置結果亦需獲得父母同意。
- 符合鑑定之法定標準者，學校需為其發展個別化教育計畫，其家長亦有權參與個別化教育計畫之擬定。
- 家長得申請身心障礙子女延緩入學及延長修業年限。
- 對於就讀普通班之身心障礙學生，學校應予以適當教學及輔導。
- 身心障礙學生享有就學費用之減免，及申請獎助學金之權益。
- 高等教育階段之學校應訂定特殊教育方案，並為身心障礙學生訂定個別化支持計畫。
- 學校應依身心障礙學生學習及生活之需求，提供相關支持服務。
- 家長代表有權參與學校之特殊教育推行委員會及家長委員會。
- 家長不滿意其子女之鑑定安置或教學輔導時，有權提出申訴。

三、鑑定評量

我國特殊教育法規對鑑定評量方面，主要的規定如下：

- 身心障礙學生之鑑定，應採多元評量。
- 遇障礙情形改變、優弱勢能力改變、適應不良或其他特殊需求時，得由教師、家長或學生本人向學校或主管機關提出重新評估之申請。
- 身心障礙學生之教育需求評估，應包括健康狀況、感官功能、知覺動作、生活自理、認知、溝通、情緒、社會行為、學科領域學習等。

・對於身心障礙及社經文化地位不利之資賦優異學生，應加強鑑定與輔導，並視需要調整評量工具及程序。

四、教育安置

我國特殊教育法規對教育安置方面，主要的規定如下：

・國民教育階段之身心障礙學生以就近入學為原則。
・特殊教育與相關服務措施之提供及設施之設置，應符合適性化、個別化、社區化、無障礙及融合之精神。
・教育主管機關每年應評估安置之適當性。

五、課程與教學

我國特殊教育法規對課程與教學方面，主要的規定如下：

・特殊教育之課程、教材、教法及評量方式，應保持彈性，以適合特殊教育學生身心特性及需求。
・主管機關需結合醫療相關資源，對身心障礙學生進行有關復健、訓練治療。
・主管機關為改進特殊教育課程、教材教法及評量方式，應進行相關研究，並將研究成果公開及推廣使用。
・各級學校對於身心障礙學生之評量、教學及輔導工作，應以專業團隊合作進行為原則，並得視需要結合相關專業人員。
・應考量身心障礙學生之優勢能力、性向及特殊教育需求與生涯規劃，提供適當之升學輔導。

六、支持服務

我國特殊教育法規對支持服務方面，主要的規定如下：

・各級學校及試務單位不得以身心障礙為由，拒絕學生入學或應試。
・為使各教育階段身心障礙學生服務需求得以銜接，各級學校應提供

整體性與持續性轉銜輔導及服務。

‧父母對鑑定、安置、輔導、教學、支持服務等不滿意時,可向主管機關或學校提出申訴。

‧身心障礙學生無法自行上下學者,由各主管機關免費提供交通工具;確有困難提供者,補助其交通費。

‧有身心障礙學生就讀之普通班可減少班級人數,或提供其所需人力資源及協助。

第二節　我國特殊教育法對個別化教育計畫之規定與釋義

　　我國之特殊教育法規對個別化教育計畫的規定,主要出現於《特殊教育法》及《特殊教育法施行細則》。前者對個別化教育計畫做原則性之規定,後者則規定個別化教育計畫之具體內容。本節說明《特殊教育法》對個別化教育計畫之規定及其釋義。

　　《特殊教育法》第 28 條規定:高級中等以下各教育階段學校,應以團隊合作方式對身心障礙學生訂定個別化教育計畫,訂定時應邀請身心障礙學生家長參與,必要時家長得邀請相關人員陪同參與。就此一條文之規定,可做以下之進一步說明:

一、計畫或方案

　　個別化教育計畫(Individualized Education Program, IEP),中文翻譯有時稱為個別化教育方案,但《特殊教育法》之法定用語既為「個別化教育計畫」,則未來學校在訂定及相關文書作業時,即應統一使用此一法定用詞。

二、教育或教學

　　個別化「教育」計畫不應稱為個別化「教學」計畫，因為教學只是個別化教育計畫內容之一。個別化教育計畫除教學外，尚需包括相關專業服務、支持服務等，例如無障礙環境、交通服務、考試服務、行為問題處理、語言治療服務、輔具服務等等，若學生有需要，皆需包含於個別化教育計畫中。

三、個別化教育計畫或個別化家庭服務計畫

　　個別化教育計畫不等同於「個別化家庭服務計畫」（Individualized Family Service Plan, IFSP）。個別化家庭服務計畫是美國 IDEA 法案規定，2 歲以下幼兒接受特殊教育服務所必需發展之計畫，對於 3～5 歲幼兒，則家長可決定採用個別化教育計畫或個別化家庭服務計畫。個別化家庭服務計畫之重點除幼兒本身之早期療育外，尚需納入家庭需求、家長教育、家長參與等。此外，個別化家庭服務計畫目前在我國仍屬於學術性或實務服務之做法，非相關法規之法律規定或法規用語。

四、個別化教育計畫或個別化轉銜計畫

　　個別化教育計畫不等同於「個別化轉銜計畫」（Individualized Transition Program, ITP）。美國 IDEA 法案規定，最遲於身心障礙學生 16 歲時，其個別化教育計畫需包含轉銜服務（transition services），轉銜服務意指協助身心障礙學生順利轉入中學後階段的就學、就業、成人生活之整合性服務措施。我國《特殊教育法施行細則》第 9 條，也將學生之轉銜輔導及服務內容，納入個別化教育計畫項目之一。教育部所訂《各教育階段身心障礙學生轉銜輔導及服務辦法》（2010）第 3 條規定：高級中等以下學校應將生涯轉銜計畫納入學生個別化教育計畫，專科以上學校應納入學生特殊教育方案。當然學校在訂定學生之轉銜計畫或轉銜服務時，需

符合學生之特殊需求。不過，就 IDEA 法案與我國相關之特殊教育法規而言，皆將轉銜服務包含於個別化教育計畫之中，而「個別化轉銜計畫」一詞仍屬於學術性用語，而非法規上之正式名詞。

五、強制性或選擇性

《特殊教育法》規定：高級中等以下各教育階段學校，「應」以團隊合作方式對身心障礙學生訂定個別化教育計畫。此處之法律用詞為強制性之「應」而非選擇性之「得」，因此，高級中等以下學校為身心障礙學生訂定個別化教育計畫，是法令強制規定，而非各校得自由選擇，亦非家長或學生得自由選擇。若學校未訂定即違反《特殊教育法》之規定。換言之，學校不得以任何理由，不為身心障礙學生訂定個別化教育計畫；家長及學生本人，除非申請放棄身心障礙學生之法定資格，否則亦無權拒絕學校為身心障礙學生訂定個別化教育計畫。家長或學生若對個別化教育計畫內容有不同意見，則可以在個別化教育計畫會議中，與學校充分討論或爭取相關權益，但個別化教育計畫之訂定屬於法定強制規定，並非學校或家長得依意願自由選擇。

六、法律概念或學術概念

《特殊教育法》已明確規定，高級中等以下學校必須為身心障礙學生訂定個別化教育計畫，因此，個別化教育計畫已是具有法律依據之法律概念，而非僅止於學術概念。各校為身心障礙學生發展個別化教育計畫時，也需符合特殊教育法規對特殊教育及個別化教育計畫之相關規定。

七、個別化教育計畫或個別教育計畫

「個別化」教育計畫意指符合學生個別需求之教育計畫，「個別」教育計畫意指為學生個人所設計之教育計畫。前者重點在於符合個人需求，後者重點在於為個人所設計。身心障礙學生通常具有較明顯之個別差異，

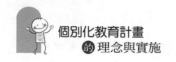
因此，個別化教育計畫通常也會針對特定學生加以設計，不過，若有兩位學生在身心特質及需求方面都相當一致，則即使一份內容用於兩個學生，仍符合個別化之原則。反之，即使一次只為一個學生訂定計畫，或每一學生之教育計畫內容皆不同，但其計畫若未能符合學生之個別需求，則仍不符合個別化之原則。因此，個別化教育計畫之重點在於強調個別化、符合個別需求，而非只是為個別學生所設計。學校在訂定及使用相關文書作業時，除應注意符合學生個人需求外，名詞使用也不可將「個別化」教育計畫與「個別」教育計畫混淆。

八、文件或歷程

計畫若為文件，則代表個別化教育計畫書，若為歷程，則代表個別化教育計畫的發展、執行、檢討、調整之歷程。IDEA 法案將個別化教育計畫界定為每一位身心障礙兒童所發展（developed）、檢討（reviewed）、修改（revised）的書面文件（written statement），該法案並規定學年開始即需使個別化教育計畫生效或施行（in effect），因此，IDEA 法案既視個別化教育計畫為書面文件，亦視其為該文件之實施歷程。

我國《特殊教育法》規定，學校應以團隊合作方式為身心障礙學生訂定個別化教育計畫。《特殊教育法施行細則》第 9 條規定個別化教育計畫應包含之內容，其中亦包括對教育目標實施評量之日期及評量標準，並於第 10 條規定：新生及轉學生之個別化教育計畫，應於學生入學後一個月內訂定；其餘在學學生之個別化教育計畫，應於開學前訂定；個別化教育計畫，每學期應至少檢討一次。就這些規定而言，視個別化教育計畫既為文件，亦為歷程。不過，未來修法時，若能將《特殊教育法》第 28 條之規定「對身心障礙學生訂定個別化教育計畫」改為「對身心障礙學生訂定及執行個別化教育計畫」，且《特殊教育法施行細則》亦需規定各教育目標及服務措施之實施時程，則更能彰顯個別化教育計畫不僅是依相關歷程完成之文件，更需付諸執行。事實上，書面文件訂得再詳實完整，若未執

行或未有效執行，則文件終究僅是理想。因此，各校在實施個別化教育計畫時，除應訂出符合身心障礙學生需求之書面文件，更需有效執行，並檢討成效與調整其實施歷程。

就行政觀點而言，任何行政措施皆不外乎「計畫—執行—考核」之基本歷程，計畫之目的在於事先完整規劃，完整規劃後需確保有效執行此一計畫，執行中及執行後則需經由考核以了解執行成效，做為檢核計畫目標是否達成之依據。若目標達成，則將實施下一計畫；若尚有目標未達成，則需檢討原因並調整計畫或執行方式後再重新執行。

九、務實或理想

個別化教育計畫之「計畫」是項務實的、可執行的具體計畫或行動方案，除需符合學生之需求外，亦需考量其在現實環境之可執行性。務實並非低估或高估學生能力，而是就學生需求與教育環境規劃出務實可行的適當計畫。此外，計畫需為行動方案，而非僅是理想或原則，各項特殊教育相關之抽象概念、理念、原則，皆需化為具體可行之行動方案，否則不但難以執行，亦無法考核預定目標是否達成。例如「宜安排適當活動，以充分發揮該生潛能」，則僅為理想，而非具體可行之行動方案。除非具體說明何種活動、何種潛能、負責人、實施地點、評量方法、評量標準，否則該項計畫僅是理想，並非務實可行的方案。一般而言，可執行之方案需明確指出人、事、時、地、物等各種有利於執行之具體相關要件。

十、適用高中以下教育階段或所有教育階段

《特殊教育法》規定，高級中等以下各教育階段，應為身心障礙學生訂定個別化教育計畫，因此，就教育階段而言，個別化教育計畫適用之教育階段為高級中等及高級中等以下教育階段，不包含專科及大學以上教育階段。高級中等以下教育階段，包括高級中學、高級職業學校、國民中學、國民小學、幼兒園。就學校所屬而言，則包含公立學校與私立學校。

在大學與專科教育階段，《特殊教育法》第 30-1 條規定：高等教育階段，學校需為身心障礙學生訂定個別化支持計畫。《特殊教育法施行細則》第 12 條並規定個別化支持計畫之內容。美國 IDEA 法案則規定，個別化教育計畫適用 3～21 歲之身心障礙者，因此，高中以上之身心障礙學生仍適用。事實上，個別化教育計畫之「教育」包括特殊教育與相關服務，且教育內容需符合學生需求，因此，個別化教育計畫應可適用於所有教育階段的學生，我國《特殊教育法》有否必要將大專教育階段排除於個別化教育計畫之適用階段，未來修法時可加以檢討。

十一、身心障礙學生或特殊教育學生

我國《特殊教育法》包括身心障礙及資賦優異兩類學生，兩類學生皆有接受特殊教育之權利，不過，《特殊教育法》僅規定學校需為身心障礙學生訂定個別化教育計畫，因此，個別化教育計畫之適用對象應僅限於身心障礙學生。至於資賦優異學生，《特殊教育法》第 36 條規定：高級中等以下各教育階段學校應為資賦優異學生訂定個別輔導計畫。不過，目前相關之特殊教育法規，則未規範個別輔導計畫所應包含之具體內容。另有學者主張資賦優異學生亦需為其訂定個別化教育計畫（郭靜姿、劉貞宜，2011），此應屬於學術主張而非法令規定。學校為資優學生訂定之計畫及相關文書作業，仍應稱之為個別輔導計畫，而非個別化教育計畫。

十二、接受特殊教育之身心障礙學生或所有身心障礙學生

我國身心障礙學生之相關權益適用兩個不同法源，分別為《特殊教育法》及《身心障礙者權益保障法》。規範個別化教育計畫之法源為《特殊教育法》，而非《身心障礙者權益保障法》，因此，《特殊教育法》規定學校需為身心障礙學生訂定個別化教育計畫，所指身心障礙學生應指通過鑑輔會鑑定的身心障礙學生，不包括《身心障礙者權益保障法》所界定之身心障礙者，除非該身心障礙者同時亦為通過鑑輔會鑑定之身心障礙學

生。此外，具有學習或行為問題，或具有一些障礙特質的學生，若未通過鑑輔會鑑定，取得接受特殊教育之法定資格，則其教學因應或輔導仍屬普通教育之教學因應或行為輔導，而非訂定個別化教育計畫之法定對象。

通過鑑輔會鑑定之身心障礙者，若其身份轉變為非學生或已離開教育階段，例如國民中學畢業後，身心障礙者並未繼續接受特殊教育安置，或高中職畢業後完全進入就業市場，則依《特殊教育法》之規定，這些身心障礙者亦非適用個別化教育計畫之對象。

在《身心障礙者權益保障法》的規範方面，該法第 33 條規定，各級勞工主管機關應參考身心障礙者之就業意願，為其訂定適切之個別化職業重建服務計畫。衛生福利部所訂之《身心障礙者個人照顧服務辦法》（2015）第 4 條，及《身心障礙者家庭照顧者服務辦法》（2015）第 5 條，皆規定身心障礙者服務提供單位，應為身心障礙者及其家庭照顧者訂定個別化服務計畫。

十三、所有身心障礙學生或有些身心障礙學生

依《特殊教育法》規定：高級中等以下學校需為身心障礙學生訂定個別化教育計畫，意指凡就讀於此一教育階段之「每一個」身心障礙學生，不管該生目前就讀於普通班、分散式資源班、集中式特殊教育班、特殊教育學校或其他特殊教育安置，也不管其障礙類別、障礙程度、障礙性質，或學校有否特殊教育設施、師資等，學校皆需為其訂定個別化教育計畫。

十四、應或得邀請家長參與

《特殊教育法》規定，訂定個別化教育計畫時應邀請身心障礙學生家長參與。因此，各校在訂定個別化教育計畫時，即「應」邀請學生家長參與，若訂定時未邀請家長，或訂定後再讓家長簽名，則皆違反《特殊教育法》之規定。若邀請家長參與，但家長無回應或未出席，則應留下曾經邀請之紀錄。此外，所謂家長一般指父母或監護人，學校邀請參與之家長需

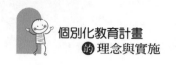
對兒童擁有監護權、教育決定權，且了解兒童教育需求，才有助於共同討論兒童之教育。

十五、邀請或通知

《特殊教育法》規定，學校訂定個別化教育計畫，應「邀請」家長參與。此處之「邀請」代表一種尊重，一種邀請家長共同為兒童之教育進行合作的真誠態度。因此，學校在訂定個別化教育計畫時，應注意邀請之方式及邀請之態度。如果邀請方式不夠正式、邀請過程未讓家長感受學校邀請之誠意或尊重態度，則皆與《特殊教育法》之精神不符。

十六、參與或出席

《特殊教育法》規定，學校訂定個別化教育計畫時，應邀請家長「參與」，而非邀請家長「出席」或「列席」。「參與」代表邀請家長加入討論與共同決定，且具有家長之參與地位與教育人員平等的意涵。因此，會議過程中，需維護家長之參與權，且應採取適當措施，讓家長對會議進行過程與討論之議題能充分了解並參與討論，最後之決定權也應尊重家長意願，由學校與家長共同協商決定。

十七、負責訂定者是學校或個人

《特殊教育法》規定，高級中等以下各教育階段「學校」，應對身心障礙學生訂定個別化教育計畫。就此一條文規定而言，訂定個別化教育計畫之負責單位為「學校」，而非個人。以往有些學校常因權責不清，而難以確定訂定個別化教育計畫之負責人或負責單位，甚至可能有相互推諉之現象，尤其就讀普通班之身心障礙學生，更不易確定為其訂定個別化教育計畫之負責人或單位。事實上，就《特殊教育法》之規定而言，不管身心障礙學生接受何種特殊教育安置類型，為其訂定個別化教育計畫之權責單位，皆為「學校」而非特殊教育教師、普通教育教師、或其他任何個人。

學校主管首先需確定「學校」為訂定個別化教育計畫之權責單位，應將訂定個別化教育計畫視為校內重要工作之一，並應承擔此一訂定責任。至於校內如何確定承辦之單位、如何確定整合或協調者，及如何進行分工與合作，則皆有賴校內訂定相關辦法或召開會議討論之。

十八、合作或分工

　　《特殊教育法》規定，各校應以「團隊合作」方式對身心障礙學生訂定個別化教育計畫。可見各校訂定個別化教育計畫之方式應為團隊合作，而非僅是各自分工。事實上，身心障礙學生所需之特殊教育及相關服務，也非任何個人所能完全負責或承擔，因此，團隊合作是訂定個別化教育計畫之必要過程。不過，訂定完整之個別化教育計畫，涉及許多不同的專業、單位、個人，因此，校內若缺乏負責整合工作的個案管理者（coordinator），則團隊合作方式的成效及效率，將會受到很大的限制。

十九、團隊合作或專業團隊合作

　　《特殊教育法》規定，各校應以「團隊合作」方式對身心障礙學生訂定個別化教育計畫，而非「專業團隊合作」亦非「相關專業團隊合作」。參與學生個別化教育計畫的人員可能包括教育專業人員（含教育行政、學校行政、普通班教師、特殊教育教師等）、特殊教育相關專業人員（含醫師、物理治療師、職業輔導等，與特殊教育有關的相關專業人員）、非專業人員（含家長、家長所邀請的相關人員、學生本人等）。

　　「團隊合作」參與的成員最為廣泛，包括專業人員與非專業人員；「專業團隊合作」參與的成員皆為不同領域之專業人員，主要包括教育專業人員、相關專業人員；「相關專業團隊合作」則參與成員皆為相關專業人員。《特殊教育法施行細則》第 9 條規定：參與訂定個別化教育計畫之人員，應包括學校行政人員、特殊教育及相關教師、學生家長；必要時，得邀請相關專業人員及學生本人參與，學生家長亦得邀請相關人員陪同。

因此，參與個別化教育計畫的人員主要為學校相關人員及家長，至於相關專業人員則於「必要時」再行邀請參與，而非每一障礙學生之個別化教育計畫皆必須有相關專業人員參與。《特殊教育法》對於家長所邀請的陪同參與者，亦僅規範為「相關人員」而非「相關專業人員」，因此，只要家長認為陪同者有助於發展其子女之個別化教育計畫，則皆為《特殊教育法》許可的邀請對象。

二十、家長個人參與或可邀請相關人員陪同

《特殊教育法》規定，學校訂定個別化教育計畫，必要時家長得邀請相關人員陪同參與。就此一條文規定而言，家長除自己親自出席參與外，必要時尚可邀請相關人員陪同參與，且相關人員之專業性、人數等，條文皆未規範。此處之「必要時」、「相關人員」，就條文精神而言，家長邀請相關人員參與之必要性，及受邀人員之相關性，其判斷權應皆屬於家長，而非屬於學校。當然基於相互尊重，家長若決定邀請相關人員陪同參與，則最好亦事先通知學校。學校在邀請家長參與之邀請函上，亦需明確告知家長其擁有此一權益。此外，家長邀請之相關人員為陪同參與，因此，就條文精神而言，陪同者亦擁有參與權，可充分分享家長之參與權，參與個別化教育計畫之討論與共同決定。學校對家長邀請之陪同參與者，亦應維護其參與權及給予適度尊重。

除家長可邀請相關人員陪同參與外，《特殊教育法施行細則》第9條亦規定：必要時，得邀請相關專業人員及學生本人參與。此處相關人員的必要性及相關性之決定權，條文並未明定，因此，學校與家長皆應有此權利，或雙方共同討論。學生本人參與方面，學校、家長、學生本人應皆有權決定，或亦可相互討論後決定。若單方面決定者，則基於相互尊重，應在個別化教育計畫會議前，將出席會議之受邀人員名單通知家長或學校。

第三節 我國特殊教育法施行細則對個別化教育計畫
之規定

　　《特殊教育法》第 28 條是對個別化教育計畫的原則性規定，《特殊教育法施行細則》對個別化教育計畫則做進一步較詳細之規定。

一、個別化教育計畫的意義

　　《特殊教育法施行細則》第 9 條對個別化教育計畫做以下之界定：個別化教育計畫，指運用團隊合作方式，針對身心障礙學生個別特性所訂定之特殊教育及相關服務計畫。此一定義，可再分以下四方面加以說明。

(一) 運作方式為團隊合作

　　此一團隊運作方式之規定，與《特殊教育法》第 28 條之規定符合。至於團隊成員，則此一細則亦另行規定。團隊合作方式，具有以下幾項意義：

- 身心障礙學生之障礙類別不同、身心特質不同、需求不同，其所需專業團隊之成員也可能不同。
- 提供身心障礙學生完整的教育與相關服務，幾乎不可能是任何單一專業領域或單一個人所能完成。
- 訂定個別化教育計畫之書面文件時，需採團隊合作方式，計畫之執行、目標達成與否之評量、成效檢討、計畫修改與調整，亦需以團隊合作方式進行。
- 團隊合作之成效受團隊成員所提供之專業是否符合學生需求及團隊成員能否進行整合式專業合作（transdisciplinary collaboration）等兩個主要因素影響。各校除重視團隊成員符合學生需求外，尤需力求團隊能發揮整合式之合作。

(二) 專業團隊與相關專業團隊之區分

　　專業團隊與相關專業團隊兩者之概念不盡相同。依教育部所訂《特殊教育支援服務與專業團隊設置及實施辦法》（2015）第 4 條之規定，專業團隊由特殊教育教師、普通教育教師、特殊教育相關專業人員及學校行政人員等共同參與為原則，並得依學生之需要彈性調整之；特殊教育相關專業人員，指醫師、物理治療師、職能治療師、臨床心理師、諮商心理師、語言治療師、聽力師、社會工作師及職業輔導、定向行動等專業人員。因此，專業團隊之成員包含學校人員、相關專業人員等，運作時亦需納入家長，其成員較多元；相關專業團隊則指由學校人員及家長以外之相關專業人員組成之團隊，亦即相關專業團隊人員包含於整體之專業團隊內。目前特殊教育之相關法規只有「專業團隊」一詞，並無「相關專業團隊」一詞，主要原因在於相關專業人員屬於整體特殊教育專業團隊成員之一，且相關專業人員亦需與特殊教育人員進行專業整合，此外，身心障礙學生是否需相關專業人員之介入，需視個別情況而定，未必每個學生皆有此需求。

　　有些學校常將專業團隊與相關專業團隊混淆，召開個別化教育計畫會議時，不管學生是否有此需求，皆納入或爭取納入相關專業人員。事實上，依《特殊教育支援服務與專業團隊設置及實施辦法》之規定，專業團隊成員應依學生之需要彈性調整，因此，若學生無相關專業人員介入之需求，則其即無須列為專業團隊的成員。例如一般單純之智能障礙學生、學習障礙學生等，需要的專業團隊成員應為學校行政人員、普通班教師、特殊教育教師與家長，無須相關專業人員介入，但腦性麻痺學生、肢體障礙學生，則可能需物理治療或職能治療等相關專業人員介入。

(三) 針對身心障礙學生個別特性

　　個別化教育計畫的主要精神即在於符合身心障礙學生之個別身心特性及需求。此一規定可再做以下說明：

- 身心障礙學生與一般學生之間、身心障礙學生彼此間、同一身心障礙學生其個體內各項身心特質間,可能皆具有明顯差異。

- 身心特質評估的主要目的,包括完成鑑定與教學因應。若目的在於鑑定,通常採用常模參照測驗以評估學生整體能力或功能(例如標準化智力測驗),或採用標準參照以了解學生是否符合法定鑑定標準(例如視力、聽力評估);若目的在於了解其學習特殊需求,則通常需採用課程本位評量(例如評估學生是否具有二位數乘法的計算能力),或針對需求項目直接進行評估(例如評估將字體放到多大,視障學生才較能辨識)。就個別化教育計畫而言,身心特質評量的重點應在於了解學生之需求。

- 身心障礙學生之個別特性,導致其在特殊教育及相關服務上具有特殊需求。個別化教育計畫之重點應在於積極符合學生之特殊需求,而非僅止於消極因應其個別特性。例如一個視覺障礙學生,個別化教育計畫若只因應其身心特性,可能讓該生免除參與某些需運用視力之課程,但若需滿足學生需求,則教育方案即需進一步規劃因應措施,例如教材字體放大、提供視覺輔具、調整評量方式等。

(四) 服務內容包括特殊教育與相關服務

《特殊教育法》第 3 條對身心障礙學生之定義為:指因生理或心理之障礙,經專業評估及鑑定具學習特殊需求,須特殊教育及相關服務措施之協助者。

身心障礙學生接受特殊教育,若無相關服務配合往往難以獲得特殊教育成效,或甚至無法接受特殊教育。例如一個肢體障礙學生,若未提供其行動輔具或交通服務,則該生可能因而無法到校上課或無法在校園中行動;若未提供評量之調整措施,則可能無法正確評估該生之學習成效。因此,個別化教育計畫之訂定,需綜合考量學生特殊教育與相關服務兩方面之需求。教育部所訂《身心障礙學生支持服務辦法》(2013),也對支持

服務內容做出規範。

二、參與個別化教育計畫訂定之人員

依《特殊教育法施行細則》第9條規定：參與訂定個別化教育計畫之人員，應包括學校行政人員、特殊教育及相關教師、學生家長；必要時，得邀請相關專業人員及學生本人參與，學生家長亦得邀請相關人員陪同。因此，訂定個別化教育計畫，應包含以下人員：

- ・學校行政人員。
- ・特殊教育教師。
- ・相關教師。
- ・學生家長。
- ・必要時，學校邀請學生本人。
- ・必要時，學校邀請之相關專業人員。
- ・家長所邀請之相關人員。

針對《特殊教育法施行細則》有關參與個別化教育計畫之人員的規定，以下再做說明與檢討：

(一) 出席者應與個別化教育計畫內容有關

學校行政人員、特殊教育教師、教師，三者皆應為與該身心障礙學生之教育有「相關的」人員，因此，若條文第一段改為「應包括相關的學校行政人員、特殊教育及其他教師」，則更能顯示參與個別化教育計畫者，需與該生之教育具有相關性，而非僅是因其身份而參與。例如會計人員、人事人員，雖亦為學校行政人員，但與特殊教育之相關性不高。與會學校人員與個別化教育計畫之相關性，應由學校判斷之。

(二) 應明確列出普通教育教師為應出席相關人員之一

臺灣地區超過80%的身心障礙學生就讀於普通班（包括分散式資源班、巡迴輔導班、普通班），普通班教師對身心障礙學生所負之教育責任

不低於特殊教育教師。安置於分散式資源班、巡迴輔導班、特殊教育方案、普通班、接受部分時間融合之集中式特殊教育班者，若普通班教師並未參與個別化教育計畫之訂定，將不利於身心障礙學生在普通班之適應，及特殊教育教師與普通教育教師之合作。因此，條文中最好能明訂普通教育教師為個別化教育計畫應參與的學校相關人員之一。故條文第一段所規範之學校人員，可改為「應包括相關的學校行政人員、特殊教育教師、普通教育教師及其他教師」。此外，普通教育教師並非僅限於導師，而是包括與學生在普通班學習有關之其他教師，例如體育科教師、自然科教師、資訊教育教師等。

(三) 邀請相關人員之決定權

對於「邀請相關專業人員、學生本人參與」之決定權，條文中並未明定，因此，宜採從寬認定之原則，亦即家長、學校皆有權決定是否需邀請相關專業人員，及判斷該相關專業人員與學生個別化教育計畫之相關性。學生本人之參與方面，學校、家長、學生本人亦皆有權決定是否邀請、出席。當然就團隊合作精神而言，最好能經由討論會商後決定，且將會議中受邀參與者之姓名與其背景事先知會學校或家長。

此外，條文中「學生家長亦得邀請相關人員陪同」之規定，則較明確是屬於家長之決定權。不過，此一條文僅規定「陪同」，與《特殊教育法》第 28 條之「陪同參與」的規定略有出入。建議未來修法仍應使用「陪同參與」一詞，使受邀者亦有參與權，而非僅是陪同出席。

三、個別化教育計畫訂定的時程

《特殊教育法施行細則》第 10 條規定：身心障礙學生個別化教育計畫，學校應於新生及轉學生入學後一個月內訂定；其餘在學學生之個別化教育計畫，應於開學前訂定。前項計畫，每學期應至少檢討一次。依此規定，個別化教育計畫的訂定時程可做以下說明與檢討。

(一) 新生之個別化教育計畫也應盡量於開學前完成

依《特殊教育法施行細則》之規定，新生之個別化教育計畫需於入學後一個月內訂定。另教育部所訂《各教育階段身心障礙學生轉銜輔導及服務辦法》（2010）第 6 條、第 8 條規定，跨教育階段之新生，學校應於開學後一個月內召開訂定個別化教育計畫會議。

《特殊教育法施行細則》所稱「新生」，應指新進入學校接受特殊教育服務之身心障礙學生。此類學生其一為前一教育階段已被鑑定且接受特殊教育，於下一學期轉入另一教育階段者，例如國小身心障礙學生轉銜進入國民中學，國民中學需於開學後一個月內為其訂定個別化教育計畫；其二為跨教育階段間，進入下一教育階段前新被鑑定與安置者，例如小學六年級下學期始通過鑑定，並於進入國民中學後開始接受特殊教育服務，此類學生進入國民中學後，學校需於開學後一個月內為其訂定個別化教育計畫；其三為學期中新通過鑑定，且於學期中接受特殊教育服務者，此類學生所謂「入學後一個月內」應指通過鑑定且教育行政單位通知學校後之一個月內，學校即需為此類學生訂定個別化教育計畫。

美國 IDEA 法案規定，身心障礙學生法定資格確定後，30 天之內需舉行個別化教育計畫會議；學年開始前，個別化教育計畫即需生效，該法案並無新生與舊生之區分。雖然在教育現場中，新鑑定與新入學的學生，學校可能因對其現況不了解、特殊教育需求不確定、班級教師未確定、相關服務需求不確定等，使得開學前訂定個別化教育計畫難免有些有困難，不過，就學生權益而言，無法在開學後立即開始接受特殊教育與相關服務，將影響學生權益。事實上，對即將進入下一教育階段之新鑑定學生，教育主管機關若將鑑定時程提前，讓學校有較充裕時間規劃個別化教育計畫，學校也採取一些調整措施，則即使是新鑑定與新入學的學生應該也可在下一教育階段的學校開學前，完成個別化教育計畫之訂定；若開學後確實有修改個別化教育計畫之必要，則亦可再做若干調整。因此，即使新生也可在開學前完成個別化教育計畫之訂定。前一教育階段已通過鑑定且持

續接受特殊教育者，進入下一教育階段前若經跨教育階段轉銜會議討論，則在開學前完成個別化教育計畫之訂定更無困難。學期中新通過鑑定且於學期中接受特殊教育者，則通過鑑定後一個月內訂定個別化教育計畫，或許較合理。

　　學校對新生之個別化教育計畫如果確實無法在開學前即完成，需待開學後一個月內始能完成訂定，則經鑑輔會鑑定及安置決議的學生，學校皆需於開學時即加以安置，並需參考該生之轉銜資料、先前之個別化教育計畫及對學生進行相關評估，先行提供學生必要的特殊教育與相關服務，不可因訂定個別化教育計畫的一個月緩衝期間而影響該生之受教權益。

(二) 轉學生之個別化教育計畫仍應延續或盡早訂定

　　依《特殊教育法施行細則》之規定，新生及轉學生之個別化教育計畫皆需於入學後一個月內訂定。轉學生若於學期開學前之寒暑假期間轉入，不管從本縣市或外縣市轉入，學校皆需即時提報鑑輔會，重新議決其鑑定與安置，其個別化教育計畫亦可比照前述新生之訂定時程，於開學後一個月內完成訂定，且需盡早完成，在訂定之緩衝期間需先予以安置並提供必要之特殊教育與相關服務。學期中的轉學生則可能包括通過同縣市鑑輔會之鑑定及安置且正接受特殊教育、通過他縣市鑑輔會之鑑定及安置且正接受特殊教育等兩類學生。依據《特殊教育法》，鑑輔會運作屬於各縣市之權責，且身心障礙學生的法定資格及安置型態之確認，亦屬各縣市鑑輔會權責而非各校所能決定，因此，轉學生是經由同一縣市或不同縣市之鑑輔會所做的鑑定及安置，其所涉及的法定資格、安置型態、個別化教育計畫執行等問題，也可能略有差異。以下分別說明之。

1. 已通過同縣市鑑輔會鑑定及安置的轉學生

　　已通過同縣市鑑輔會鑑定及安置且正在接受特殊教育服務的學生，轉學到同縣市另一新學校，且轉入之學校亦有相同的安置型態，則其原有之身心障礙學生資格及安置型態應受保障，轉學時前一學校應將學生之個別

化教育計畫轉至新學校，新學校若經評估原學校之個別化教育計畫適用，且家長亦同意，則應可立即依原先鑑輔會核定之安置型態加以安置，並立即依其既有之個別化教育計畫加以執行，不可延遲也不宜等待轉學後一個月再執行個別化教育計畫；若學校覺得有修改之必要，則應召開個別化教育計畫會議重新訂定；若只需小幅修改，則可徵求父母同意後修改之，並可使計畫立即生效。因此，除非原校之個別化教育計畫，轉入學校認為不適用需重新訂定，否則即使轉學生亦無須等待一個月。不過，為使各校每一身心障礙學生之法定資格及安置皆能直接經由鑑輔會決議，因此，此類同縣市之轉學生即使其個別化教育計畫已延續執行，但其法定資格及安置仍應再提報鑑輔會，再做一次確認。

此外，如果同縣市的轉學生其轉入的學校並無原先鑑輔會決議之安置型態（例如原決議之安置為集中式特殊教育班，但轉入的學校只有分散式資源班），則轉入的學校應立即將該生提交鑑輔會進行鑑定及安置。依據教育部所訂《身心障礙及資賦優異學生鑑定辦法》（2013）第 21 條之規定：各縣市鑑輔會應於每學年度上、下學期至少召開一次會議辦理，必要時得召開臨時會議。因此，對於此類轉學生之鑑定及安置，鑑輔會應盡快召開臨時會議議決，不可延遲更不可等待一個月再做決定，以免影響該生之受教權益。如果鑑輔會決議將該轉學生重新安置於其他學校的適當安置場所，則接受該轉學生的新學校應立即將該生安置，並延續該生原先之個別化教育計畫，必要時再做若干修改。一般而言，相同縣市之鑑輔會對身心障礙學生的障礙類別與安置型態之決議具有延續性或一致性，不過，若重新提報鑑輔會後，鑑輔會決議更改該生之障礙類別或安置型態，則其個別化教育計畫內容可能與原先之計畫內容差異較大，此種情況下，轉入的學校即需在鑑輔會決議且通知學校後的一個月內為該生訂定新的個別化教育計畫。在訂定新個別化教育計畫的一個月期間，學校仍應先行安置該生，並參考該生先前個別化教育計畫及對該生進行相關評估，提供該生必要的特殊教育及相關服務，不可因個別化教育計畫訂定的一個月緩衝期間

而影響身心障礙學生之受教權益。

2. 已通過他縣市鑑輔會鑑定及安置的轉學生

　　已通過他縣市鑑輔會鑑定及安置的學生，轉入本縣市後該生之身心障礙學生法定資格及安置型態，皆需再經由本縣市鑑輔會之決議，因此，學校應即時將該生提報本縣市鑑輔會進行鑑定及安置。本縣市鑑輔會亦需即時召開臨時會議確認該生之法定資格及安置型態，以免影響該生之受教權益。如果本縣市鑑輔會決議維持該生在他縣市鑑輔會之障礙類別與安置型態，則接受該轉學生的學校即應將該轉學生即時安置，並延續其原先之個別化教育計畫，必要時再做若干修改。一般而言，由於學生之障礙類別及安置型態皆未改變，因此，該生之個別化教育計畫所需修改的程度亦少。如果轉入學校經評估認為原先之個別化教育計畫需做較大修改，則需在本縣市鑑輔會決議及通知學校後一個月內重新訂定。不過，在訂定新個別化教育計畫的一個月期間，學校仍應先行安置該生，並參考該生先前個別化教育計畫及對該生進行相關評估，提供該生必要的特殊教育及相關服務，不可因個別化教育計畫訂定的緩衝期間而影響學生之受教權益。

　　如果本縣市鑑輔會決議更改該轉學生的障礙類別或安置型態，則該生之個別化教育計畫與其原先有之計畫即可能有較大差異，因此，轉入學校在接到本縣市鑑輔會通知後，應先即時將該生加以安置，並在一個月內為該生訂定新的個別化教育計畫。不過，在訂定新個別化教育計畫的一個月期間，學校應先行參考該生先前個別化教育計畫及對該生進行相關評估，提供該生必要的特殊教育及相關服務，不可因個別化教育計畫訂定的緩衝期間而影響學生之受教權益。

(三) 繼續在學的學生之個別化教育計畫需於開學前完成

　　依據《特殊教育法施行細則》，個別化教育計畫的訂定，除新生及轉學生有入學後一個月內需完成的緩衝期外，其餘學生皆需於開學前完成。雖然跨學年或跨學期時，可能由於學校行政人員、特殊教育教師、普通教

育教師、學生班級導師、相關專業人員、相關資源等因素的更換，而使個別化教育計畫要在開學前完成具有若干困難，不過，為確保身心障礙學生受教權益及符合法令規定，學校仍應在開學前完成持續在學學生的個別化教育計畫，並於開學前即加以執行。如果因上述因素的改變而使學生之個別化教育計畫在開學後需做部分修改或調整，則學校亦可在家長同意下，對計畫做部分修改。不過，若計畫內容涉及較大幅度調整，則仍需再度召開個別化教育計畫會議重新加以討論。

依據《特殊教育法施行細則》，新生、轉學生、持續在學學生之個別化教育計畫完成的法定時程，如第四章表 4-1 所示。

(四) 身心障礙學生個別化教育計畫完成時程檢討

美國 IDEA 法案規定，身心障礙學生需於法定資格確定後，30 天之內完成個別化教育計畫，且需於開學時生效執行。此一規定可以確保身心障礙學生在通過鑑定後，其個別化教育計畫不致被延誤。我國《特殊教育法施行細則》，規定新生及轉學生之個別化教育計畫需在入學後一個月內訂定，舊生則需在開學前訂定。不過，跨入下一教育階段之新生及轉學生，事實上，多數皆已通過鑑定且已接受特殊教育，因此，跨教育階段之新生只要具有適當之轉銜，其個別化教育計畫亦應在下一教育階段開學前即完成訂定。轉學生若在轉學時已通過鑑定及安置，則轉入新學校後，其個別化教育計畫亦應可延續或小幅修改後立即生效。這兩類學生之個別化教育計畫應皆無須有開學後一個月內訂定之緩衝期，否則將損及其教育權益。另一類為新鑑定之身心障礙學生，此類學生讓學校有一個月緩衝期，規定入學後一個月內訂定個別化教育計畫應較屬合理。不過，在一個月的計畫訂定期間，亦需盡可能提供身心障礙學生必要的特殊教育與相關服務，不可因而損及學生之受教權益。

為避免損及身心障礙學生之受教權益，我國《特殊教育法施行細則》對個別化教育計畫完成時程之規定，或許可參考 IDEA 法案之規定，凡新

鑑定者，要求學校需於通過鑑定後一個月內為學生訂定個別化教育計畫，且於開學後開始執行個別化教育計畫。已通過鑑定的學生，則不管跨年級或跨教育階段，其個別化教育計畫亦皆應於開學前即完成且於開學後開始執行。如此規定，才可確保身心障礙學生接受特殊教育與相關服務之權益。無論如何，教育單位不可因行政作業或個別化教育計畫訂定的延遲或緩衝，而有損身心障礙學生接受適性教育之權益。

(五) 個別化教育計畫會議之規範

雖然目前各校訂定與檢討個別化教育計畫皆會召開個別化教育計畫會議、個別化教育計畫檢討會議，但事實上，我國《特殊教育法施行細則》只規範訂定個別化教育計畫之參與人員及個別化教育計畫所應包括之內容，但對於是否需召開個別化教育計畫會議、檢討會議、召開方式，則皆未做具體規範。僅教育部所訂《各教育階段身心障礙學生轉銜輔導及服務辦法》提及，跨教育階段身心障礙學生，學校需於學生入學後一個月內召開個別化教育計畫會議。美國 IDEA 法案則明確規定個別化教育計畫經團隊會議（IEP team meeting）之決議，且對會議之召開與出席做了許多規定。

若只規範參與個別化教育計畫之成員，未規定需召開個別化教育計畫會議，則較不利於專業之整合，因此，建議各校訂定個別化教育計畫，仍應召開個別化教育計畫會議，檢討個別化教育計畫時，亦需召開個別化教育計畫檢討會議。未來《特殊教育法施行細則》修法，建議對個別化教育計畫會議、檢討會議，加以明確規範。

(六) 個別化教育計畫會議之集會次數檢討

依《特殊教育法施行細則》第 10 條之規定，新生及轉學生之個別化教育計畫需於入學後一個月內訂定，其餘在學學生之個別化教育計畫需於開學前完成訂定，且規定個別化教育計畫需每學期至少檢討一次。不過，對於個別化教育計畫會議及集會次數，則未做明確之規範。美國 IDEA 法

案規定，個別化教育計畫需訂定年度目標，且每學年至少檢討一次年度目標達成狀況。依此規定，個別化教育計畫會議與個別化教育計畫檢討會議，每學年應至少舉行一次，藉以訂定及檢討個別化教育計畫。

我國由於《特殊教育法施行細則》規定，個別化教育計畫內容需包含學年目標與學期目標，且規定每學期至少檢討一次，因此，雖然《特殊教育法施行細則》並未明確規定個別化教育計畫會議及集會次數，但多數學校幾乎皆每學期期初或開學前舉行個別化教育計畫會議，學期末舉行個別化教育計畫檢討會議。一學年有兩個學期，若包含個別化教育計畫會議與檢討會議，一學年即可能召開四次會議，過多的會議也常造成與會者對會議出席之困擾。

事實上，若學生之身心狀況、需求、特殊教育與相關服務，皆無明顯改變，則依《特殊教育法施行細則》之規定，一年召開一次個別化教育計畫會議，一學期召開一次個別化教育計畫檢討會議，亦符合法令規定。若為配合每學期召開個別化教育計畫檢討會議，則可將個別化教育計畫會議與個別化教育計畫檢討會議結合，亦即先召開檢討會議，檢討上一學期之學年目標與學期目標達成狀況，再接著召開下一學期之個別化教育計畫會議。如此做法，一學年雖個別化教育計畫會議與檢討會議皆各召開兩次，但由於兩項會議緊接著召開，因此，家長及其他與會團隊人員一學年只需出席兩次會議，且可讓前一學期之個別化教育計畫之檢討，與下一學期之個別化教育計畫內容，更充分結合。

四、個別化教育計畫的內容

教育部先前所訂之《特殊教育法施行細則》（2003）第 18 條，對個別化教育計畫所需內容做如下規範：

- 學生認知能力、溝通能力、行動能力、情緒、人際關係、感官功能、健康狀況、生活自理能力、國文、數學等學業能力之現況。
- 學生家庭狀況。

- 學生身心障礙狀況對其在普通班上課及生活之影響。
- 適合學生之評量方式。
- 學生因行為問題影響學習者，其行政支援及處理方式。
- 學年教育目標及學期教育目標。
- 學生所需要之特殊教育及相關專業服務。
- 學生能參與普通學校（班）之時間及項目。
- 學期教育目標是否達成之評量日期及標準。
- 學前教育大班、國小六年級、國中三年級及高中（職）三年級學生之轉銜服務內容。

教育部所訂現行《特殊教育法施行細則》（2013）第 9 條則規定，個別化教育計畫內容包括以下事項：

- 學生能力現況、家庭狀況及需求評估。
- 學生所需特殊教育、相關服務及支持策略。
- 學年與學期教育目標、達成學期教育目標之評量方式、日期及標準。
- 具情緒與行為問題學生所需之行為功能介入方案及行政支援。
- 學生之轉銜輔導及服務內容。
- 轉銜輔導及服務包括升學輔導、生活、就業、心理輔導、福利服務及其他相關專業服務等項目。

現行《特殊教育法施行細則》（2013）對個別化教育計畫內容的規範，將 2003 年所訂《特殊教育法施行細則》之個別化教育計畫內容整合為五個大項。不過，2003 年的《特殊教育法施行細則》有關個別化教育計畫內容，其中「學生身心障礙狀況對其在普通班上課及生活之影響」與「學生能參與普通學校（班）之時間及項目」等兩項強調融合教育之相關規定，並未明確列入現行《特殊教育法施行細則》（2013）所規定之個別化教育計畫內容。事實上，美國 IDEA 法案所規定之個別化教育計畫內容，亦明確列出「說明兒童無法參與普通班學生及其活動的限度」此一規

定內容。

　　另教育部 2003 年所訂之個別化教育計畫內容，其中「適合學生之評量方式」已整合到教育部 2013 年所訂之個別化教育計畫內容之「學生所需特殊教育、相關服務及支持策略」項目下，教育部在《身心障礙學生考試服務辦法》（2012）第 10 條則更明確規定，身心障礙學生參加校內學習評量，學校提供之各項考試服務，應載明於個別化教育計畫或個別化支持計畫。教育部所訂《特殊教育課程教材教法及評量方式實施辦法》（2010）第 8 條亦規定，學校定期評量之調整措施，應參照個別化教育計畫，經學校特殊教育推行委員會審議通過後實施。身心障礙學生考試服務內容應屬於支持策略之一，此兩項法規特別規定其內容需載明於個別化教育計畫中，亦顯示此一支持策略對身心障礙學生之重要性。此外，在轉銜服務方面，《特殊教育法施行細則》（2003）規定各教育階段最後一年個別化教育計畫需包括轉銜服務，但此一規定易使學校誤認為只有各教育階段最後一年的身心障礙學生才需轉銜服務，事實上，轉銜是一個連續的過程，各教育階段、各年級的學生皆有此需求，只是教育階段不同、年級不同，其所需之轉銜服務內容可能互有差異，若待各教育階段最後一年才提供轉銜服務則已太遲。因此，教育部於 2013 年所訂之個別化教育計畫內容，取消原先有關各教育階段最後一學年才需訂定的規定，只規範需將轉銜服務包括在個別化教育計畫中。此一修改應有助於學校將轉銜服務視為各教育階段、各年級學生皆需要的服務內容。

　　為符合現行特殊教育法規，本書所述之個別化教育計畫內容，將採教育部現行《特殊教育法施行細則》（2013）第 9 條之規範，並於第六章「特殊教育、相關服務與支持策略」中，加入身心障礙學生參與普通班及其所需支持服務，與評量調整等內容。一般而言，個別化教育計畫所需包含之內容欄位都以表格方式呈現，再配合文字具體敘述之。

　　此外，《特殊教育法》第 30-1 條所規定，高等教育階段之身心障礙教育，應符合學生需求，訂定個別化支持計畫。《特殊教育法施行細則》

第 12 條則規定，個別化支持計畫之內容包括下列事項：

- 學生能力現況、家庭狀況及需求評估。
- 學生所需特殊教育、支持服務及策略。
- 學生之轉銜輔導及服務內容。

個別化教育計畫
的 理念與實施

Chapter *4*

個別化教育計畫會議

　　個別化教育計畫團隊會議（IEP team meeting）或個別化教育計畫會議（IEP meeting），是發展個別化教育計畫必要的過程。學校需邀集團隊成員出席此一會議，為身心障礙學生訂定個別化教育計畫。本章依個別化教育計畫會議時程、個別化教育計畫會議成員、個別化教育計畫會議的準備、個別化教育計畫會議之召開等，分別說明之。

第一節　個別化教育計畫會議時程

　　個別化教育計畫會議可依不同目的分成個別化教育計畫訂定會議與個別化教育計畫檢討會議兩項。

一、個別化教育計畫訂定會議

　　依美國 IDEA 法案規定，除獲授權可以辦理多年期（最多三年）之個別化教育計畫的州以外，一般之個別化教育計畫皆為一年期之計畫，此一法案亦規定個別化教育計畫至少一年要檢討一次，因此，就 IDEA 法案之規定而言，個別化教育計畫會議及其檢討會議一年皆至少需召開一次，以訂定及檢討個別化教育計畫。

　　我國《特殊教育法施行細則》（2013）第 10 條規定，學校應於新生及轉學生入學後一個月內訂定個別化教育計畫；其餘在學學生應於開學前訂定。此外，並規定個別化教育計畫，每學期應至少檢討一次。教育部所

訂《各教育階段身心障礙學生轉銜輔導及服務辦法》（2010）亦規定，轉銜進入幼兒園、國民小學、國民中學、高級中等學校之身心障礙學生，安置學校需於開學後一個月內召開訂定個別化教育計畫會議。雖然《特殊教育法》（2014）及《特殊教育法施行細則》，只規定個別化教育計畫完成的時程，但對於個別化教育計畫會議之召開方式及召開時程並未規範，不過，依美國 IDEA 的法案，個別化教育計畫會議是訂定個別化教育計畫的必要過程。因此，學校自然需先召開個別化教育計畫會議，再經由此一會議訂定個別化教育計畫。

　　《特殊教育法施行細則》對所謂新生、其餘在學學生、轉學生、入學等用詞，皆未做明確界定，不過，依前述法規及教育現場實際情況，所謂新生，應包含三類學生，其一為在學期中新鑑定並於當學期即需開始接受特殊教育服務之學生；其二為學期中新鑑定，並於新學年或新學期開學時將開始接受特殊教育的學生；其三為先前已完成鑑定且目前正在接受特殊教育，跨教育階段轉銜進入下一教育階段持續接受特殊教育的新生。舊生或新生以外之其餘在學學生，則應指就讀於同一教育階段、同校、同年級或跨年級，且持續接受特殊教育的學生。轉學生則指從本縣市或他縣市的他校轉入同一教育階段學校的學生，可再分為兩類，其一為寒暑假轉學，且新學年或新學期開學時才正式接受新學校特殊教育服務的學生；其二為學期中轉入新學校且學期中即需持續接受特殊教育服務的學生。由於身心障礙學生之鑑定及安置，皆屬於各縣市鑑輔會之權責，因此，轉學生不管是來自本縣市或外縣市，皆應再提報本縣市鑑輔會。此外，「入學」一詞依法規旨意應指「開學」，或指轉學生於學期中轉入新學校且需於學期中持續接受特殊教育，或指學期中新鑑定且需於學期中即開始接受特殊教育之學生而言。

　　依據現行《特殊教育法施行細則》之規定，雖然新生及轉學生的個別化教育計畫訂定，依法學校可以有入學後一個月內完成的緩衝期，但為顧及身心障礙學生之受教權益，學校仍應盡量縮短訂定時程，且盡可能於入

學或開學時即能召開個別化教育計畫會議，並完成及執行個別化教育計畫。轉學生雖需再提報本縣市鑑輔會，但在鑑輔會議決期間，學校仍應盡可能提供學生必要之特殊教育服務。鑑輔會議決後，學校亦需盡可能參考其原先之計畫及本校資源，在一個月內完成個別化教育計畫會議之召開及計畫之訂定（表 4-1）。

表 4-1　各類身心障礙學生個別化教育計畫法定完成時程

學生類型	入學狀況	個別化教育計畫的完成時程
新生	學期中新鑑定，且需於當學期中接受特殊教育。	通過鑑定且接到通知後一個月內完成個別化教育計畫會議之召開及計畫訂定。
	學期中新鑑定，且需於下一學期開學後開始接受特殊教育。	新學期開學後一個月內完成。
	已通過鑑定且正在接受特殊教育，但新學年將跨入下一教育階段，開學後於下一教育階段接受特殊教育。	下一教育階段新學期開學後一個月內完成個別化教育計畫會議之召開及計畫訂定。
轉學生	已通過本縣市鑑定及安置，學期中轉入新學校之相同安置，且需於當學期即持續接受新學校之特殊教育。	入學後（轉入後）一個月內完成，但應立即安置且盡可能轉入後即參考其原先之計畫及本校資源，盡早完成個別化教育計畫會議之召開及計畫訂定。此類學生仍需再提報鑑輔會。
	已通過本縣市鑑定及安置，學期中轉入新學校，且需於當學期即持續接受特殊教育，但新學校無其原校之安置場所。	轉入後需立即提報鑑輔會，鑑輔會決定且通知後，新學校需於一個月內完成個別化教育計畫會議之召開及計畫訂定。在鑑輔會議決期間，新學校仍應先行提供該生必要的特殊教育與相關服務。
	已通過他縣市鑑定及安置，學期中轉入新學校之相同安置，且需於當	轉入後需立即提報本縣市鑑輔會，鑑輔會決定且通知後，新學校需於一個月內完成個別化教育計畫會議之召開及計畫

表 4-1　各類身心障礙學生個別化教育計畫法定完成時程（續）

學生類型	入學狀況	個別化教育計畫的完成時程
轉學生	學期即持續接受新學校之特殊教育。	訂定。在鑑輔會議決期間，新學校仍應先行安置該生且參考其原先之計畫及本校資源，提供該生必要的特殊教育與相關服務。
	已通過他縣市鑑定及安置，學期中轉入新學校，且需於當學期即持續接受特殊教育，但新學校並無相同安置。	轉入後需立即提報本縣市鑑輔會，鑑輔會決定且通知後，新學校需於一個月內完成個別化教育計畫會議之召開及計畫訂定。在鑑輔會議決期間，新學校仍應先行提供該生必要的特殊教育與相關服務。
	已通過本縣市或他縣市鑑定及安置，學期間（寒暑假期間）轉入新學校，新學期開學後才於新學校開始接受特殊教育。	轉入後需立即提報本縣市鑑輔會，並於新學期開學後一個月內完成個別化教育計畫會議之召開及計畫訂定。
在校學生	已通過鑑定及安置，且新學期開學後於同一教育階段、同校之同年級或不同年級持續接受特殊教育。	新學期開學前完成個別化教育計畫會議之召開及計畫訂定，開學後立即執行個別化教育計畫。

　　依前述教育部所訂之相關法規，新生及轉學生的個別化教育計畫皆需於開學或入學後一個月內完成，亦即讓學校在開學後或學生入學後有一個月之緩衝時間，了解學生身心特質、評估學生需求、規劃特殊教育與相關服務。不過，法規所訂之期限為最後期限，如果學校能夠在此期限之前即召開會議並完成計畫訂定，且在開學時立即實施，或入學後盡快完成個別化教育計畫，則對於身心障礙學生之教育權益更具有保障作用。例如跨階段轉銜提前完成，則跨階段進入下一教育階段之新生，亦可在開學前即完成個別化教育計畫，開學後立即實施，實施後若有必要再做小幅修訂。此

外，舊生則因就讀原校，且持續接受同一學校、同一教育階段之特殊教育，其身心特質、需求、特殊教育與相關服務皆具有延續性，因此，此類學生之個別化教育計畫需於開學前完成，且於開學後立即實施。轉學生若學期中轉入同縣市新學校，則原校之個別化教育計畫亦具有延續性，若無修改必要，則可轉入後立即實施原校訂定之個別化教育計畫，或小幅修訂後盡快實施。除非因新學校無原校之安置場所或本縣市鑑輔會議決，原校之個別化教育計畫需做大幅修改，始需一個月之緩衝規劃期，否則應皆可於轉學生轉入後立即實施個別化教育計畫。轉學生提報鑑輔會方面，如果鑑輔會也能即時召開臨時會議，盡快做出鑑定及安置之決定，則亦有利於學校盡快完成個別化教育計畫會議之召開及計畫訂定。

雖然前述相關法規，皆只說明訂定個別化教育計畫或說明對跨教育階段轉銜學生召開訂定個別化教育計畫會議之時程，並無具體規定個別化教育計畫實際執行或生效之時程，不過，就法規旨意而言，完成訂定個別化教育計畫亦應代表此一計畫之具體執行或實施期程。未來教育部修訂法規，或許可以就個別化教育計畫之訂定及實際執行時程兩者皆加以明確規範。

美國 IDEA 法案並未區分新生或在學學生，只規定法定資格確定後30 天內需訂定個別化教育計畫，並需盡快提供學生特殊教育，個別化教育計畫亦應於學年開始時生效。也許 IDEA 法案的規定可做為我國身心障礙學生個別化教育計畫訂定時程之參考。畢竟新生及轉學生之個別化教育計畫於開學後或轉入後一個月內完成，則這一個月對身心障礙學生接受特殊教育及相關服務之權益較無有效保障。事實上，新鑑定的學生及跨教育階段重新鑑定之學生，若將鑑定時程提早，讓學校有較充裕時間規劃，則此類學生仍可於開學前即完成個別化教育計畫，即使開學後發現有些個別化教育計畫內容需做修改，則只要通知會議相關成員，個別化教育計畫內容亦可做若干修改。

轉學生部分，IDEA 法案規定，若同學年轉入同一州或不同州，則轉

入學校在完成新的個別化教育計畫之前，或依各州鑑定標準完成重新鑑定之前，仍應依學生原有個別化教育計畫，並與家長會商後提供學生適當之特殊教育服務。此一規定亦可做為我國身心障礙轉學生個別化教育計畫完成時程之參考。

二、個別化教育計畫訂定會議召開次數

每學年個別化教育計畫訂定會議的次數方面，美國 IDEA 法案規定個別化教育計畫需訂定年度目標，且每學年至少檢討一次，因此，個別化教育計畫每學年至少需召開一次訂定會議與檢討會議。我國《特殊教育法施行細則》規定，個別化教育計畫需包含年度目標與學期目標，且規定每學期至少需檢討一次，因此，多數學校皆每學期召開個別化教育計畫訂定會議與個別化教育計畫檢討會議至少一次。每學期召開一次個別化教育計畫訂定會議，可使個別化教育計畫之內容更符合當學期實際狀況，如果配合前一學期之個別化教育計畫檢討會議，則檢討前一學期之計畫與訂定下一學期之計畫，兩者之間亦可充分結合，不過，較多的個別化教育計畫訂定會議，卻也可能增加行政作業及與會者之困擾。

事實上，《特殊教育法施行細則》對於個別化教育計畫訂定會議，需至少一學年召開一次或一學期召開一次，並無明確規定。如果學生之身心特質穩定、需求無明顯改變、學校所提供之特殊教育與相關服務並無明顯改變、學年目標與學期目標亦可於學年開始之初即確定，則一學年召開一次個別化教育計畫訂定會議，亦符合法令之規定。不過，若經檢討發現學生之進步有限，且個別化教育計畫於學期中有修改之必要，則家長及學校皆可提出召開個別化教育計畫會議，以修改計畫內容。

學校選擇一學年召開一次或一學期召開一次個別化教育計畫訂定會議，應經個別化教育計畫委員會之討論決議，且需獲得家長之書面同意，以尊重家長之權益。即使已決議採取一學年召開一次或一學期召開一次，但只要家長提出修改之要求，皆需隨時調整。

三、個別化教育計畫檢討會議召開次數

　　除個別化教育計畫訂定會議之外，《特殊教育法施行細則》第 10 條也規定，個別化教育計畫每學期至少要檢討一次。美國 IDEA 法案亦規定，個別化教育計畫需定期檢討，且至少每年要檢討一次，藉以了解學生是否朝年度目標進步，年度目標是否達成。IDEA 法案並規定個別化教育計畫的修改，只要家長及教育單位同意，可以不必召開會議，改以書面方式為之，並將修改後之計畫提供給父母。因此，不管我國《特殊教育法施行細則》或美國 IDEA 法案，皆強調個別化教育計畫之檢討需隨時進行，以了解學生是否朝預期目標進步，及了解個別化教育計畫內容是否合適；若發現學生進步有限，或發現個別化教育計畫有修改之必要，即需立即進行修訂，無須等到學年結束或學期結束之檢討會議。

　　依我國《特殊教育法施行細則》之規定，每學期至少要檢討個別化教育計畫一次，法規雖無明確規定此一檢討需召開個別化教育計畫檢討會議，不過，一般學校大都以會議形式進行。因此，學校大都於每學期之期末召開個別化教育計畫檢討會議，藉以檢討當學期之個別化教育計畫內容及教育目標達成情況，亦即上學期及下學期之期末，各召開一次個別化教育計畫檢討會議。

四、個別化教育計畫的訂定會議與檢討會議之整合

　　為使前一學期個別化教育計畫的檢討與下學期計畫的訂定能夠充分整合，且減少會議召開次數，如果學校採取一學年開一次個別化教育計畫會議方式，則對同一教育階段之在學學生，全學年之個別化教育計畫訂定會議，可配合前一學年之下學期的個別化教育計畫檢討會議召開，亦即下學期期末時，先召開第二學期之個別化教育計畫檢討會議，接著召開新學年之個別化教育計畫訂定會議。第一學期期末則只召開當學期個別化教育計畫檢討會議。

　　若學校採每學期分別召開一次個別化教育計畫訂定會議與個別化教育計畫檢討會議，則上學期期末時，先召開當學期個別化教育計畫檢討會議，接著召開新學期之個別化教育計畫訂定會議；下學期期末時，先召開當學期個別化教育計畫檢討會議，接著召開新學年第一學期之個別化教育計畫訂定會議。不管上學期或下學期，個別化教育計畫之會議召開及計畫訂定皆在開學前完成。

　　此種個別化教育計畫之檢討會議與計畫訂定會議結合的方式，有助於前一計畫的檢討內容充分反應於下一學期的計畫，且可減少家長及相關成員出席會議的次數。

第二節　個別化教育計畫會議成員

　　依《特殊教育法施行細則》第 9 條之規定：參與訂定個別化教育計畫之人員，應包括學校行政人員、特殊教育及相關教師、學生家長；必要時，得邀請相關專業人員及學生本人參與，學生家長亦得邀請相關人員陪同。以下依個別化教育計畫成員、個別化教育計畫會議成員之參與方式等兩方面，分別說明之。

一、個別化教育計畫成員

　　依前述《特殊教育法施行細則》之規定，個別化教育計畫會議應包括以下成員：

(一) 學校行政人員

　　此處之行政人員指學校內與學生之個別化教育計畫相關之處室主任、組長等，而非泛指學校所有行政人員（例如人事、會計、出納等）。每一個身心障礙學生所需行政支持不同，因此，參與個別化教育計畫會議之行政人員亦可能不同。

　　至於哪些行政人員與該生之個別化教育計畫有關、需要參與個別化教育計畫會議,則需由學校或該生之個案管理者評估決定。此外,學校校長負責全校所有身心障礙學生個別化教育計畫之監督及最終行政決策,因此,亦應為個別化教育計畫之參與人員。不過,如果學校之身心障礙學生人數較多,個別化教育計畫會議採個別方式召開,校長亦不可能每一學生之個別化教育計畫會議皆親自出席,此種情況下,校長可視各身心障礙學生其個別化教育計畫內容所需之人力物力,若涉及全校性配置者,優先參與其個別化教育計畫會議,其餘學生則可選擇部分參與或最後檢核已討論完成之個別化教育計畫內容即可,無須每一身心障礙學生之個別化教育計畫會議,校長皆親自出席。

　　各學校行政人員在學生之個別化教育計畫,所提供的支持服務可能不盡相同。一般而言,各校行政人員在個別化教育計畫可能提供之服務如下:

1. 校長

- 所有身心障礙學生個別化教育計畫之監督。
- 所有身心障礙學生個別化教育計畫相關教學與行政支持之決策。
- 各處室相關行政服務之人力、物力的協調或調配。
- 校外資源之聯繫與整合。
- 其他涉及全校性之特殊教育相關業務。

2. 教務主任及教務處相關行政人員

- 特殊教育教師任教班級及任教組別之調配。
- 資源班課表編排。
- 身心障礙學生就讀之普通班導師編排,並提交學校特殊教育推行委員會討論。
- 普通班各科教師編排。
- 學校定期評量之調整方式。
- 學校定期評量調整之支持服務(例如監考人力配置、評量教室配置

等）。

・學生成績評定（例如成績評定方法、及格標準等）。

・其他教務相關事務。

3. 學務主任及學務處相關行政人員

・學生行為問題之協助處理（例如介入處理、安排相關介入服務、召開個案會議等）。

・學生行為問題處理之支持服務（例如支持之人力與空間配置）。

・學生參與校內與校外各項活動之規劃與支援。

・其他學務相關事務。

4. 總務主任及總務處相關行政人員

・無障礙設施之規劃與設置。

・輔具申請與購置。

・教學支援設備與用品之購置。

・教學空間之改善。

・其他總務相關事務。

5. 輔導主任及輔導室相關行政人員

・個別化教育計畫之個案管理員的配置。

・個別化教育計畫各項內容負責擬定人員之配置與協調。

・補救教學人力支援。

・個別化教育計畫訂定會議與檢討會議之籌劃與召開。

・於學校特殊教育推行委員會提案，討論個別化教育計畫會議之決議事項及個別化教育計畫內容。

・於學校特殊教育推行委員會提案討論特殊教育課程。

・其他與輔導室相關之事務。

(二) 特殊教育教師

特殊教育教師是整個個別化教育計畫會議最重要的成員，依學生的特

殊教育安置類型不同，參與個別化教育計畫之特殊教育教師可能為巡迴輔導教師、資源班教師、集中式特殊教育班教師、特殊教育學校教師。通常一個特殊教育班會有二到三位教師編制，每位教師可能皆會負責該班每一學生之部分課程教學或訓練課程，因此，同一班之二或三位教師皆需同時出席個別化教育計畫會議。當然，如果其他特殊教育教師確定與某一學生之個別化教育計畫無關，則可不必出席。特殊教育教師在個別化教育計畫會議具有以下任務：

- 解釋測驗結果及其在教育因應之意義。
- 提出及說明個別化教育計畫之初稿。
- 說明學生之需求及其因應。
- 說明學生接受之特殊教育內容與方式。
- 說明學生之學年目標與學期目標。
- 說明學生之相關服務與支持服務。
- 說明家長在特殊教育過程的權利與職責。

(三) 普通教育教師

　　全時段或部分時段安置於普通班的身心障礙學生，其個別化教育計畫會議皆需普通教育教師參與，普通教育教師包括普通班導師、科任教師等。普通教育教師在個別化教育計畫之主要任務如下：

- 說明學生之身心特質。
- 說明學生在普通班所遭遇的學習或行為問題。
- 說明普通教育教師曾採取之輔導措施。
- 說明普通教育教師之教學與輔導過程之困難與需求。
- 說明學生之學年目標及學期目標與該生之能力現況是否符合。
- 說明學生之相關服務、支持服務是否符合該生之需求。
- 了解普通教育教師需負責之環境、課程、教學、評量等方面的調整措施。

・了解普通教育教師所需負責之相關教學輔導與支持服務。

(四) 相關教師

除本校之特殊教育教師與普通教育教師之外，必要時學校亦可邀請校外之特殊教育教師或普通教育教師參與。例如前一教育階段或前一年級之特殊教育教師或普通教育教師、具有教育該生所必要之專業知能的特殊教育教師、其他相關教師。此類教師在個別化教育計畫具有以下任務：

・提供該生前一教育階段或前一年級之教育現況說明。
・提供該生在前一教育階段或年級，教師曾採取的教學輔導措施及其成效。
・提供該生轉銜之相關建議。
・提供該生所需之特殊教育專業建議（例如語言發展輔導、聽語訓練建議、行為介入策略等）。
・其他與該生有關之教育建議。

(五) 家長

家長是個別化教育計畫會議的核心成員之一，家長也是個別化教育計畫之平等參與者，個別化教育計畫之內容亦需獲得家長之同意。學校應極力邀請對學生具有監護權、了解學生身心特質、關心學生教育的家長出席（通常為學生之父母），而非邀請任一家庭成員（例如爺爺、奶奶、姑姑、叔叔、哥哥、姊姊等）出席。家長在個別化教育計畫會議具有以下任務：

・說明學生之身心特質。
・說明家長在教育自己子女所遭遇之困難與需求。
・說明家長之顧慮、期望、所需協助。
・參與討論學生所接受之特殊教育內容與方式。
・參與討論及決定學生之學年目標與學期目標。
・參與討論及決定學生之相關服務、支持服務。

- 監督特殊教育與相關服務之適當性。
- 監督學生之進步情形。
- 了解在特殊教育過程中家長之權益與職責。

(六) 學生本人

　　一般而言，認知功能無缺損或輕度缺損、年級較高之身心障礙者，皆適合參與自身之個別化教育計畫會議，爭取自己的權益，及評估此一計畫內容是否符合自己需求。學生本人參與個別化教育計畫會議具有以下任務：

- 說明自己在學習及行為表現上的困難與需求。
- 協助個別化教育計畫成員了解自己的障礙性質與需求。
- 爭取自己的權益，實現自我決定。
- 評估各種測驗或評量結果、現況描述與其自身實際狀況之符合程度。
- 評估個別化教育計畫內容是否符合自己需求。
- 評估個別化教育計畫的實施成效及其所需之調整。

(七) 學校邀請的相關專業人員

　　學校得就學生個別化教育計畫所需，邀請相關專業人員參與。一般而言，這些相關專業人員可能包括醫師、物理治療師、職能治療師、語言治療師、聽能復健師、心理師、社會工作人員、學校護理人員、輔具專業人員、職業輔導員、助理人員及其他相關專業人員等。這些專業人員，依其專業分別提供個別化教育計畫之目標、介入、相關服務、支持服務等方面的建議及其執行。

(八) 家長邀請之相關人員

　　依《特殊教育法施行細則》，家長皆有權邀請其自認為有必要之相關人員陪同參與個別化教育計畫，學校在發給家長的個別化教育計畫會議通

知書上，也應明確告知家長此一權益。家長邀請參與之人員可能包括家長團體相關人員、專業團體相關人員、法律相關人員、其子女以往之教育人員、醫療人員、相關專業人員、相關親屬及其他相關人員等。特殊教育相關法規，對於家長邀請之人員的專業性、人數並無限制，只要家長自認為有必要者，皆有權邀請其參與，不過基於相互尊重，學校在給家長之個別化教育計畫會議通知書，除說明本次會議將參與的人員外，也請家長若其邀請相關人員陪同參與，能事先通知學校。

二、個別化教育計畫會議成員之參與方式

美國 IDEA 法案規定，個別化教育計畫委員未必要親自出席，若教育單位及家長同意，部分成員亦可全程或部分議程不參與，或採書面意見方式、視訊或電話方式表達其意見。我國之特殊教育法規對於個別化教育計畫成員出席方式，則未做明確規定。以下說明幾項成員參與之原則。

(一) 成員需與學生之個別化教育計畫具有相關性

學校行政人員、特殊教育教師、普通教育教師、相關專業人員等，皆需評估其是否與該生之需求符合，是否與該生個別化教育計畫具有相關性，及評估各成員之功能性，避免無明顯相關者受邀請，卻忽略了邀請與該生之教育計畫具有相關性之人員。也應避免基於行政方便或出席方便，而漏失某些與學生之教育計畫具有相關性的成員出席。教育部所訂《特殊教育支援服務與專業團隊設置及實施辦法》（2015）第 4 條即規定，身心障礙學生之教育應以專業合作進行為原則。專業團隊由特殊教育教師、普通教育教師、特殊教育相關專業人員及學校行政人員等共同參與為原則，並得「依學生之需要」彈性調整之。可見參與個別化教育計畫者，需符合學生之需要，而非只是形式上的參與人員多元化。一個學生若其需求只涉及特殊教育教師與家長兩方面，則即使其個別化教育計畫實際參與討論之成員只包括特殊教育教師、家長，仍符合團隊合作之精神。

(二) 相關專業人員需基於學生之需求

　　以往有些學校可能為使個別化教育計畫會議看起來更專業，或刻意為使特殊教育與醫療專業結合，或為了符合特殊教育評鑑之要求，而不管學生有否此項相關專業服務之必要，皆邀請相關專業人員出席個別化教育計畫會議。例如職能治療師、物理治療師，即常成為受邀出席個別化教育計畫會議之相關專業人員，但事實上，此兩類專業人員與肢體障礙學生、腦性麻痺學生之復健較有相關性，但對其他障礙類別的學生，其相關性則較低。因此，學校應盡量評估各相關專業人員在個別化教育計畫之必要性或功能性，避免產生相關專業人員愈多，愈顯會議之專業性的誤解，或誤以為無相關專業人員出席，個別化教育計畫會議之功能即會受到限制。事實上，多數身心障礙學生之個別化教育計畫會議，較具相關性之人員大都是學校行政人員、特殊教育教師、普通教育教師、家長等。因此，教育部所訂《特殊教育支援服務與專業團隊設置及實施辦法》第 4 條規定，特殊教育的專業團隊成員，得依學生之需要彈性調整之。其中「依學生之需要彈性調整之」即強調各專業團隊人員之參與，皆需依學生之需要而彈性調整。

　　此外，邀請之相關專業人員亦需考量其專業性、服務態度、與個別化教育計畫執行之配合度等。

(三) 讓成員了解其在個別化教育計畫之任務

　　如果在會議邀請函中，讓受邀出席之成員事先了解其在個別化教育計畫會議之任務，則不但使其專業受到肯定與尊重，且在其出席個別化教育計畫會議前，亦可事先就自身專業預做準備，會議中或許即較能發揮其專業功能。當然會議中，更需讓各相關成員明確了解其在個別化教育計畫所擔負之任務。

(四) 讓成員了解會議之重要性

　　個別化教育計畫會議負有訂定學生個別化教育計畫之重要任務，如果

有些成員未出席，則可能使學生之個別化教育計畫訂定受到影響，亦可能因而影響學生之權益，因此，學校在個別化教育計畫會議邀請函中，最好說明此一會議之重要性，並邀請成員務必出席。

(五) 允許成員以其他方式表達其意見

有些成員雖與該生之個別化教育計畫具有相關性，其亦了解出席之重要性，不過，會議當天確實無法親自出席，對於此一情況，只要家長及學校同意，原則上皆應可同意部分成員採用書面、視訊、電話等方式表達其意見。此外，較無爭議性的部分，也可在其他成員同意的情況下，另選日期與會議當天無法出席的成員進行討論。

(六) 家長未出席之處理

IDEA 法案規定，若學校曾邀請家長與會，但未獲回應或家長表示不願出席，則學校需保留曾力邀家長出席之紀錄，此種情況下，該生之個別化教育計畫即使無家長參與，仍屬有效。在我國此種情況亦可能發生，不過，我國之特殊教育法規對家長未出席之處理方式，並未明確規定。依IDEA 法案之精神，若學校在會議時間上已盡力配合家長需求，且已力邀家長出席，但家長仍無回應或明白表示不願出席，則學校需保留邀請家長出席之紀錄（例如電話紀錄、通知單回條等），該生之個別化教育計畫會議可在家長未出席之情況下進行，其個別化教育計畫也有效。會後，個別化教育計畫應以書面形式送予家長，並請家長於個別化教育計畫上簽章。家長若對計畫內容有不同意見，則學校需加以修改。若學校對於修改計畫內容與家長意見不同，則需邀請家長再次參加個別化教育計畫會議討論之。

若給予彈性會議時間選擇，家長仍不願出席，或家長因故無法來到學校參加會議，則個別化教育計畫會議亦可採到宅或前往其他適合的地點開會之方式。若到宅亦有困難或無其他適合地點，亦可事先將個別化教育計畫之初稿寄至學生家中，並另約時間與家長討論。若家長提出之修改幅度

較大，則需再召開個別化教育計畫會議討論後決議；若家長無意見或修改幅度較小，則最後決議之版本再寄送兩份給家長，一份家長留存，一份請其簽名認可後寄回學校。

第三節 個別化教育計畫會議的準備

個別化教育計畫會議的準備工作，是確保會議有效進行且達成會議目標的重要過程。以下由個別化教育計畫的籌辦單位、會議通知等方面，分別說明之。

一、個別化教育計畫會議的籌辦單位

由於《特殊教育法》及《特殊教育法施行細則》皆僅規定「學校」需為身心障礙學生訂定個別化教育計畫，而未明確規定學校實際之負責單位或個人，因此，常見學校裡對個別化教育計畫會議籌辦單位權責不清之問題，或者將會議之籌辦完全委由特殊教育教師負責。如果校內缺乏正式之特殊教育教師，則籌辦安置於普通班的身心障礙學生之個別化教育計畫會議更顯困難。在學校這種科層體制的組織中，某一行政工作若無法確定負責之單位及人員，則其推動將遭遇困難。學校對決定個別化教育計畫會議之籌辦單位，需注意以下原則：

(一) 確定業務承辦單位

學校應先藉由行政決策程序、校內行政規定或於校內特殊教育推行委員會中討論等方式，確定個別化教育計畫會議之負責單位。以我國一般學校之現況而言，多數學校將特殊教育業務歸為輔導室，但也有一些學校將之歸為教務處，不管各校特殊教育業務之歸屬，凡承辦特殊教育業務之單位，亦即負責辦理個別化教育計畫會議之單位。

(二) 確定個別化教育計畫之個案管理者

除確定個別化教育計畫會議籌辦之行政單位外，亦需確定校內個別化教育計畫之個案管理者（coordinator），以確定個別化教育計畫會議之籌辦有一明確負責人。由於個別化教育計畫會議可能涉及校內不同處室之協調，個別化教育計畫之執行除課程與教學外，尚涉及許多相關服務與支持服務，因此，此一個案管理者最好由校內一級主管之處室主任擔任，或至少由校內二級主管之組長擔任，但較不適合由校內未擔任行政主管之特殊教育教師或普通教育教師擔任。

以往有些學校常將所有個別化教育計畫業務完全委由特殊教育教師負責，行政人員提供之相關行政支持與整合很少，以致造成個別化教育計畫會議之辦理與執行產生諸多困難。有些身心障礙學生完全安置於普通班，未接受抽離之特殊教育服務，此類學生之個別化教育計畫會議，若學校委由普通班教師負責，將面臨辦理之困難。巡迴輔導教師方面，雖亦屬特殊教育教師，但編制不在學生安置之學校，此類特殊教育教師籌辦個別化教育計畫會議亦有困難。資源班教師方面，涉及普通班教師、特殊教育教師、學校相關行政單位之協調與整合亦多，若完全由資源班教師負責個別化教育計畫會議籌辦，亦將產生困難。即使集中式特殊教育班，亦可能需協調各特殊教育教師、家長、相關專業人員等，亦難由某一特殊教育教師負完全之籌劃職責。

(三) 確定分工負責單位或人員

個別化教育計畫內容包含學生之特殊教育與相關服務，因此，並非任何單一個人所能完成，個別化教育計畫會議之籌辦亦非單一處室或個人所能完成。學校確定個別化教育計畫之實際負責處室、個案管理者之後，負責的處室亦需再藉由行政程序、校內行政規定，確定籌辦會議之各分項工作的負責人。例如特殊教育教師負責提供個別化教育計畫表格、規劃身心障礙學生課程、學年目標與學期目標、相關支持服務需求、個別化教育計

畫初稿；教務處負責提供資源班優先排課之課表；總務處負責無障礙設施、輔具提供等。

二、個別化教育計畫會議通知

　　個別化教育計畫會議之召開，需依正式會議之形式，事先對家長及成員發出開會通知。會議通知方面需注意以下原則：

(一) 會議時間

- 發出會議通知書前，會議時間應事先協調，尤其應事先與家長協調，選擇家長與學校、其他成員皆可出席之時間，甚至應以家長可以出席的時間為優先選擇。個別化教育計畫會議應避免學校單方面決定，以致造成家長及其他成員無法出席之現象。因此，學校在發出正式會議通知書之前，需先協調家長及相關成員可出席的會議時間，避免先發出會議通知，再徵詢家長及其他團隊成員可否出席的行事順序錯置現象。
- 會議時間若能及早確定，或設定一個每學期較固定之時間，則家長與相關成員較能事先保留會議時間。
- 盡量讓家長可以有較多彈性選擇會議時間之時段，學校盡量避免只給一個或較少之日期與時段供家長選擇。如果可供家長選擇之會議日期及時間很少，且會議通知或會議時間諮詢附有一個「無法出席」之選項讓家長勾選，則對原來參加個別化教育計畫會議意願即較低之家長而言，易產生「家長可以選擇不出席」之誤解。
- 如果同一天有多位學生需進行個別化教育計畫會議，則需事先排定每一學生之計畫的討論時段（例如下午 3：00～4：30），一方面讓家長及成員有較充裕的時間討論，另方面亦可避免家長等待之時間。
- 每一學生隨其所需特殊教育及相關服務之內容不同，討論時間長短

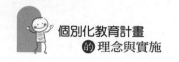
可能也不同，不過，每一學生最好至少一小時以上。若時間太短，不但難以深入討論個別化教育計畫內容，亦可能使家長產生學校不重視其子女教育的感覺。

(二) 會議通知書

會議通知書是正式會議之必要文件，尤其對家長之會議通知書，更需注意其內容之完整（見附錄二）。以下之說明主要針對發給家長之個別化教育計畫會議通知書，所應包含之重要內容。

- 會議通知需包含正式會議通知所需內容，包括會議目的、議程、會議時間、會議地點、出列席人員、家長及成員是否出席之回條或回覆等基本項目。

- 會議名稱及會議通知書皆應稱之為「個別化教育計畫會議」，避免使用「IEP 會議」等專有名詞，或使用「親師會議」等非正式之會議名稱。

- 會議通知書需註明召開之學年度、學期、學生姓名等，使會議時程更明確，亦代表此一會議將專注於討論特定學生之個別化教育計畫，例如「○○○學年度○學期○○○同學個別化教育計畫會議通知」。

- 會議通知書盡量說明家長及成員出席此一會議之重要性，例如說明會議之目的在討論學生之教育計畫內容、出席此一會議是維護家長及其子女權益之必要方式、相關成員出席此一會議對學生教育權益之重要性等。

- 提醒家長及相關成員務必出席此一會議，例如於會議通知書上註明這些文字，且蓋上「重要會議，請務必出席」之戳章。

- 會議通知書最好於會議前一至二週即發出，讓家長及相關成員得以事先準備。

- 學校預先擬定之個別化教育計畫初稿，在不影響個人資料保護法的

前提下，可採密件方式寄送予家長及團隊成員先行參閱，以利會中更快進入會議主題之討論。

- 會議通知書，附上《特殊教育法》第 28 條條文及《特殊教育法施行細則》第 9 條、第 10 條之條文等相關規定，讓家長及成員了解特殊教育法規之相關規定。

- 會議通知書最好也明確告知家長，依《特殊教育法》第 28 條，必要時家長有權邀請相關人員陪同與會，若附回條，回條上亦讓家長勾選是否邀請相關人員陪同出席及註明受邀者之背景。

- 會議通知書內容之用詞需考量家長的理解程度，避免使用較艱深之用詞或專業術語。用詞及語氣也需讓家長有受尊重之感覺，避免出現較為官僚或強勢之用詞（例如後果自負）。文書亦需校對，避免出現錯別字或其他錯誤。

- 會議通知書載明之會議邀請單位應為學校層級，而非處室（例如輔導室）、特殊教育班、特殊教育教師，但亦需留下會議之承辦人或聯絡人的姓名、職稱及其聯絡方式，讓家長及相關成員必要時，可以直接與會議承辦人聯繫。

- 會議通知書可採郵寄、直接交付、學生轉交等方式送予家長。若由學生轉交，則最好於學生之家庭聯絡簿註明此一事項，提醒家長注意。家長之回條若由學生帶回學校，則亦請家長於學生的家庭聯絡簿註明，讓班級老師查收。

- 會議通知書最好註明《特殊教育法》第 21 條之規定，讓家長了解其有權對教育行政單位、學校之相關措施提出申訴。

個別化教育計畫會議之召開

確定會議日期、發出開會通知書後，接著即為召開會議訂定學生之個別化教育計畫。以下分別由個別化教育計畫訂定會議、個別化教育計畫會

議後之處理、個別化教育計畫檢討會議、促進家長對個別化教育計畫的參與、促進學生本人對其個別化教育計畫的參與等方面說明之。

一、進行個別化教育計畫訂定會議

個別化教育計畫會議將討論學生之個別化教育計畫內容，因此，會議進行方式與過程甚為重要。個別化教育計畫會議之進行，需注意以下原則：

- 會議地點需做適度布置，並盡量選擇具有適度空間與座椅、隔音良好且不受干擾、無障礙設施良好等適合之會議場所，避免因會議場所過於簡陋或不恰當，而妨礙會議進行或讓家長覺得學校忽視其子女之教育。

- 個別化教育計畫會議應盡可能單獨召開，避免與其他會議一起召開，否則可能影響討論個別化教育計畫內容之時間。如果必須利用教學觀摩會或親職座談會等家長到校之時間，則至少需保有固定之充分時間與家長及相關成員討論個別化教育計畫內容。

- 除非兩位學生之身心特質、特殊教育、相關服務皆極為類似，否則應採取一次只針對一個個案進行討論之方式，避免一次針對多位學生一起討論的會議方式。

- 如果為節省會議時間，則也許可就各個個案其個別化教育計畫內容相同之部分先進行共同討論，但每一個個案仍應保留個別學生之計畫討論時間。

- 會議應針對個別化教育計畫之各項內容，逐項做充分討論，避免使會議變成親職座談會或一般談話會。若家長或其他成員有討論離題或失焦的情況，則會議主持人應即時導正。

- 會議中針對學生之能力現況、教育需求、教育目標、相關服務等應積極討論，且需避免對學生或家長做出批評抱怨等行為。

- 會議需確保家長與相關成員皆出席，若當天確實無法出席者，則亦

可採取適當的書面意見陳述或視訊、電話聯絡等替代方式。

- 為保障家長參與個別化教育計畫會議之權益，若有部分家長確實難以出席在學校舉行之個別化教育計畫會議，則學校亦可因應家長所需，做好配套措施後，選擇家長便於出席會議的時間及地點召開，例如夜間或假日於學生家中或社區中舉行。

- 為使出席的家長能對學生之個別化教育計畫做有意義的充分討論、參與及做決定，學校可明確告知家長會議對學生教育之重要性，要求出席之家長需對學生有充分認識、具有學生之監護權、能為學生之教育做決定者。

- 會議呈現之相關文件，若涉及學生個人資料或隱私，則除提醒成員保密外，會後亦需收回這些文件。

- 會議需由學校負責個別化教育計畫的個案管理者主持。

- 會議過程中，避免使用專有名詞、術語、外語，若需使用則要加以解釋並注意家長與其他成員之理解情況。相關說明內容亦需注意家長及其他成員之理解程度。

- 會議進行需考量家長之表達與溝通方式、語言文字之差異的因應，例如家長為視覺障礙者、弱視者、聽覺障礙者、母語非中文者等，其參與個別化教育計畫時需提供點字文件、大字體文件、手語翻譯、外語翻譯等。

- 學校需考量家長合理之期望、顧慮、家庭需求等，盡量調整學校現有條件以因應家長需求。

- 尊重家長與其他成員之發言權利與發言內容。包括家長在內，各成員皆為個別化教育計畫會議之平等參與者，皆需獲得應有之尊重。若家長或其他成員所提之建議不適合或學校確有配合之困難，亦應誠懇說明解釋。

- 會議中若有成員對教學目標或相關支持服務持不同意見，則可透過會議討論之方式尋求共識，最後仍難以達成共識則可依一般會議規

則進行表決，形成決議。

- 會議前應由各個別化教育計畫分項內容負責之人員先備妥初稿，或先提出預計採取之服務措施，以做為與會家長及相關成員討論之依據，也較可避免會議討論失焦。

- 會議進行應安排記錄及錄音，以做為後續訂定個別化教育計畫內容之依據。

- 所有個別化教育計畫內容需經由會議討論，避免有會中未討論，會後再自行追加，或會議中已討論通過，會後再自行刪除或更改之情形。

- 個別化教育計畫需經包含家長在內之成員討論後決議，不可僅由學校或特殊教育教師先行擬訂，未經會議討論即要求家長簽名認同。

- 會議需準備與會成員簽到冊。簽到冊需有姓名、職稱等欄位。若為家長，則需註明其子女之姓名，使會議成員之出席狀況更加明確。會議紀錄亦可附照片，做為未來學校留存之檔案資料。

二、個別化教育計畫會議後之處理

開完個別化教育計畫會議後，一份完整之個別化教育計畫初稿已獲通過，但仍需再經若干程序，個別化教育計畫才算完成。

- 會議紀錄複本需分送家長及與會成員。

- 依教育部所訂《高級中等以下學校特殊教育推行委員會設置辦法》（2013）第 3 條之規定，審議個別化教育計畫是學校特殊教育推行委員會的任務之一，不過，依《特殊教育法》第 45 條，各校特殊教育推行委員會之設置辦法，屬各級主管機關之權責，因此，若該縣市規定審查個別化教育計畫為學校特殊教育推行委員會的任務之一，則完成之個別化教育計畫即需再送學校特殊教育推行委員會審議。

- 對於個別化教育計畫會議具有爭議性之議題，或未達成共識之議

題，尤需再由特殊教育推行委員會討論之。

- 家長對於個別化教育計畫會議及特殊教育推行委員會之決議，若仍不同意或覺得權益受損，則可依《特殊教育法》第 21 條之規定，向學校提出申訴，若對學校之回覆仍不滿意，亦可再向所屬縣市政府提出申訴。

- 個別化教育計畫會議後，根據會議決議，將初稿重新編輯整理後，需再由學校行政人員、特殊教育教師、相關教師、相關專業團隊成員、家長等與個別化教育計畫相關之人員簽章，才算完成正式計畫。計畫書上並註明個別化教育計畫開會及通過之日期，以供日後查核。

- 家長簽章欄最好加註家長對個別化教育計畫之相關權益，讓家長確認其對自身權益的了解。例如家長有權參與個別化教育計畫會議及檢討會議、有權查閱個別化教育計畫、有權提出檢討或修改意見、有權提出申訴、計畫內容只做為教學之用，不移做他用等。

- 完成之個別化教育計畫需免費複製一份給家長，及影印給計畫中需負責執行計畫內容的相關人員。如果學生全部或部分時間安置於普通班，則普通班導師亦需得到一份學生個別化教育計畫。不過，除家長外，其餘相關人員皆僅複製其各自需負責執行的計畫內容即可。

三、進行個別化教育計畫檢討會議 🖊

依《特殊教育法施行細則》之規定，個別化教育計畫至少每學期需檢討一次。檢討會議通常於學期末召開。進行個別化教育計畫檢討會議之原則如下：

- 召開個別化教育計畫檢討會議，亦需事先發給家長及相關成員開會通知書。會議通知書需注意之原則與前述個別化教育計畫訂定會議之開會通知書相同。

- 個別化教育計畫檢討會議，需針對學年目標與學期目標之達成狀況加以檢討，並需檢討相關服務、支持服務是否達成預期目標。

- 學期目標之達成狀況可另製作目標達成狀況一覽表，提供家長及成員參考。達成之程度可採百分比、語詞敘述或兩者結合之方式。例如採達成百分比，可分為 80%～100%、60%～79%、40%～59%、20%～39%、0%～19% 等不同達成程度；若採語詞敘述，可分為完全達成、大部分達成、部分達成、少部分達成、皆未達成等不同達成程度。

- 學期目標之達成狀況，除採用項目勾選方式外，應再配合具體之敘述，例如「二位數加二位數，需進位之加法」，若目標達成率為80%～100%，則需舉實例或具體指出學生實際出錯或尚未習得之處，例如「數字較大之二位數，例如 89+78，計算錯誤率高且速度慢」。

- 如果能採用課程本位評量方式（curriculum-based measurement），具體列出學生進步之數據及進步圖示化，則更有利於說明學生在教育目標之進步情形。例如將學生本學期在國語科每一課的認字進步情形，以教學前、教學後相互比較，及繪製進步曲線圖來呈現。

- 相關服務、支持服務之檢討，可使用具體敘述之方式，先說明本學期之服務方式，再說明服務成效及需改進或調整之處。

- 目標達成狀況與相關服務之檢討，應盡量具體敘述且舉出實例，說明學生實際學習情形及服務措施需改進之處，避免僅做原則性之檢討。例如若提及「評量調整效果不佳」或「評量調整方式需改進」，則需進一步說明「不佳」之實際情形及建議下學期之具體改進做法。例如「本學期考試時，採用報讀試題方式實施，但因使用電腦報讀，學生對於電腦報讀的聽覺理解效果不佳，下學期改採用監考老師當場口述報讀方式」。

- 學期目標未充分達成者，需具體檢討其可能之原因及提出改進措

施，並說明此一目標是否繼續列為下學期教學之目標及其原因。

· 個別化教育計畫之檢討，學校需以負責之態度積極檢討，提出改進意見，避免有卸責怪罪之情形。

· 個別化教育計畫檢討會議若有成員確實無法出席，則可允許其使用書面意見陳述或視訊、電話訪談等方式。

四、促進家長對個別化教育計畫的參與

　　家長參與學生的鑑定、安置、個別化教育計畫，不但是家長的法定權益，且研究顯示，家長對個別化教育計畫之參與，有助於促進學生的成就與行為表現（Shepherd, Giangreco, & Cook, 2013），因此，家長對個別化教育計畫之參與，不僅代表對家長權益的尊重、符合法令規定，且具有實質之教育助益。

(一) 家長參與個別化教育計畫會議之重要意義

　　一般而言，家長在個別化教育計畫的參與具有幾個重要意義：

· 提供學生的成長、發展歷程、身心特質與家長曾採用的教育方法，做為個別化教育計畫發展之參考。

· 表達家長對學生的期望及家長或家庭的需求，以做為納入個別化教育計畫內容之參考。

· 參與討論、檢討與決定其子女特殊教育與相關服務內容。

· 在家庭中執行部分個別化教育計畫內容，並促進家庭與學校對學生教育之合作。

· 於個別化教育計畫會議中，藉由與特殊教育教師及相關專業人員的討論，家長亦可獲得專業成長、情緒支持、澄清可能之誤解。

· 爭取家長及其子女在特殊教育及個別化教育計畫過程中，應有之教育與相關權益。

· 監督學生接受個別化教育計畫後之進步情形及相關服務之適當性，

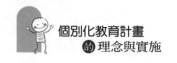
以保障學生接受適性教育權益及獲得有意義進步。

(二) 家長參與個別化教育計畫會議之困難與問題

雖然法令與研究皆肯定家長參與個別化教育計畫的重要性，不過，許多研究卻發現，家長在參加個別化教育計畫會議的量與質兩方面皆不足（曾睡蓮，2004；詹沛珊，2005；Reiman, Beck, Coppola, & Engiles, 2010）。家長參與個別化教育計畫會議可能具有以下問題或困難：

1. 出席率較低

許多學校召開個別化教育計畫會議，常出現家長出席率較低的問題，可能與下列因素有關：(1) 不了解會議之重要性或不了解會議之性質；(2) 不了解自己在個別化教育計畫發展過程中之權益；(3) 因工作忙碌，無暇出席或因學校所訂之會議時間難配合而無法出席；(4) 自認專業知能不夠，出席亦無法參與討論；(5) 自我概念不佳、較缺乏自我肯定或較難接受子女障礙之事實，不願出席會議；(6) 過度將子女教育權委任學校；(7) 以往參與之經驗或感受不佳。

2. 參與度不足

即使家長出席個別化教育計畫會議，但未必代表家長能充分及公平的參與會議之討論與決議。家長未能充分參與個別化教育計畫會議可能與幾個因素有關：(1) 學校或其他成員未充分尊重家長意見，或未鼓勵家長提出其見解；(2) 家長對自己權益未充分了解；(3) 家長較缺乏自我肯定，未能充分表達自己的意見或爭取自己的權益；(4) 缺乏溝通與合作技巧，較難與團隊成員合作；(5) 較缺乏專業知識，提出之意見未獲認同；(6) 會議進行過程未考量家長之理解程度，使用較多專業名詞且未對家長做說明；(7) 出席會議者可能只是家人（例如爺爺或奶奶）並非父母，對學生情況不了解，或缺乏對學生教育之決定權；(8) 學校未將個別化教育計畫之各項內容，於會議中逐一提出討論。

(三) 促進家長參與個別化教育計畫之措施

參與個別化教育計畫是家長權益,且特殊教育亦需要家長之參與,因此,學校可以採取相關措施,以促進家長對個別化教育計畫之參與。

1. 會議出席方面

為提高家長之會議出席率,可採取以下相關措施:

- 會議時間盡早確定,或每年皆安排固定的會議時間,讓家長能提早因應。
- 會議時間事先與家長協調,盡量配合家長時間。
- 辦理家長研習課程,讓家長了解個別化教育計畫會議之重要性、自身權益,及讓家長了解應如何有效參與個別化教育計畫。會議通知書也盡量列述會議之重要性及家長權益。
- 編印個別化教育計畫相關說明資料(含常見問題與回答之資料),提供家長參考。
- 盡量做到充分邀請家長出席之聯絡工作,平常亦需請家長留下確保可以聯繫的方法。
- 家長若到校出席會議確有困難,可以彈性因應家長便於出席之時間與地點,或採用其他通訊方式直接與家長討論。
- 讓家長感受到在會議過程中是被尊重的,例如仔細聆聽家長發言、眼神注視發言者、給予鼓勵眼神、針對其發言內容具體回饋等。
- 讓家長感受參與個別化教育計畫對其子女教育之重要性,例如幫助個人專業知能成長、參與討論子女有效教育方法及教育目標、獲得子女教育進步資訊等。
- 考量會議場所之無障礙及適當性,讓家長可到達、可進入、可使用會議場所。
- 提供家長出席會議之相關服務,例如停車、協助照顧其幼小子女、協助照顧其身心障礙子女等。

2. 提升家長參與度方面

除家長出席外,更重要的是家長需充分參與討論與決定。提升家長對個別化教育計畫的參與,可以採取以下措施:

- 盡量邀請對學生充分了解且具有決定權的家長(例如父母)出席。
- 學校及相關成員應尊重家長權益,鼓勵家長參與討論,尊重家長之主張。若學校不認同或無法配合家長的意見,則應溫和告知家長。
- 會議過程需注意家長之理解與溝通模式,例如避免使用家長難以理解之專有名詞、注意家長慣用語言、注意家長是否有感官之限制。會議中亦鼓勵家長發問,對家長之問題需給予積極回饋。
- 個別化教育計畫文件也需注意使用家長易於理解之語文敘述。
- 會議需正向積極討論學生之教育計畫,避免偏離會議主題,且避免負向批評學生或家長。
- 就個別化教育計畫之各項內容,充分與家長討論。
- 明確告知家長,其有權邀請相關人員陪同出席,以便陪同人員亦能協助家長參與討論。
- 辦理家長成長課程,培養家長在個別化教育計畫會議過程中可使用之溝通與合作技巧。
- 組成家長團體,協助家長彼此認識、相互溝通、相互支持、相互討論,並藉助家長團體之動力,促進家長對個別化教育計畫之充分參與。

教育單位受限於科層體制與既有制度,可能較缺乏彈性或以組織系統的現有制度、資源為首要考量,忽略家長之需求與感受,因此,學者提倡以人為本位之規劃(person-centered planning)(Rassheed, Fore, & Miller, 2006),亦即強調教育規劃需重視學生與家長之需求,採取彈性因應與調整措施,而非組織系統之固守。若學校在態度及做法上,能以家長及學生需求為首要考量,則將有助於家長對個別化教育計畫之參與。

五、促進學生本人對其個別化教育計畫的參與

　　美國 IDEA 法案將身心障礙學生本人列為個別化教育計畫會議成員之一，且特別強調當討論學生之轉銜計畫時，需邀請學生本人參與討論。法案並規定，最遲在學生達到成年年齡的前一年，需告知其有關的自身權益。我國教育部所訂《特殊教育法施行細則》亦規定，個別化教育計畫「必要時，得邀請相關專業人員及學生本人參與」。事實上，如果學生了解自己情況，具有參與個別化教育計畫討論之適當能力，則參與其自身之個別化教育計畫，不但符合法令規定，也是保障其權益與維護其自我決策權利之做法。

(一) 學生參與其個別化教育計畫之意義

　　身心障礙學生參與其自身之個別化教育計畫具有以下重要意義：

- ‧學生對自己的能力、興趣、生涯計畫，比其他人都更清楚，他們也最了解自己需要什麼教育內容與相關服務。
- ‧個別化教育計畫會議中，藉由測驗結果說明及與其他成員之討論，有助於協助其對自己身心狀況進一步了解。
- ‧協助評估各項測驗或評量結果與自己實際情況之符合程度，並協助個別化教育計畫成員對自己障礙性質與需求的了解。
- ‧說明自己之需求，有助於個別化教育計畫成員與其共同討論及評估計畫內容之適當性。
- ‧一個關係著學生個人教育與服務的計畫，讓學生自己參與討論，並參與決策，是維護其自身權益之具體做法。
- ‧如同一般人，身心障礙者亦有權為自己的教育計畫做出自我決策與自我負責。
- ‧參與個別化教育計畫，有助於身心障礙學生學習及應用自我決策、自我管理、自我負責、與人溝通、團隊合作等社會技巧。

- 學生參與個別化教育計畫，可監督計畫之落實執行情形，亦可檢討其個別化教育計畫之執行成效及應有之修改或調整。

(二) 學生參與個別化教育計畫可能的問題與困難

雖然身心障礙學生參與個別化教育計畫具有符合人權、教育、法令等多重意義，但相關研究卻顯示，身心障礙學生參與個別化教育計畫之情況不佳，參加的機會與參與的程度皆有待改進（鈕文英，2010；Martin, Van Dycke, Christensen, Greene, Gardner, & Lovett, 2006）。學生參與個別化教育計畫可能具有以下問題或困難：

- 學生對自己在特殊教育及個別化教育計畫的過程中應有的權益不了解。
- 學生不關心其個人之教育計畫內容，對自己的權益未積極爭取。
- 學生對個別化教育計畫之內容及其發展過程不了解，難以有效參與。
- 受限於理解、表達能力，難以充分聽取他人意見及表達個人想法。
- 受限於身心特質（例如智能障礙、感官障礙、學習障礙、語言障礙、情緒行為障礙等），難以充分參與個別化教育計畫之討論。
- 學生對自己身心特質、需求未能充分了解。
- 會議過程中，許多專業術語、會議規則，學生難以理解。
- 溝通、討論、合作等技巧不足，難以充分參與討論。
- 受限於師生地位之不對等，學生無法充分表達自己想法與爭取自己權益。

(三) 促進身心障礙學生參與個別化教育計畫之措施

促使身心障礙學生有意義的參與個別化教育計畫，可考量以下相關措施：

- 教育人員需重視身心障礙者參與個別化教育計畫之權益。如果教育人員理念上重視此一權益之維護，則較可能克服其執行過程可能遭

遇之相關困難。

- 經由教育訓練，讓學生了解個別化教育計畫之重要性、內容、發展過程、執行方法、成效檢核、自我權益、如何有效參與等個別化教育計畫之相關知能。研究顯示，此一訓練對學生之個別化教育計畫參與具有明顯促進效果（Martin et al., 2006）。

- 身心障礙學生參與個別化教育計畫應具備之聆聽、表達、溝通、討論、合作等相關技巧，亦需經由有系統之教學與練習。

- 引導學生認識自己的身心特質與需求，並於會議過程中給予指導、鼓勵與協助，幫助學生勇於表達自己的想法，爭取自己的權益。

- 會議中需注意學生對會議內容之理解程度，避免使用專業術語，若需使用則應做適度解釋。

- 注意學生障礙條件之因應，例如注意力缺陷者，需減少會場之環境干擾；視覺障礙者與聽覺障礙者，需因應其溝通之困難與需求；學習障礙者需注意其閱讀或書寫之因應；肢體障礙者需提供無障礙環境等。

- 明確告訴學生其所擁有之相關權益及爭取此一權益的方法與注意事項。

- 讓學生了解其有權參與個別化教育計畫，但不代表可以完全依其個人主觀意願擬定個別化教育計畫。討論過程學生亦需有團隊合作之態度與知能。

- 每一學生障礙程度不一、自我決策能力不一，其可參與之程度不同，教師與家長除尊重學生參與之權益外，在讓學生做最大程度之參與的原則下，亦需評估學生可參與之項目與程度。

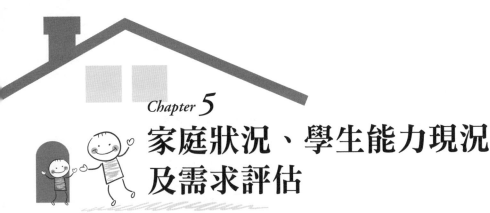

Chapter 5

家庭狀況、學生能力現況 及需求評估

　　個別化教育計畫的目的在於符合學生之特殊需求,因此,了解學生的家庭狀況、能力現況及其需求,是發展個別化教育計畫之重要過程。《特殊教育法施行細則》(2013)只訂出個別化教育計畫需包含此三方面事項,但並未具體規範各項目所需包括之資料。各校訂定學生之個別化教育計畫需包含此三方面事項,但具體內容則需考量學生需求及規劃個別化教育計畫之必要性。

第一節　家庭狀況

　　了解學生家庭狀況主要目的在於發展符合其家庭需求之個別化教育計畫。家庭狀況可包含學生基本資料、健康狀況、教育史與家庭條件等資料,蒐集時需注意相關原則,以免涉及對學生或家長隱私之侵犯。

一、家庭狀況之資料

　　以下分別說明各項家庭狀況,可包含之相關資料。

(一) 學生基本資料

　　學生基本資料可能包括以下內容:

- 學生姓名。
- 住址。

・年級、出生年月日。

・家長或監護人（或法定代理人）姓名、與學生之關係、聯絡方式，
及緊急聯絡方式。

・障礙類別與等級，含通過鑑輔會之障礙類別、社政單位核發之手冊
或證明的障礙類別與障礙等級，及其有效期限等。亦可再附障礙手
冊或證明之影本。

・安置類型，例如特殊教育學校、集中式特殊教育班、分散式資源
班、巡迴輔導班、特殊教育方案、普通班等不同安置。

(二) 學生健康狀況

學生健康狀況可能包括以下資料：

・疾病病名、病因。

・有否持續服藥、藥物名稱、服藥次數與時間、可能之副作用。

・醫囑或醫護提醒需注意之事項。

・緊急狀況之處理方式，及家長希望送達之醫療院所。

(三) 教育史

教育史可能包含以下資料：

・早期療育、相關訓練方案，例如醫療院所之早療方案、法人機構之
教育訓練中心等訓練之期間、主要訓練內容、訓練成效等。

・先前教育服務，例如先前及先前教育階段，是否曾接受特殊教育服
務、服務內容為何（例如資源班國語科補救教學、語言治療等）。

・先前接受之特殊教育安置類型、主要的特殊教育服務與相關服務內
容，例如先前及先前教育階段，是否曾接受特殊教育安置、何種安
置類型、主要的特殊教育內容與相關服務內容。

・先前鑑定之障礙類別與程度，例如先前及先前教育階段，是否曾接
受鑑定、障礙類別及障礙程度為何。

(四) 家庭條件

家庭條件可能包括以下資料：

- 家長對學生之期望，例如家長最希望學生學會之能力或技能、家長最希望學生獲得矯正之不當行為、家長希望學生繼續升學（科系）或就業（就業別）等。
- 家庭可用資源，例如父母或家人可提供之教育協助、家中經濟狀況可否購置相關輔具、社區可用資源等。
- 家庭需求，例如經濟支持、親職教養、家庭互動協助、喘息服務、兒童課後安親、交通服務等。

二、家庭狀況資料之蒐集原則

家庭資料之蒐集，固然有利於個別化教育計畫之發展，但也可能涉及對家長隱私之侵犯。因此，家庭狀況之蒐集需注意以下原則：

(一) 蒐集之資料需與個別化教育計畫發展有直接關係

蒐集之資料應針對與發展個別化教育計畫具有直接關係者，與此無直接關係或關係不大者，不需蒐集。個別化教育計畫表格中，蒐集之資料並非愈多愈好、愈詳盡愈好。例如母親懷孕時有否帶有疾病或服藥、學生出生時父母之年齡、生產方式（剖腹、自然生產）、出生時有否急救、出生時體重、發生障礙之年齡與原因、開始說話的年齡、會走路的年齡、在家排行、父母職業、父母關係（同住、分居、離婚）、經濟狀況（富裕、小康、普通、清寒）、主要經濟來源（父、母、其他）、父母管教方式（權威式、民主式、放任式、溺愛）、主要照顧者（隔代教養、父母照顧）、父母對孩子之接納度（接納、普通、排斥）、居住環境（住宅區、商業區、工業區、混合區）、家庭主要使用語言（國語、臺語、客語、原住民語）、父母是否為特殊族群（原住民族或漢族、新住民）、家庭或家族成員是否有其他特殊個案（障礙類型）、家庭或家族關係圖等等，這些資料

經常在各校的個別化教育計畫表格中出現（如表 5-1 所示之學生家庭狀況表），但這些資料與發展學生之個別化教育計畫卻缺乏直接關係，或至少關聯性不大。

表 5-1　學生家庭狀況表實例

```
 1. 排行：　2　；兄　1　人，姐　　　人，弟　　　人，妹　　　人
 2. 父母關係：□同住 □分居 ■離婚 □其他：　　　　　　
 3. 家長教育程度：父：　　國小　　　母：　　　國小
 4. 家長職業：父：　　　工　　　母：　　　工
 5. 經濟狀況：□富裕 □小康 □普通 ■清寒
 6. 主要照顧者：□父親 □母親 ■祖父 ■祖母 □其他：　　　　
 7. 主要學習協助者：□父親 □母親 ■祖父 ■祖母 □其他：　　
 8. 主要照顧者之管教方式：□權威式 □民主式 ■放任式 □其他：
 9. 居住環境：■住宅區 □商業區 □工業區 □混合區 □其他：
10. 家中主要使用語言：■國語 □台語 □客語 □英語 □其他：
11. 家中成員是否有其他特殊個案：■無 □有（說明：　　　　　　）
12. 孩子在家中主要休閒活動：□打電腦 ■看電視 □看課外讀物
　　　　　　　　　　　□其他：　　　　　　　
13. 孩子最喜歡的家人是：　　　祖母　　　
14. 孩子會做的家事是：　　洗碗、掃地、拖地
15. 家人對孩子最常使用的增強物是：　　　無
16. 孩子放學後的動向：■直接回家 □安親班 □去同伴家玩
　　　　　　　　　□其他：　　　　　　　
```

事實上，任何有關學生個人或其家庭的資料，要完全排除其與教育之關聯性皆不易，不過，畢竟個別化教育計畫的目的並非學生及其家庭之完整調查，亦非診斷學生病因、探究其家庭問題原因，因此，蒐集學生個人及家庭資料，仍需針對可用於發展學生之個別化教育計畫的相關資料，無須對學生個人及其家庭做完整之資料蒐集。此外，有些資料可能與學生之輔導有關，但未必與發展個別化教育計畫有關，亦無須列入個別化教育計畫之家庭狀況資料蒐集。例如「最喜歡的科目」、「最喜歡的家人」、「每天幾點起床」、「喜不喜歡吃蔬菜」、「是否偏食」、「是否

會說謊」等等。因此，雖有學者建議學生基本資料需繪製家庭結構圖，且內容需包含父母同居狀況、父母婚姻狀況、是否隔代教養等（李翠玲，2014a），不過，實際擬定時，最好仍需考量各項基本資料與訂定該生個別化教育計畫之相關程度，而非每個學生皆將其各項基本背景資料全數納入個別化教育計畫之中。畢竟列述於個別化教育計畫中的學生家庭狀況，其目的皆在於發展個別化教育計畫，而非廣泛蒐集學生家庭資料的學籍資料表，更非學生身家調查表。

(二) 依所蒐集資料發展個別化教育計畫

蒐集資料之主要目的在於發展個別化教育計畫，因此，凡學生個人與家庭現況具有特殊教育或相關服務需求者，於個別化教育計畫中即需提出符合其需求之對應措施。例如若學生無法自行上下學，且家長亦無法接送，則即有必要提供該生上下學之交通服務。

(三) 避免探求學生或家庭隱私

許多涉及家長隱私之資料，雖與發展學生之個別化教育計畫缺乏直接關係，但卻常成為學校個別化教育計畫表格的固定內容，例如父母婚姻狀況、家庭經濟狀況、家長職業、家庭或家族成員是否亦有身心障礙者、父母管教態度、父母對孩子之接納度等，這些資料或許亦與學生之教育具有若干關聯性，不過，這些資料卻皆涉及父母或其家庭之隱私，且並非發展學生個別化教育計畫所必要，學校亦無須將之列為資料蒐集項目。

(四) 避免出現歧視性或批判性之用語

家庭狀況資料蒐集應注意具體陳述事實，且所陳述之事實需有助於發展個別化教育計畫。依此事實發展之相關支持服務亦需載明於個別化教育計畫中。陳述內容避免使用對家長或其家庭現況有嘲諷性、歧視性、情緒性或批判性之用詞。例如述及家庭狀況，若出現「家中凌亂不堪」、「凡是受過良好教育的人，不會有這種想法」或「父母很驢、很難纏、不可理

喻」等，皆為不當之用詞。

家長也是個別化教育計畫會議的參與者之一，如果學校對學生家庭狀況之描述，皆能顧及家長感受，秉持資料可供家長查閱之態度，相信在敘述時能更為理性與審慎客觀。

(五) 尊重家長對資料的列入與修改之意願

每一學生情況不一，有些學生其個人或家庭因素之資料較涉及個人隱私，若學校覺得確實與發展學生個別化教育計畫有直接關係，則亦可列入資料蒐集範圍，不過，為避免產生侵犯隱私之疑慮，凡有此顧慮者，其資料蒐集可以參考以下原則：

- 資料讓家長自己填寫，並明確告知家長，這些項目可依其意願選擇填寫與否。
- 讓家長了解此部分之資料，學校將保密，不會對任何與學生個別化教育計畫無關者洩露。
- 讓家長了解此部分之資料，學校純做為發展學生個別化教育計畫之用，不會移做其他用途。
- 明確告知家長，其除可依意願選擇填寫與否外，即使已填寫或未填寫之資料，或已列在個別化教育計畫之基本資料，未來只要家長覺得有修改、移除、增列、補充之必要者，隨時皆有權提出，學校亦將依其意願配合辦理。

(六) 個別化教育計畫需保密

由於個別化教育計畫內容包含許多學生相關之個人與家庭資料，因此，計畫內容應予保密。於個別化教育計畫會議中發給與會者之資料，會後需收回。個別化教育計畫內容確定後，未來提供複本給特殊教育與相關支持服務之執行者時，亦僅列出相關之部分即可，無須提供包含個人與家庭資料之完整個別化教育計畫。此一計畫文件需注意保密，不可洩露，且避免讓與學生教育無直接關係者查閱學生個人及家庭資料。

(七) 需做具體文字敘述

為對學生個人及家庭狀況有較明確之了解，個別化教育計畫對這些資料之提供，應避免僅做項目之勾選。與發展個別化教育計畫具有相關性之必要項目，需再配合具體文字敘述，例如學生因疾病所需注意之配合事項或相關服務之需求、早期療育之訓練內容、家庭資源與支持等，若僅做表格項目勾選或簡略敘寫，則仍難以了解其具體情況。茲以表 5-2 為例，說明對學生健康狀況僅做項目勾選或簡略說明之不足。此一表格實例，若僅勾選（氣喘病，或藥物副作用項目僅說明「頭痛」，則對該生之氣喘病的嚴重性、所需之注意事項與相關服務仍難確切了解；藥物副作用方面，若僅略述「頭痛」，仍難以了解此一副作用之嚴重程度、對學生學習或生活適應之影響以及學生產生此一副作用時，教師或學校所需提供的支持服務。

表 5-2　學生健康狀況以項目勾選方式實例

伴隨病症	□癲癇　　□心臟病　　☑氣喘病　　□腎臟病　　□肝臟病 □蠶豆症　□精神疾病　□其他＿＿＿＿＿　　　　□無
服用藥品	□無　☑有（藥品名稱：　　服藥方法：　　副作用：頭痛）

第二節　學生能力現況

學生能力現況是發展個別化教育計畫的重要資料，了解學生之能力現況，才能設定學生所需之特殊教育、教學目標與相關服務內容。

一、學生能力現況的領域

教育部所訂之現行《特殊教育法施行細則》（2013），僅列出學生能力現況此一項目，但對其能力現況所需包含領域，並未規範。教育部先前

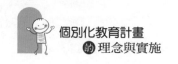
所訂《特殊教育法施行細則》（2003），則具體規定學生能力現況包括以下領域：學生認知能力、溝通能力、行動能力、情緒、人際關係、感官功能、健康狀況、生活自理能力、國文、數學等學業能力。此外，教育部所訂《身心障礙及資賦優異學生鑑定辦法》（2013）第 22 條亦規定，各類身心障礙學生之教育需求評估，應包括健康狀況、感官功能、知覺動作、生活自理、認知、溝通、情緒、社會行為、學科（領域）學習等。此一條文並說明前項教育需求評估，應依學生之需求選擇必要之評估項目，並於評估報告中註明優弱勢能力，所需之教育安置、評量、環境調整及轉銜輔導等建議。

事實上，學生能力現況評估的主要目的在於發展個別化教育計畫，而非希望完全或徹底了解學生各層面之能力現況。因此，與發展個別化教育計畫無直接關係之領域，即無須列為評估項目。例如學生之運動技巧、藝術才能、本土語言能力等等，與個別化教育計畫即無直接關係。又如單純肢體障礙學生，只需輔具之相關服務，其他各種能力現況皆屬正常，則其他能力現況只需簡略說明正常或於表格中註明正常即可，無須多做敘述。

學生能力現況，可由鑑定之障礙類別與程度、相關測驗資料、學校定期評量結果、教師觀察、家長訪談、學生自陳等資料評估之。

二、學生能力現況的蒐集原則

學生能力現況蒐集之目的在於發展個別化教育計畫，此項資料蒐集需注意以下原則：

(一) 蒐集之能力現況需有助於發展個別化教育計畫

蒐集學生能力現況的目的在於發展學生之特殊教育與相關服務計畫，因此，凡與此目的有關的能力現況才需列入蒐集，且與發展個別化教育計畫有關之能力現況皆需列入蒐集範圍。換言之，學生能力現況之蒐集，需考量此一能力現況與發展其個別化教育計畫之關係，而非「窮盡」蒐集學

生各種能力之現況；反之，與個別化教育計畫有關之任何能力現況，則不可忽略，否則其個別化教育計畫即可能難以符合學生某一領域之需求。

(二) 注意個別化之原則

不同障礙類別的學生，其與發展個別化教育計畫有關之能力現況項目可能不同；即使同一障礙類別，也可能因隨伴障礙、障礙程度、障礙領域、年齡、性別、家庭、學校環境等各種身心與環境狀況之不同，而使其與個別化教育計畫相關之能力現況項目不同。例如聽覺障礙學生與智能障礙學生，其障礙類別不同，所需蒐集之能力現況也可能不同。聽覺障礙學生之重點項目在於學生之感官功能、溝通能力、學業能力、輔具需求等等；智能障礙學生之重點項目則在於認知能力、生活自理、社會適應等等能力現況。即使同為聽覺障礙學生，也可能因口語理解、口語表達、學科能力之不同，而使其接受特殊教育服務之內容不同。

(三) 學生能力現況的評估需注意多元適性評量原則

評估學生之能力現況需注意多元適性評量原則。依教育部所訂《身心障礙及資賦優異學生鑑定辦法》第 2 條之規定，身心障礙學生之鑑定，應採多元評量，依學生個別狀況採取標準化評量、直接觀察、晤談、醫學檢查等方式，或參考身心障礙手冊（證明）記載蒐集個案資料，綜合研判之。

(四) 盡量具體敘述學生能力現況

許多學校對於學生能力現況之呈現方式，採表格化及項目勾選方式，此種方式固然具有簡明、節省敘述時間之優點，但卻因只做項目勾選而難以了解學生此一能力現況之確切性質，因此，該能力現況項目即不易做為發展個別化教育計畫之依據。例如表 5-3 所示，若情緒／人際關係領域，勾選「缺乏互動能力」、「不合群」、「常被排斥」、「沉默寡言」等，且溝通能力領域勾選「聽覺接收困難」、「以哭鬧表達需求」、「畏懼與

表 5-3　學生能力現況以項目勾選方式實例

情緒／ 人際關係	□熱心助人　□活潑熱情　　　□文靜柔順　　□人緣佳 □彬彬有禮　□常與人爭執　　□具領導能力　□獨立性強 □合群　　　□挫折容忍度高　□固執　　　　□情緒不穩定 ☑沉默寡言　☑缺乏互動能力　☑不合群　　　☑常被排斥 □依賴心重　□使用不雅的話 □其他觀察紀錄：_____
溝通能力	慣用溝通方式 □口語（□國語　□台語　□客家語　□原住民語言 　　　　□其他_____） □非口語（□手語　□讀唇　□手勢　□書寫　□溝通板 　　　　□其他_____） □說話流暢　　　□肢體豐富　　　□表情豐富　□理解指令 ☑聽覺接收困難　□無法理解指令　☑以哭鬧表達需求 □詞彙缺乏　　　□以不當動作表達需求　　　☑口齒不清 □聲調混淆　　　☑畏懼與人溝通 □其他觀察紀錄：_____

人溝通」、「口齒不清」等，仍不易就勾選之項目了解該生之能力現況，因此，亦難以依勾選項目訂定符合該生需求之特殊教育服務內容、學年目標與學期目標、相關支持服務等。

(五) 避免出現非正式、嘲諷、歧視、情緒性、人格批判等用詞

　　學生能力現況之描述，不管採用項目勾選或具體敘述方式，皆應避免對學生做人格批判或出現歧視等不當項目或敘述內容。敘述時應盡量具體說明學生之能力或行為現況事實。例如「唐寶寶、大舌頭、臭乳呆、結巴、羊癲瘋、跛腳、常放空神遊、頭腦秀逗、自目、左撇子、神經大條、眼神呆滯」等等，皆屬於非正式之用詞；「出口成髒、動得像條蟲、傻呼呼、天不怕地不怕、惡劣至極、令人痛恨」等等，皆屬嘲諷、歧視性或情緒性之用詞；「小心眼、孤傲、畏縮、魯莽、惡劣、唯唯諾諾、愛唱反調、個性憨直、我行我素」等等，皆屬人格批判之用詞。

如同前述家庭狀況之敘述，學校亦需顧及家長與學生本人之感受，秉持資料可供家長及學生查閱之態度，盡量敘述行為事實，避免出現攻擊性、情緒性用詞。

(六) 說明各領域之優弱勢能力

雖然教育部所訂之現行《特殊教育法施行細則》，只規定個別化教育計畫需包含「學生能力現況、家庭狀況及需求評估」，至於該項目之確切內容並未進一步規範，但依教育部所訂《身心障礙及資賦優異學生鑑定辦法》第 22 條之規定，學生需求評估之各項目需列出該項目之優勢及弱勢。事實上，對提供特殊教育及相關支持服務較具意義者，應為學生之弱勢而非優勢，不過，敘述學生之優勢亦具有以下意義：(1) 協助教育人員及家長了解學生之優勢能力，及進一步強化該優勢能力；(2) 優勢項目即無須再據以發展相關之特殊教育或支持服務計畫；(3) 可利用學生之優勢補其弱勢，例如學生之注音符號能力正常，但書寫困難，則進行寫作或學科評量時，可採用注音輸入法之電腦打字，或允許學生利用注音符號替代部分國字。

第三節　需求評估

了解學生的家庭狀況與能力現況，其目的亦在於據以擬定特殊教育與相關支持計畫。因此，需求評估與個別化教育計畫內容具有直接關係。

一、需求評估之項目與內容

就學生接受特殊教育而言，其需求可能包括以下幾個項目及其內容：

(一) 特殊教育的需求評估

1. 安置類型的需求

依各縣市特殊教育實際運作情況，身心障礙學生皆先經鑑輔會鑑定及

安置,再由學校為安置之學生擬定個別化教育計畫,因此,個別化教育計畫通常不會討論學生之障礙類別與安置類型。不過,若經個別化教育計畫會議討論結果,學生有必要進行與鑑輔會核定不同之障礙或安置類型,則學校亦可提請鑑輔會重新評估。此外,除鑑輔會決定之安置類型外,若有必要亦可安排學生接受其他特殊教育安置類型之服務,例如安置於集中式特殊教育班的學生,部分學科至資源班接受特殊教育服務,或安置於資源班的學生,同時接受巡迴輔導服務(例如語言治療師或物理治療師之巡迴輔導)。

2. 課程領域

　　課程領域方面的特殊教育需求,可分為課程領域、課程內容等層面。以下以資源班及集中式特殊教育班,分別舉例說明之。接受資源班或巡迴輔導班服務的學生,可依學生之能力現況,決定需接受資源班教學之學科領域為基本學科補救教學或特殊需求課程。若經評估有必要接受基本學科之補救教學,則需再進一步決定需接受教學之學科領域(例如語文科或數學科)。決定學科領域之後,亦需再依學生能力現況,決定需進行補救教學之學科內容,例如語文科之識字或閱讀理解;數學科之計算或解題。若經評估學生能力現況,有必要進行特殊需求課程之教學,亦需評估學生所需之特殊需求課程領域,例如社會技巧教學或溝通能力訓練。決定特殊需求課程領域後,亦需再進一步決定特殊需求課程之具體課程內容,例如若需進行社會技巧教學,則需再依學生需求決定社會技巧的教學內容,人際關係技巧訓練或社會適應的問題解決能力訓練等。

　　集中式特殊教育班學生方面,一般而言,雖其接受特殊教育服務之課程領域皆較全面性,但不同學生其能力現況不同,所需加強之課程領域及課程內容亦可能不同,例如有些學生已具備若干生活自理能力(例如能自行如廁),有些學生則多未具備。已具備若干生活自理能力者,亦需評估其需再加強訓練或優先訓練之生活自理能力領域,例如學生雖能自行如廁,但需再加強自行擦屁股之技能訓練;或生活自理能力訓練之教學重點

需置於刷牙技能之訓練。

(二) 相關專業服務的需求評估

　　相關專業服務需求包括相關專業服務領域與服務方式兩方面。相關專業領域主要包括醫學照護、物理治療、職能治療、語言治療等。學生能力現況不同，其對相關專業服務之需求亦可能不同。教育人員首先決定學生是否具有相關專業服務之需求，接著決定所需之相關服務領域，再接著進一步決定相關專業服務之內容。以身體病弱學生為例，若評估具有醫學照護之需求，則需再決定其醫學照護之內容，例如學生可能具有導尿、打針、服藥等不同醫學照護服務內容之需求。

　　其他不同障礙類別學生，其所需相關專業服務之領域與服務內容，亦隨學生家庭與能力現況之不同而有所差異。決定學生相關專業領域與服務內容後，接著需評估此一相關專業之服務方式。服務方式可分為相關專業人員之直接服務與間接服務兩類型，有些相關專業服務其專業層次較高或學校提供服務有其限制，需由專業人員進行直接服務，例如導尿、打針、物理治療等，因專業層次較高，需由醫學相關專業人員提供直接服務；有些學生因其家庭因素，具有社工服務之需求，但學校教師不可能進入學生家庭提供此一服務，亦需由社工人員提供此一直接服務；有些相關專業服務內容則可由教育人員與相關專業人員進行專業整合，並由教育人員進行該專業服務，相關專業人員僅提供諮詢合作。例如語言治療師、職能治療師，皆可與特殊教育教師進行專業整合，並由特殊教育教師提供必要之相關專業服務。

　　相關專業需求評估需注意區分學生所需服務是屬於特殊教育專業，或屬於相關專業或醫療專業之服務範圍，不應使只需接受特殊教育服務者，過度依賴相關專業之介入。例如多數智能障礙學生之語言發展問題，屬於特殊教育之專業，而非語言治療師之服務對象；多數學習障礙或自閉症學生之學習問題或行為問題，屬於特殊教育之專業，而非職能治療師之服務

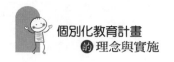
對象。

(三) 支持服務的需求評估

支持服務或稱相關服務，亦即為促使學生接受適性教育所提供之相關支持服務。依《特殊教育法》（2014）第33條之規定：學校、幼兒園及社會福利機構應依身心障礙學生在校（園）學習及生活需求，提供下列支持服務：(1) 教育輔助器材；(2) 適性教材；(3) 學習及生活人力協助；(4) 復健服務；(5) 家庭支持服務；(6) 校園無障礙環境；(7) 其他支持服務。此一條文亦規定，身心障礙學生無法自行上下學者，由各主管機關免費提供交通工具；確有困難提供者，補助其交通費。因此，學生之交通服務需求，亦需列入個別化教育計畫。

另教育部所訂《身心障礙學生支持服務辦法》（2013），對支持服務內容做更明確之規範。該辦法第3條規定，教育輔助器材包括視覺輔具、聽覺輔具、行動移位與擺位輔具、閱讀與書寫輔具、溝通輔具、電腦輔具及其他輔具。第7條規定，學校需運用教師助理員、特教學生助理人員、住宿生管理員、教保服務人員、協助同學及相關人員，提供身心障礙學生學習及生活人力協助，包括錄音與報讀服務、掃描校對、提醒服務、手語翻譯、同步聽打、代抄筆記、心理、社會適應、行為輔導、日常生活所需能力訓練與協助及其他必要支持服務。第9條規定，學校需視身心障礙學生家庭需求，提供家庭支持服務，包括家長諮詢、親職教育與特殊教育相關研習及資訊，並協助家長申請相關機關（構）或團體之服務。第12條規定，學校提供各項支持服務，應於身心障礙學生個別化教育計畫或個別化支持計畫中載明。

因此，教育人員應依學生家庭狀況及能力現況，評估學生對各項支持服務之需求，並明確載明於個別化教育計畫之中。

(四) 課程調整的需求評估

由於身心障礙學生異質性高，不同學生其對課程之需求也可能不同，

適當之課程調整才能符合學生需求。因此，《特殊教育法》第 19 條規定，特殊教育之課程、教材、教法及評量方式，應保持彈性，適合特殊教育學生身心特性及需求。

廣義之課程調整可包括幾方面：課程領域與內容之調整、適性課程或特殊需求課程、教學調整、作業調整、評量調整等。

課程領域與內容之調整，指依學生能力現況調整其所接受之課程領域及學習內容；適性課程或特殊需求課程，則指因應身心障礙學生特殊需求所提供之課程或教學。依教育部所訂之《特殊教育課程教材教法及評量方式實施辦法》（2010）第 3 條之規定，身心障礙教育之適性課程，除學業學習外，包括生活管理、自我效能、社會技巧、情緒管理、學習策略、職業教育、輔助科技應用、動作機能訓練、溝通訓練、定向行動及點字等特殊教育課程。

教學調整則指教師之教學，需依學生身心特質及能力現況，就教學內容、教學方法、教學環境安排等做適當之調整。例如針對注意力缺陷的學生，在座位安排上，可調整該生坐於較前面、離教師較近之座位；對於視覺障礙學生，教師在教學過程中，需將主要之教學內容盡量採取口述方式，使視覺障礙學生便於了解；對於聽覺障礙學生，則需增加板書及讓學生清楚看到教師嘴形與表情等。

作業調整指教師對學生指定之作業，需因應學生之身心特質及能力現況，做適性之調整。例如對學習能力較低的學生，在作業內容及分量上，皆需給予調整；對書寫有困難或書寫速度慢的學生，則指定作業方面亦需考慮改採口述或其他反應方式（例如電腦輸入），或減少書寫作業之分量。

評量調整指評量內容、評量方法、及格標準之調整，評量內容需因應學生之學習能力現況做適性調整；評量方法亦需因應學生身心特質做適性調整，例如具有閱讀困難的學生，若評量目的並非評估學生之閱讀能力，則需做試題報讀；具有書寫困難的學生，若評量目的並非評估學生之書寫

能力，則應允許學生採用口述或電腦輸入等方式作答。及格標準之調整，則指依學生能力現況適度調整及格標準，以免學生因能力限制而不及格，甚至難以畢業。及格標準調整可考量及格分數之組成比例的調整（例如調高平時分數占學期成績之比例）與及格分數調低等方式。

二、需求評估的敘述原則

個別化教育計畫中，身心障礙學生需求評估之敘述需注意以下原則：

(一) 注意個別差異

不同家庭背景、不同障礙類別、不同障礙程度、不同障礙性質、不同年齡的學生，其特殊教育與相關服務之需求也可能不同，教育人員在從事學生需求評估時，即需注意學生個別差異之因應。

(二) 需求評估需與提供特殊教育或支持服務有關

需求評估之目的在於據以提供特殊教育或支持服務，因此，特殊教育或支持服務需依學生之需求評估；與特殊教育或支持服務之提供無關者，即無須列入需求評估範圍。例如學生睡覺時喜歡吹冷氣或需要有人陪才敢睡、家中無障礙設施不良等，皆與學校之特殊教育或支持服務無關，無須列入需求評估之範圍。

(三) 需求評估項目需與特殊教育或相關服務結合

需求評估項目若能配合各特殊教育項目或支持服務項目，則更有利於需求評估與教育、相關服務之間的充分結合。例如在資源班學生方面，若能列出學生在資源班提供之各補救教學學科（例如國語科、數學科）的需求，及在各特殊需求課程（例如溝通訓練、社會技巧等）的需求，則更有利於將學生之需求與特殊教育學科補救教學、特殊需求課程加以結合。

(四) 具體說明學生之需求

需求評估結果最好能夠具體敘述，如果是做需求項目勾選，則學生之

需求即難以確定。例如個別化教育計畫表格中，若在需求評估欄位中，只做「評量調整」、「避免激烈運動」、「交通服務」等項目之勾選，而未做具體說明，則仍難以確定學生在這些勾選項目上，其確切需求為何。反之，若明確說明「具有注意力持續度的問題，學校定期評量需延長考試時間」、「該生因有心臟病，因此，體育課時應避免做激烈之賽跑運動」、「該生無法自行上下學，父母也無法接送上下學，需搭乘學校交通車」等，則學生之需求將更明確，對該生特殊教育或支持服務之提供，即更有直接關聯。

Chapter *6*

特殊教育、相關服務與支持策略

發展個別化教育計畫最主要之目的即在於確保身心障礙學生接受符合其需求的特殊教育、相關服務與支持策略之權益,因此,個別化教育計畫在評估學生對此三方面之需求後,即需將提供此三方面之服務內容做明確且具體之載明,以利後續執行。

第一節 特殊教育服務

身心障礙學生接受特殊教育服務,可分為安置類型、服務內容、服務方式等主要項目。

一、特殊教育安置類型

依據《特殊教育法》(2014),身心障礙學生特殊教育安置類型,依學生所需支援之密集程度或依其限制程度,依序主要包括特殊教育學校、集中式特殊教育班、分散式資源班、巡迴輔導班、特殊教育方案、普通班等不同安置類型。雖然安置類型亦需保持彈性,不過,一般而言,障礙程度愈重的學生,其接受之特殊教育安置類型的限制性亦愈大。

Heward(2013)指出,就整個特殊教育過程,學校需先擬定個別化教育計畫,再依學生之現況與需求,決定其最少限制之安置環境,換言之,個別化教育計畫先於教育安置。不過,依據我國《特殊教育法》第6 條的規定,各級主管機關應設特殊教育學生鑑定及就學輔導會(鑑輔

會），以辦理特殊教育學生鑑定、安置、重新安置、輔導等事宜。可見就《特殊教育法》之規定而言，鑑定與安置皆屬於鑑輔會之權責，而非學校之權責，也非個別化教育計畫會議之權責。因此，各縣市實際做法皆為身心障礙學生先經鑑輔會鑑定其資格，並經鑑輔會安置後，接下來安置學校才會為該生擬定個別化教育計畫。

雖然身心障礙學生之特殊教育安置屬於鑑輔會之權責，不過，學校在學生主要安置之外，若經個別化教育計畫會議評估其需求，必要時除原有安置外，可另接受學校其他特殊教育班之服務，或再經鑑輔會，另接受其他校外之特殊教育安置類型所提供的服務。例如校內同時有集中式特殊教育班與分散式資源班，若某自閉症學生雖安置於學校之特殊教育班，但經評估該生之數學科可參加資源班之小組補救教學，則個別化教育計畫中，該生接受特殊教育服務項目即可加入資源班之服務。另若某生雖安置於校內之資源班，但具有明顯之語言障礙問題，經評估適合接受語言治療師之巡迴輔導，則可在其個別化教育計畫中，載明該生接受語言治療巡迴輔導之特教服務。

二、特殊教育服務內容

除了特殊教育安置類型外，對於身心障礙學生接受特殊教育之內容也應明確載於個別化教育計畫中。特殊教育服務內容指學生在特殊教育班或在資源班所接受由特殊教育教師提供的課程領域教學。一般而言，集中式特殊教育班由於全班學生全天皆於班內就學，因此，每一學生可能接受特殊教育班教師所提供之各領域的教學，不過，如果學生需特別再加強某一領域之教學或訓練，則需明確載於個別化教育計畫中。例如某一障礙程度較重的學生尚不具備如廁、進食之生活自理能力，則該生之個別化教育計畫，即需將生活自理領域列入其所接受特殊教育之內容。反之，若某生已具備適當之生活自理能力，但過馬路、購物等生活適應能力不足，則該生之個別化教育計畫，即不需列入生活自理此一教學領域，但需將生活適應

此一領域納入該生之個別化教育計畫的特殊教育教學領域。

　　就資源班而言，則因學生只有部分學習領域接受資源班之教學服務，因此，學生需接受資源班教學服務的學習領域尤需明確載於個別化教育計畫中。一般而言，資源班教學領域包括學科領域與特殊需求領域兩個主要範疇。例如某一學習障礙學生，若語文能力與一般學生差異不大，主要缺陷在數學科，則其接受資源班之特殊教育即應以數學科為主；若另一學生，數學科與一般學生差異不大，但閱讀理解具有明顯困難，則該生接受資源班教學科目即應以語文學科之閱讀理解為主；或另有功能較高之自閉症學生，其基本學科之困難不明顯，但社會技巧或人際關係具有明顯困難，則該生接受資源班之特殊教育服務即應以特殊需求領域的社會技巧或人際關係訓練為主。

　　身心障礙學生應該接受之特殊教育服務內容，應依學生之能力現況、需求及其對未來適應社會之重要性而定，而非受限於學校師資專長限制、教師授課時數安排、學校設備設施限制等行政因素。例如學生若為聽覺障礙、語言障礙或情緒行為障礙，學校即不可因特殊教育教師未具備這些教學專長，或因學校缺乏助聽訓練輔助設備，而未將聽語訓練、口語溝通訓練、行為功能介入等符合學生需求的課程納入個別化教育計畫之中。至於教師專長不足或學校設備不足等問題，即應經由學校特殊教育推行委員會討論因應策略，或尋求主管機關支援。《特殊教育法》第 24 條亦規定：各級主管機關應提供學校輔導身心障礙學生有關評量、教學及行政等支援服務。

三、特殊教育服務方式 🖉

　　為確保個別化教育計畫內容能夠執行，因此，個別化教育計畫除陳述特殊教育服務內容外，其服務方式也需明確說明，否則未來實際執行時將遭遇困難。服務方式主要為提供特殊教育服務的人員、時間、地點、所需支援等，例如一個安置於資源班的自閉症學生接受語文科補救教學，就語

文科補救教學而言，即需進一步說明負責該生語文科補救教學之教學者、每週上課節數、每週上課時段、採抽離或外加形式、教學地點、所需支援（例如普通班教師需負責督促該生至資源班，或接受資源班教學當天免除該生之早自修作業或校園打掃工作等）；或者一個接受語言治療巡迴輔導的身心障礙學生，其個別化教育計畫亦需說明此一巡迴輔導服務之負責的人員、每週上課總時間、每週上課時程、每節教學時間、教學地點、普通班教師需配合提供之支援服務內容等。因此，集中式特殊教育班、資源班除列出學生在特殊教育班、資源班接受特殊教育服務之課表外，亦需說明相關之服務方式及配合措施。學生接受其他特殊教育服務（例如物理治療巡迴輔導），亦需將時間表、服務內容、相關配合措施等，明確列述於個別化教育計畫中。

第二節　相關專業服務

如第二章所述，美國 IDEA 法案將相關服務界定為：為協助身心障礙兒童接受特殊教育，所必需提供的交通服務，發展性、矯治性及其他支持性的服務。一般而言，相關服務可包括專業性與非專業性兩類，前者主要由相關專業人員提供服務，後者則由學校或學校人員提供。本節所述主要為專業性相關服務，至於非專業性相關服務則列入支持服務一節中敘述。相關服務可由服務內容與服務方式二方面加以說明。

一、相關服務之服務內容

美國 IDEA 法案所訂專業性相關服務內容如下：語言病理與聽能服務、解釋性服務、心理服務、物理與職能治療、社會工作服務、學校護理服務、諮商服務、定向與行動服務、醫學服務、早期篩選與評量。

教育部所訂《特殊教育支援服務與專業團隊設置及實施辦法》（2015）第 4 條亦規定，各級學校對於身心障礙學生之評量、教學及輔導

工作，應以專業團隊合作進行為原則，並得視需要結合衛生醫療、教育、社會工作、獨立生活、職業重建相關等專業人員，共同提供學習、生活、心理、復健訓練、職業輔導評量及轉銜輔導與服務等協助。所謂專業團隊，此一條文規定，以特殊教育教師、普通教育教師、特殊教育相關專業人員及學校行政人員等共同參與為原則，並得依學生之需要彈性調整之。至於特殊教育相關專業人員，此一條文則規定，是指醫師、物理治療師、職能治療師、臨床心理師、諮商心理師、語言治療師、聽力師、社會工作師及職業輔導、定向行動等專業人員。

特殊教育相關專業服務指為協助身心障礙學生接受特殊教育，所提供由相關專業人員參與之服務。不同身心障礙學生其所需之相關專業服務亦可能有所不同。一般而言，身心障礙學生所需相關專業服務，包括醫學、精神醫學、護理、語言治療、物理治療、職能治療、心理諮商、聽能服務、社會工作服務、職業輔導服務、定向行動訓練、手語翻譯等。各類相關專業人員主要服務對象及內容如表 6-1 所示。由於每位身心障礙學生所需服務之內容不同，因此，各相關專業人員實際之具體服務內容，即需載明於個別化教育計畫中。

二、相關服務的服務方式

個別化教育計畫對於相關服務的實施方式需明確說明，以利其實施。實施方式包括幾個重點：人員、時間、地點、方式等。

人員方面，需載明提供此一相關服務之人員及其專業背景；時間方面，需載明提供服務的頻率與每週服務的時間，例如每週三上午 9：00～10：00，或本學期實際服務之日期及時間；地點方面，需載明服務場所，例如「於本校特殊教育班教室」或「於本校輔導室」。提供相關專業服務的場所常需一些基本設備，且提供相關服務者往往來自校外且並非每日到校，因此，如果服務場所未做明確說明，可能對相關服務的實施產生限制；方式方面，需載明相關服務之實施方式，例如是由相關專業人員進行

表 6-1 各類特殊教育相關專業人員之服務對象與服務內容

專業人員	服務對象	服務內容
一般醫師	身體病弱學生	提供學校人員對身體病弱學生（例如心臟病患者、腎臟病患者等）在醫學照護之建議與諮詢。
精神科醫師	情緒行為障礙學生	提供學校人員對精神性疾患學生、注意力缺陷過動症學生，在醫療、照護及行為處理上之建議與諮詢。
護理師	身體病弱學生	提供身體病弱學生（例如需導尿協助的學生、有傷口照護需求的學生）在學校所需之護理服務與相關建議及諮詢。
語言治療師	語言障礙、聽覺障礙學生	提供語言障礙學生及聽覺障礙學生在口腔功能、吞嚥、構音、語暢、噪音、溝通輔具使用等服務、教學建議與諮詢。
物理治療師	腦性麻痺、肢體障礙學生	提供腦性麻痺學生、肢體障礙學生在行走、移動、身體平衡、動作協調、關節肌肉活動、行動與擺位輔具使用、無障礙環境改善等方面的服務、建議與諮詢。
職能治療師	腦性麻痺、肢體障礙學生	提供腦性麻痺學生、肢體障礙學生在手部精細功能、學習與生活動作能力訓練、學習與生活輔具使用、無障礙環境改善等服務、建議與諮詢。
心理諮商師	情緒行為障礙學生	提供情緒行為障礙學生在心理及行為輔導之建議與諮詢。
聽力師	聽覺障礙學生	提供聽覺障礙學生在助聽設備使用、調整與維護，及溝通訓練之建議與諮詢。
社會工作師	各類身心障礙學生	提供具有家庭功能失常問題的各類身心障礙學生社會工作服務，及提供各類身心障礙學生相關社會資源與福利。
就業服務員	各類身心障礙學生	提供高級中等以上學校身心障礙學生就業轉銜、職業能力評量、職場實習、職業媒合、職場輔導、職務再設計等服務、建議與諮詢。
定向行動或手語翻譯員	視覺障礙、聽覺障礙學生	提供視覺障礙學生必要之定向行動訓練或提供聽覺障礙學生必要之手語翻譯。

直接服務或由相關專業人員與特殊教育教師共同合作進行，或進行服務時是否需邀請家長到場等。

　　不同專業人員、不同學生之相關專業服務，其實施方式也可能不同，因此，教育人員需依各身心障礙學生之實際狀況，具體說明其相關專業服務之實施方式。例如人員方面，社會工作師與物理治療師之專業服務內容與服務方式，即可能有相當之差異。

第三節　支持策略

　　支持策略即教育單位為協助身心障礙學生在學校之學習及生活所提供的適性支持措施。缺乏支持服務可能使某些身心障礙學生無法接受特殊教育（例如缺乏交通服務，有些學生即無法到校）或限制特殊教育之實施（例如盲生若缺乏點字課本，則將使其缺乏學習教材）。

　　依《特殊教育法》第 33 條之規定，學校、幼兒園及社會福利機構應依身心障礙學生在校（園）學習及生活需求，提供下列支持服務：(1) 教育輔助器材；(2) 適性教材；(3) 學習及生活人力協助；(4) 復健服務；(5) 家庭支持服務；(6) 校園無障礙環境；(7) 其他支持服務。此一條文並規定，身心障礙學生無法自行上下學者，由各主管機關免費提供交通工具；確有困難提供者，補助其交通費。

　　此外，《特殊教育法》第 19 條規定，特殊教育之課程、教材、教法及評量方式，應保持彈性，適合特殊教育學生身心特性及需求。教育部所訂之《特殊教育課程教材教法及評量方式實施辦法》（2010）第 4 條規定，高級中等以下學校實施特殊教育課程，應依學生之個別需求，彈性調整課程及學習時數，經學校特殊教育推行委員會審議通過後為之。前項課程之調整，包括學習內容、歷程、環境及評量方式。

　　依前述特殊教育相關法規，身心障礙所接受之服務措施，除特殊教育、相關專業服務之外，其支持策略或支持性服務措施可能包含以下幾個

主要領域及內容：

一、教育輔具

　　衛生福利部社會及家庭署所設置之「輔具資源入口網」（https://repat.sfaa.gov.tw/），依經濟部標準檢驗局之國家輔具分類標準，將身心障礙者輔具分為以下類別：個人醫療輔具、技能訓練輔具、矯具與義具、個人照顧與保護輔具、個人行動輔具、居家生活輔具、住家及其他場所之家具與改造組件、溝通與資訊輔具、物品與裝置處理輔具、工具及機器與環境改善輔具、休閒輔具等類別。

　　教育輔具則指協助學生在學校學習與生活之輔具，基本上可分為學習輔具、生活輔具、行動輔具等主要類別。隨障礙類別不同、障礙程度不同，學生所需之輔具亦有差異。依教育部所訂《身心障礙學生支持服務辦法》（2013）第 3 條之規定，學校及機構應視身心障礙學生教育需求，提供可改善其學習能力之教育輔助器材，包括視覺輔具（例如擴視機、放大鏡、望遠鏡、手杖等）、聽覺輔具（例如助聽器）、行動移位與擺位輔具（例如手動輪椅、電動輪椅、助行器、站立輔具等）、閱讀與書寫輔具（頭控滑鼠、握筆器、閱讀書架、各種放大鏡等）、溝通輔具（例如溝通板、人工講話器等）、電腦輔具（例如盲用電腦、特殊鍵盤、特殊滑鼠等）及其他輔具。

二、適性教材

　　《身心障礙學生支持服務辦法》第 6 條之規定，學校及機構提供身心障礙學生使用之適性教材，包括點字、放大字體、有聲書籍與其他點字、觸覺式、色彩強化、手語、影音加註文字、數位及電子化格式等學習教材。以上教材，手語、影音加註文字之教材較適用於聽覺障礙學生；其餘教材則較適用於視覺障礙學生；數位及電子化格式教材則便於有需要的學生，可以使用電子教材做各種適性之轉換，或便於學生在電腦上閱讀或於

電腦上完成相關之作業。

三、學習及生活人力協助

　　《特殊教育法》第14條規定，高級中等以下各教育階段學校為辦理特殊教育應設置專責單位，依實際需要遴聘及進用特殊教育教師、特殊教育相關專業人員、教師助理員及特教學生助理人員。因此，學校可依學生需要，進用教師助理人員與學生助理人員。另教育部所訂《高級中等以下學校特殊教育班班級及專責單位設置與人員進用辦法》（2017）第5條規定，教師助理員之編制為經各級主管機關鑑輔會鑑定，具中度以上障礙程度或學習生活上有特殊需求之身心障礙學生，每十五人置專任人員一人，未滿十五人者，置部分工時人員；特教學生助理人員之編制為經鑑輔會鑑定，具重度以上障礙程度或學習生活上有特殊需求之身心障礙學生，置部分工時人員。特殊教育學校方面，依教育部所訂《特殊教育學校設立變更停辦合併及人員編制標準》（2014）第10條之規定，教師助理員之編制為身心障礙學生人數，每十五人置一人，未滿十五人者，以十五人計。特殊教育學校則無學生助理人員之編制。

　　教師助理員、特教學生助理人員的核給，就讀於高級中等以下普通學校特殊教育班、資源班、普通班的身心障礙學生，需經由各級主管機關鑑輔會審議，審議通過後再由學校自聘。特殊教育學校、大專校院則由學校特殊教育推行委員審議及學校自聘。

　　教育部所訂之《高級中等以下學校身心障礙學生就讀普通班減少班級人數或提供人力資源與協助辦法》（2015）針對支援人力部分，在第3條規定為學校對身障學生就讀之普通班，應由各級主管機關特殊教育學生鑑定及就學輔導會評估身障學生之需求後，提供下列人力資源及協助：(1)身障學生有生活自理或情緒行為問題者，應依其需求程度提供教師助理人員協助；(2)身障學生有調整考試評量服務需求者，應依其需求提供相關人力協助進行報讀、製作特殊試卷、手語翻譯、重填答案等協助。第4條

規定，身障學生就讀之普通班，經鑑輔會就人力資源及協助之提供綜合評估後，認仍應減少班級人數者，每安置身障學生一人，減少該班級人數一人至三人。但有特殊情形者，不在此限。第5條規定，身障學生就讀之普通班，其班級安排應由學校召開特殊教育推行委員會決議，依學生個別學習適應需要及校內資源狀況，選擇適當教師擔任班級導師，並以適性原則均衡編入各班，不受常態編班相關規定之限制。前項班級導師，有優先參加特殊教育相關研習權利與義務。

在人力安排方面，依《身心障礙學生支持服務辦法》第7條之規定，學校及機構應依運用教師助理員、特教學生助理人員、住宿生管理員、教保服務人員、協助同學及相關人員，提供身心障礙學生學習及生活人力協助，包括錄音與報讀服務、掃描校對、提醒服務、手語翻譯、同步聽打、代抄筆記、心理、社會適應、行為輔導、日常生活所需能力訓練與協助及其他必要支持服務。

四、復健服務

依《身心障礙學生支持服務辦法》第8條之規定，學校及機構應視身心障礙學生需求，提供相關專業人員進行評估、訓練、諮詢、輔具設計選用或協助轉介至相關機構等復健服務。不過，此一復健服務應可歸於前一節所述之相關專業服務範圍。

五、家庭支持服務

依《身心障礙學生支持服務辦法》第9條之規定，學校及機構應視身心障礙學生家庭需求，提供家庭支持服務，包括家長諮詢、親職教育與特殊教育相關研習及資訊，並協助家長申請相關機關（構）或團體之服務。

六、校園無障礙環境

依《身心障礙學生支持服務辦法》第10條之規定，學校及機構應配

合身心障礙學生之需求，建立或改善整體性之設施設備，營造校園無障礙環境。學校及機構辦理相關活動，應考量身心障礙學生參與之需求，營造最少限制環境，包括調整活動內容與進行方式、規劃適當動線、提供輔具、人力支援及危機處理方案等相關措施，以支持身心障礙學生參與各項活動。

建立或改善整體性之設施設備方面，即指物理環境之無障礙設施與設備。例如無障礙廁所、斜坡道、電梯、導盲設備、照明設備、防滑設施、安全防護設施、便於視聽之教學設備等。除建置無障礙設施與設備之外，更需注意其維護及確保身心障礙學生使用之方便性，亦即除考量可利用性（availability）之外，尚需考量可接近性（accessibility）與易使用性（usability）。建置前，可參考相關資料（例如內政部所訂「建築物無障礙設施設計規範」）及諮詢專業人士、身心障礙人士，建置後亦需請身心障礙者實際使用及提出改善建議。相關設施設備也需注意隨時維護與維修。

調整活動內容與進行方式方面，例如教師上課過程中，應利用教材投影設備，以利班級中聽覺障礙學生了解上課內容，或提供手語翻譯，使聽覺障礙學生了解演講內容；或利用口述方式，協助班級中視覺障礙學生或閱讀障礙學生了解上課內容；對於注意力缺陷學生，則應調整學生座位及安排學伴同儕，以協助學生專注。

規劃適當動線方面，例如改變行動之路線，使肢體障礙學生、視覺障礙學生、障礙幼兒，更易到達目的地或避開危險地帶；或將上課與活動場所安排在無障礙設施較佳之場所，以利身心障礙學生能充分參與。

提供輔具方面，除前述輔具服務外，亦需考慮身心障礙學生參與學校之各項活動時，能適時提供輔具，使其充分參與學校之活動。例如學校之演講提供助聽設備或視覺輔助設備，使聽覺障礙學生或視覺障礙學生，得以充分參與此一活動；學校辦理之運動會或校外教學，亦能提供行動輔具，使肢體障礙學生能夠參與此一活動。

　　人力支援方面，如前述學習及生活人力協助，學校應依學生需求，提供學生在學習及生活上必要之人力協助。例如身心障礙學生校內轉換教室、上廁所、上下交通車、上下樓梯及參加學校相關活動等，提供適當人力支援，使其得以充分參與學習及活動。

　　危機處理方案方面，身心障礙學生可能具有危及自己或他人之行為，例如對同儕之攻擊行為或對自己之自我傷害行為，或做出危及自身安全的行為（例如爬上高樓作勢要往下跳）。此外，有些身心障礙學生可能具有特定疾病（例如癲癇、心臟病等），若發作時需採取適當防護措施，以免發生危險。對於學校中可能發生危機的學生，在其個別化教育計畫中，即需針對危機處理方案加以討論，並載明經討論後決議之處理方案，以做為危機發生時之緊急處理機制。

七、評量調整措施

　　依教育部所訂《身心障礙學生考試服務辦法》（2012）第 4 條規定，各級學校及試務單位應依身心障礙考生障礙類別、程度及需求，提供考試服務。第 5 條規定，考試服務應衡酌考生之考試科目特性、學習優勢管道及個別需求，提供適當之試場服務、輔具服務、試題（卷）調整服務、作答方式調整服務及其他必要之服務。第 6 條規定，試場服務如下：(1) 調整考試時間：包括提早入場或延長作答時間；(2) 提供無障礙試場環境：包括無障礙環境、地面樓層或設有昇降設備之試場；(3) 提供提醒服務：包括視覺或聽覺提醒、手語翻譯或板書注意事項說明；(4) 提供特殊試場：包括單人、少數人或設有空調設備等試場。第 7 條規定，輔具服務包括提供擴視機、放大鏡、點字機、盲用算盤、盲用電腦及印表機、檯燈、特殊桌椅或其他相關輔具等服務。第 8 條規定，試題（卷）調整服務，包括調整試題與考生之適配性、題數或比例計分、提供放大試卷、點字試卷、電子試題、有聲試題、觸摸圖形試題、提供試卷並報讀等服務。第 9 條規定，作答方式調整服務，包括提供電腦輸入法作答、盲用電腦作答、

放大答案卡（卷）、電腦打字代謄、口語（錄音）作答及代謄答案卡等服務。第 10 條規定，身心障礙學生參加校內學習評量，學校提供本辦法之各項服務，應載明於個別化教育計畫或個別化支持計畫。

　　教育部所訂之「國民教育階段身心障礙資源班實施原則」（2011），對於資源班學生之成績評量，亦有以下規定：

- 學生之學習評量應採用多元評量，可採用紙筆評量、檔案評量、觀察評量、操作評量等方式。
- 應給予學生適性之評量調整，包括評量方式、評量地點、評量工具、評量標準或評量人員等之彈性調整。
- 學生成績評量應以公平合理為原則，其評量方式、標準與成績採計方式應於個別化教育計畫中載明，必要時應經特殊教育推行委員會審議。
- 學生成績評量範圍包括學習領域評量及日常生活表現評量，學習領域評量分為平時評量及定期評量，其成績各佔學期成績百分比依各直轄市、縣（市）政府相關規定辦理。
- 平時評量成績採計方式：(1) 抽離式課程由資源班教師進行該學習領域平時成績考查，並應將考查結果與原班教師商議，以做為該生該學習領域之平時成績；(2) 外加式課程由原班任課教師進行該學習領域平時成績考查，並應將考查結果與資源班教師商議，以做為該生該學習領域之平時成績。
- 定期評量成績採計方式：(1) 學生之定期評量應以使用原班試題為原則，必要時應提供學生所需之相關試題調整或試場服務，例如：延長考試時間、口語作答、電腦作答、提供獨立考試空間、試題報讀服務、放大試卷、點字卷、提供輔具等；(2) 學生若因障礙特質無法適用原班試題考試，可採用資源班試題或多元評量方式，其原班定期評量成績應依學生能力水準及其於原班之相對位置調整，並應將定期評量成績與原班教師商議；必要時經特殊教育推行委員會

審議後得僅採資源班定期評量成績。

此外，教育部所訂之《特殊教育課程教材教法及評量方式實施辦法》第 4 條規定，高級中等以下學校實施特殊教育課程，應依學生之個別需求，彈性調整課程及學習時數，經學校特殊教育推行委員會審議通過後為之。因此，學校應依身心障礙學生之身心狀況與特殊需求，提供其評量調整措施，除於個別化教育計畫會議中討論外，尚需提學校特殊教育推行委員會討論，並依會議決議載明於學生之個別化教育計畫中。

八、交通服務措施

《特殊教育法》第 33 條規定，身心障礙學生無法自行上下學者，由各主管機關免費提供交通工具；確有困難提供者，補助其交通費。此外，依教育部所訂《身心障礙學生無法自行上下學交通服務實施辦法》（2013）第 3 條規定，身心障礙學生經專業評估確認無法自行上下學者，參酌身心障礙學生實際需求、學校設施環境及年度預算等因素，補助學校購置無障礙交通車、增設無障礙上下車設備或其他提供交通工具等方式，協助其上下學。提供交通服務確有困難者，補助身心障礙學生交通費。所稱專業評估，指經學校組成專業團隊，參酌學生個別化教育計畫、特殊教育方案或其他相關資料，召開會議綜合評估，必要時得邀請身心障礙學生及其法定代理人參加。

身心障礙學生交通服務屬於各級主管機關權責，因此，各級主管機關所屬學校申請學生之交通補助費，需先經學校特殊教育推行委員會審議，再提報主管機關之鑑輔會審議核定。不過，就《特殊教育法》第 33 條之旨意而言，主管機關及學校應優先提供免費交通工具，確有困難者，才補助交通費。免費交通工具可能有幾種情形：主管機關補助學校購置之交通車、與學校簽約之交通車、復康巴士、無障礙計程車、一般計程車、其他經主管機關核定之交通工具。所謂提供免費交通工具「確有困難」，一般而言，可能有幾種情況：(1) 學校並無交通車；(2) 學校之交通車車位已

滿；(3) 學校並無其他可提供之免費交通工具；(4) 學生住家距交通車路線較遠，若搭載可能使其他學生待在車上的時間過久，或學生住家交通車難以到達，或家長難以配合交通車接送時間；(5) 學生因特殊因素不適合搭乘交通車，例如搭交通車可能有危害自己或他人之行為、交通車的無障礙設施難以符合學生需求等。

不管學生是搭乘交通車或申領交通補助費，待學校特殊教育推行委員會決議或主管機關鑑輔會審議後，皆需明確記載於學生的個別化教育計畫中。

九、參與普通教育之項目與支持

教育部先前所訂之《特殊教育法施行細則》（2003）第 18 條將「學生能參與普通學校（班）之時間及項目」列為個別化教育計畫必要項目之一，但現行《特殊教育法施行細則》（2013）第 9 條，則僅列出「學生所需特殊教育、相關服務及支持策略」為個別化教育計畫必要項目之一，並未明確列出學生參與普通教育之具體規定。不過，由於最少限制環境或融合教育一直是近年特殊教育之發展趨勢，美國 IDEA 法案亦將「兒童無法參與普通班學生及各項活動的限度」列為個別化教育計畫必要的內容。

比較《特殊教育法施行細則》（2003）與 IDEA 法案，對於參與普通教育，前者採正向表列方式，未列入可參加者即無法參加；後者採負向表列方式，未列入不能參加者，即皆可參加。事實上，學校中普通學生各種活動，除少數對某些身心障礙者具有危險性或特殊困難外，多數活動身心障礙學生應該都有權參加，也都可以參加。因此，建議各校在身心障礙學生參與普通教育方面，盡量採負向表列方式，亦即只列出即使經由調整或提供相關支持服務，身心障礙學生仍無法參與的活動，未列入負面表列者，則代表都可參加。

此外，個別化教育計畫中也需明確說明，身心障礙學生參與普通教育相關活動所需之支持服務。例如參加學校所舉行之校外旅行、參觀活動、

運動會、體育課等,所需增加之人力支援或活動的調整措施。例如智能障礙學生參加校外旅行,可能需要增加支援人力、改變學生分組;參加學校游泳課,需增加救生員、調整泳池深度、增加泳池防護措施等等。

第四節 特殊教育與相關服務的實施原則

特殊教育與相關服務措施,是身心障礙學生個別化教育計畫之核心項目,其實施方式之載明,對學生權益關係甚大。其實施需注意以下原則:

一、遵守法令規定

遵守法令規定之積極面為在符合法令規定下,主動提供學生特殊教育與相關支持服務措施;其消極面則應避免違背法令規定。積極方面,例如根據前述相關法令,學校應依身心障礙學生之需求,提供特殊教育、相關專業服務、輔具、支持服務等,因此,個別化教育計畫會議中,教育人員即需依身心障礙學生之身心狀況,評估其需求,並主動提供服務措施。若屬需向主管機關申請或申請鑑輔會審議者(例如無障礙環境之改善、輔具之購置、教師助理員配置、交通補助費等),則依相關規定提出申請;若屬學校可以提供者(例如學生安全防護措施、活動動線或進行方式調整等),則應在學校現有資源下,主動提供服務措施。消極方面,例如身心障礙學生之鑑定與安置,屬於鑑輔會之權責,因此,學校對身心障礙學生之安置方式,即應符合鑑輔會之安置決議,若學校經評估,認定學生之障礙情況或安置方式與其身心發展狀況不符,即應依法向鑑輔會提出重新評估之申請。教育部所訂《身心障礙及資賦優異學生鑑定辦法》(2013)第 23 條亦規定,經鑑輔會鑑定安置之身心障礙學生或資賦優異學生,遇障礙情形改變、優弱勢能力改變、適應不良或其他特殊需求時,得由教師、家長或學生本人向學校或主管機關提出重新評估之申請。此外,又如前述法規,身心障礙學生就讀之普通班,應經學校特殊教育推行委員會之

決議，不受常態編班之限制，因此，學校在決定身心障礙學生就讀普通班時，即應評估該生之身心狀況與需求，於特殊教育推行委員會討論出適當之班級，並依決議安排學生就讀適當班級，若未考量學生需求，而依抽籤或依常態編班決定學生就讀之普通班，即違反法令規定。

二、符合學生之個別需求

身心障礙學生接受之特殊教育服務及相關服務措施，皆需考量學生之身心狀況及特殊需求，提供必要且適性之服務。特殊教育服務方面，例如資源班學生其接受特殊教育服務之補救教學科目、每週補救教學時數、補救教學課程採抽離或外加方式等，皆應依學生之學習需求。若學生之語文科表現水準明顯偏低，數學科尚能符合班級一般水準，則語文科即應列入資源班直接補救教學科目，數學科則否。數學科若僅因閱讀理解造成題意理解困難，則可採外加方式，加強學生解題之題意理解策略教學，或僅於學校定期評量時，抽離原班實施教師報讀試題之評量調整措施；又如某生具有社會技巧或人際關係之困難，則社會技巧即應列為該生特殊需求領域之補救教學課程。若人際衝突主要發生情境為普通班教室，則除配合資源班之社會技巧教學外，亦需納入普通班教師為社會技巧共同教學輔導者，亦需配合同儕協助或引導措施。

支持服務方面，例如評量調整措施亦需考量學生之需求，而非以學校行政作業之方便或以人力配置方便為優先考量。有些學校對評量調整常只限於學生接受資源班直接補救教學之學科，而未擴及其他有評量調整需求之科目，使得評量調整措施難以完全符合學生之需求。一個具有閱讀困難的學生，即使其數學科未接受資源班之補救教學，但若評量時未採取試題報讀之服務，則該生之數學科考試成績必將受到嚴重低估。此外，具有讀寫困難的學生，即使其社會科、自然科未接受資源班之直接補救教學，但學校定期評量若這兩科未採取試題報讀及答案口述等評量調整服務，則亦將嚴重低估這兩學科之學習表現。提供評量調整服務時，調整方式需切合

學生需求，例如試卷放大程度、試題報讀方式、延長時間長度、電腦作答等，皆需充分考量調整方式符合學生需求，避免只是形式化之調整服務。除評量調整外，課程、教學過程、作業方式與內容等方面之調整，也都要依學生之需求列入個別化教育計畫中。

集中式特殊教育班方面，學生接受特教服務之科目雖較為一致，但每一身心障礙學生之障礙類別、障礙程度、障礙領域不同，其接受特殊教育班之教學領域及各領域每週教學時數，亦將有所差異。

此外，在輔具、無障礙環境、人力支援、評量調整、交通服務等各方面，亦皆需經個別化教育計畫會議評估及討論後，依學生個別需求提供適當之服務。

由於學生之需求與服務內容需充分結合，因此，在個別化教育計畫表格中，如果將需求評估與服務內容兩者置於相同欄位，則或許更有利於需求與服務兩者之緊密結合。

三、具體敘述服務措施

個別化教育計畫是項需具體執行之行動方案，而非僅為書面文件或教育理想、教育原則。因此，個別化教育計畫所敘述之各項教育方案及服務措施，除考量學生個別需求、確保服務措施之可行性外，更需明確陳述服務措施相關的人、事、時、地、方法等執行要件，使服務措施得以順利實施。教育人員在擬定個別化教育計畫時，皆需預想書面文件中所述之文字內容，是否足以做為實際執行之依據。例如若某肢體障礙學生需要物理治療師之相關專業服務，則個別化教育計畫即需明確說明，服務所要達成之目標、提供服務之人員、每週服務之時數、服務地點、執行治療時所需配合措施（例如父母及特殊教育教師需在場、該時段原班課程需做調整等）等，使該項物理治療能夠依計畫順利進行。

以往有些學校之個別化教育計畫，對於特殊教育及相關服務措施常採表格化方式，僅做相關項目之勾選而未做具體執行方案之說明，此種做法

雖賦予執行最大彈性，但卻常導致實際執行困難，或使執行過程未充分落實、未滿足身心障礙學生之需求。例如前述物理治療，若學校僅於個別化教育計畫表格中勾選「物理治療」此一項目，而未具體說明實施方式，則可以想見其未來實際執行時可能遭遇困難。

又如教學與評量調整措施，有些學校採表格方式，只勾選調整項目及附帶簡略說明（見表 6-2），但未具體陳述實際執行方式，則其實際實施將產生限制。例如「評量方式調整」未說明調整之科目、負責之教師、具體的調整方法、實施之場所、調整後成績採計方式，該項調整措施將產生實施之困難。

表 6-2　調整措施採項目勾選附帶簡略說明

☑ **作業調整** 無法獨立完成的作業，可以不必完成	☑ **課程與教材調整** 簡化教材內容
☑ **評量方式調整** 簡化題目	☐ **輔具提供**
☑ **座位調整** 旁邊的同學要協助他	☑ **同儕輔導** 安排小老師

有的學校在教學與評量調整措施方面，雖採細項勾選方式，但因未做實施方式之更具體說明（表 6-3），許多項目也將產生實際執行之困難，限縮其對教學與評量調整之具體落實。

事實上，採用表格化項目勾選方式，其優點在於省時、方便閱讀、項目完整不致遺漏，但眾多項目中，有些項目未必適用該生，且每一身心障礙學生之需求與服務內容皆可能不同，項目勾選要完全適用所有學生，幾乎不可能，此外，項目勾選往往過於簡略，造成執行上之困難。個別化教育計畫訂定應該避免成為「填表格」的做為，而要充分思考學生之需求與服務內容之適性與可執行性。因此，個別化教育計畫仍應盡量採用文字具體敘述方式，具體說明服務之實施內容、方式、起訖、頻率、場所、負責

表 6-3　教學與評量調整措施採細項勾選方式

<table>
<tr><td rowspan="2">調整教材
呈現方式</td><td colspan="4">☐不需調整
☐口說　☐書寫　　☐演示　　☐幻燈片　☐圖示　☐實物
☐電腦　☐實物投影機　☐錄影帶　☐投影片　☐其他：＿＿</td></tr>
<tr></tr>
<tr><td>調整學生
反應方式</td><td colspan="4">☐不需調整
☐書寫　☐口語　☐電腦　☐手語　☐溝通輔具　☐肢體語言
☐其他：＿＿＿＿＿＿＿</td></tr>
<tr><td rowspan="2">調整評量
方式</td><td>學習輔具
☐不需調整
☐特製桌椅
☐特製筆
☐檯燈
☐放大鏡
☐擴視機
☐調頻助聽器
☐盲用電腦
☐其他：＿＿＿</td><td>試題呈現方式
☐不需調整
☐放大字體（行
　距）
☐點字
☐口頭（手語）
　報讀
☐逐題呈現
☐錄音帶
☐減少每頁題數
☐放大答案空格
☐調整答案卷書
　寫方式
☐其他：＿＿＿</td><td>作答形式
☐不需調整
☐點字作答
☐口頭（錄音）
　作答
☐手指（手語）
　答案
☐電腦作答
☐請別人重謄答
　案卷
☐非評量計算能
　力之試題允許
　使用計算機或
　九九乘法表作
　答
☐其他：＿＿＿</td><td>測驗情境
☐不需調整
☐提早入場
☐單獨作答
☐小組作答
☐在家作答
☐其他：＿＿</td></tr>
<tr><td colspan="4">測驗時間
☐不需調整
☐延長考試時間　☐分段考試（或考試中途有休息時間）
☐在學生狀況穩定的時間考試</td></tr>
<tr><td>調整成績
採計方式</td><td colspan="4">☐不需調整
☐需調整為：＿＿＿＿＿＿＿＿＿＿＿＿＿＿＿＿＿＿＿＿＿＿</td></tr>
</table>

人等。對於特定服務項目亦可採用實施計畫表方式，例如明確列出某一學生，每週接受物理治療之日期、時間、地點、服務內容、負責人、配合措施等，以利執行。

Chapter *7*
學年目標與學期目標

　　就整個個別化教育計畫而言，學年目標與學期目標無疑是最關鍵之核心。教育部所訂之《特殊教育法施行細則》（2013）第 9 條對個別化教育計畫內容的規範，其中第三項內容即為學年與學期教育目標、達成學期教育目標之評量方式、日期及標準。本章將分別說明之。

第一節　教學目標與特殊教育課程

　　學年目標與學期目標之設定依學生現況、需求與整體課程的教學目標而訂。本節說明教學目標的重要性與特殊教育課程。

一、教學目標的重要性

　　一個國家通常有其教育目標（educational goal），此一教育目標有時也稱教育宗旨。例如 1929 年 4 月國民政府公布「國家教育宗旨」，其內容為：中華民國之教育，根據三民主義，以充實人民生活，扶植社會生存，發展國民生計，延續民族生命為目的，務期民族獨立，民權普遍，民生發展，以促進世界大同。此外，《憲法》第 158 條亦明白規定教育文化的宗旨為：教育文化，應發展國民之民族精神、自治精神、國民道德、健全體格、科學及生活智能。

　　除「國家教育宗旨」外，《教育基本法》（2013）第 2 條規定，人民為教育權之主體。教育之目的以培養人民健全人格、民主素養、法治觀

念、人文涵養、愛國教育、鄉土關懷、資訊知能、強健體魄及思考、判斷與創造能力，並促進其對基本人權之尊重、生態環境之保護及對不同國家、族群、性別、宗教、文化之瞭解與關懷，使其成為具有國家意識與國際視野之現代化國民。《國民教育法》（2016）第 1 條規定，國民教育，以養成德、智、體、群、美五育均衡發展之健全國民為宗旨。《高級中等教育法》（2016）第 1 條規定，高級中等教育，應接續九年國民教育，以陶冶青年身心，發展學生潛能，奠定學術研究或專業技術知能之基礎，培養五育均衡發展之優質公民為宗旨。

此外，國家所實施的課程也會設定課程目標，例如「國民中小學九年一貫課程綱要總綱」（2008）即訂出以下之整體課程目標：(1) 增進自我瞭解，發展個人潛能；(2) 培養欣賞、表現、審美及創作能力；(3) 提升生涯規劃與終身學習能力；(4) 培養表達、溝通和分享的知能；(5) 發展尊重他人、關懷社會、增進團隊合作；(6) 促進文化學習與國際瞭解；(7) 增進規劃、組織與實踐的知能；(8) 運用科技與資訊的能力；(9) 激發主動探索和研究的精神；(10) 培養獨立思考與解決問題的能力。

此外，各學科也設有該學科之課程目標。不過，此類概括性、整體性之教育目標或課程目標，只能做為整體教育或課程之指導方針，難以對教師之教學內容、教學方法、教學效果評量具有明確指引作用。個別化教育計畫是需付諸執行的計畫，因此，唯有設定具體明確之教學目標（instruction objective），教師之教學內容才有具體方向，是否達成教學目標也才有明確之評量依據，家長也才得以了解其子女所接受之特殊教育的教學內容及評估其子女是否達成預設之教學目標。

二、特殊教育課程

學年目標與學期目標之設定，需依學生之身心特質與特殊需求，自特殊教育課程中決定適當之教學目標。由於身心障礙學生具有個別差異，因此，任何既定之課程綱要或課程規劃，皆難以完全滿足所有身心障礙學生

之特殊需求。不過，政府頒布之特殊教育課程綱要對特教教師具有導引作用，也可確保特殊教育目的之達成，且可保障學生受教權益及維持特殊教育素質。《特殊教育法》（2014）第 19 條即規定：特殊教育之課程、教材、教法及評量方式，應保持彈性，適合特殊教育學生身心特性及需求；其辦法，由中央主管機關定之。教育部所訂《特殊教育課程教材教法及評量方式實施辦法》（2010）第 2 條亦規定：高級中等以下學校實施特殊教育，應設計適合之課程、教材、教法及評量方式，融入特殊教育學生個別化教育計畫或個別輔導計畫實施。特殊教育課程大綱，由中央主管機關視需要訂定，並定期檢討修正。

政府制定之特殊教育課程，主要包括偏重以身心障礙學生為對象之特殊教育課程及融入普通教育的特殊教育課程等兩項課程為主。

(一) 以身心障礙學生為對象之特殊教育課程綱要

以身心障礙學生為對象的課程方面，教育部曾頒布學前至高中職階段之特殊教育課程，包括「學前特殊教育課程」（教育部，2000a）、「國民教育階段各障別課程綱要」（教育部，1999a）、「高中職各障別課程綱要」（教育部，2000b）等。這些課程不但列出完整的課程領域，且各領域再細分為次領域、細目及教學目標，以做為特教教師教學之方針。茲以「特殊教育學校（班）國民教育階段智能障礙類課程綱要」（教育部，1999b）為例說明之。此一智能障礙類課程綱要，將集中式特殊教育班之智能障礙學生課程，分為生活教育、社會適應、實用語文、實用數學、休閒教育、職業生活等六大領域，每一領域再分為數個次領域，每一次領域又分為許多綱目（見表 7-1）。

為使課程更具系統性與完整性，此一課程綱要又於每一綱目下，再分別列出可供教師教學參考使用的許多項目、細目、教學目標。例如「生活領域」之「自我照顧」次領域，綱目為「飲食」的各項項目、細目與教學目標分類如表 7-2。

表 7-1　智能障礙類課程綱要之主領域、次領域及綱目

主領域	次領域	綱目	
生活教育	知動能力	・感官知覺 ・粗大動作	・精細動作
	自我照顧	・飲食 ・穿著 ・個人衛生	・生理健康 ・心理健康
	居家生活	・家事能力 ・家庭設備	・居家安全 ・家庭倫理
社會適應	社會能力	・社交技能	・社會知能
	環境與資源	・自然環境 ・社區環境	・環境維護 ・行動能力
實用語文	接受性語言	・聽	・讀
	表達性語言	・說	・寫作
實用數學	基本概念	・組型 ・數	・圖形與空間
	運算與應用	・四則運算	・量與實測
休閒教育	育樂活動	・體育	・康樂活動
	藝術活動	・音樂	・美勞
	休閒活動	・休閒態度	・休閒技能
職業生活	職業知識	・工作知識	・生涯發展
	職業態度	・工作倫理	・工作調適
	職業技能	・職前技能	・特定職業技能

　　除教學目標外，為便於教師做教學規劃，此一課程綱要也在每一領域中列出許多生活經驗統整的教學活動（見表 7-3），教學者可依各項教學活動，配合教學目標，設計適合學生能力現況之教學內容。

　　除教育部所頒布之特殊教育課程外，有些學者及民間教育機構也曾編著出版相關課程，提供身心障礙特殊教育內容之參考。

　　第一兒童發展中心曾出版「中重度智障者功能性課程綱要」（第一兒童文教基金會，1993），課程分為八大領域，每一領域之下再分為副領

表 7-2　生活領域之飲食綱目所屬教學目標

領域：生活教育　　次領域：自我照顧　　綱目：飲食		
項目	細目	教學目標
飲食能力	餐具的辨認與選擇	・會指認餐具的名稱 ・會說出餐具的名稱 ・會說出餐具的使用功能 ・用餐時會選擇適當的餐具
	進食技巧	・會使用吸管喝飲料 ・會用杯子／瓶子喝水 ・會倒茶 ・會使用飲水機／開飲機 ・會使用筷子夾菜、吃飯 ・會用湯匙喝湯、吃飯 ・會盛飯 ・會使用餐刀 ・會使用叉子進食 ・會開啟易開罐（飲料、食品）
	食物衛生	・會選擇新鮮的食物 ・不吃別人吃過的東西 ・不吃發霉或過期的食物 ・會將生鮮食物放冰箱貯存 ・不吃掉在地上的東西
	食物適量	・不挑食／會選吃各種食物 ・三餐定時、定量
飲食習慣	衛生習慣	・飯前會洗手 ・飯後會刷牙、漱口 ・會使用紙巾擦手、嘴 ・會使用牙籤或牙線剔牙
	用餐禮儀	・會請長輩先入座 ・會使用餐巾 ・喝湯時能不出聲 ・口中有食物時吞下後再說話 ・吃飯時能不翻撿菜餚 ・餐中與人交談會輕聲細語 ・用畢餐後會經長輩同意再離座 ・用餐時不將飯菜灑落 ・會使用公筷母匙

表 7-3　特殊教育學校（班）國民教育各階段智能障礙類課程綱要

生活教育	社會適應	實用語文	實用數學	休閒教育	職業生活
・刷牙	・到同學家玩	・打居家電話	・慶祝母親節	・畫畫	・參觀職訓機構
・洗臉	・拜訪朋友	・打公用電話	・到福利社買東西	・養魚	・擦洗餐桌
・洗澡	・招待客人	・短句錄音遊戲	・到速食店吃漢堡	・種花	・製作陶盤
・男生上廁所小便	・使用電視機	・閱讀報紙	・到路邊攤買蔬果	・集郵	・製作花瓶
・上廁所大便	・使用販賣機	・看電視新聞報告	・到傳統市場買青菜	・聽 FM 廣播節目	・製作母親卡
・穿上衣	・搭乘交通工具	・看電影	・到傳統市場買魚	・看電視新聞節目	・製作信封
・穿褲子	・搭乘扶手電梯	・開慶生會	・到超市買菜	・觀賞錄影帶影片	・做矮凳
・穿襪子	・上醫院	・慶祝母親節	・到超市買肉	・唱卡拉 OK	・做書架
・泡速食麵	・到醫院探病	・用電話拜年	・買衣服	・看電影	・洗機車
・煮湯麵	・清明祭祖	・尋求警察協助	・買褲子	・郊遊	
・煮飯	・參加婚禮		・買鞋子	・爬山	
・吃飯	・參加親友喪禮		・買衛生棉	・賞花	
・吃便當	・溜冰		・買外用藥	・露營	
・到自助餐店用餐	・圖書館借書		・買內服藥	・烤肉	
・烤肉	・逛書局		・郵局買郵票	・旅遊	
・製綜合果汁	・看電影		・郵局寄掛號信件	・摺紙盒	
・洗衣服	・上餐館		・郵局存款		
・晾晒衣物	・美容院洗頭		・郵局提款機提款		
・摺疊上衣	・郵局存提款		・郵局劃撥		
・掃地			・搭箱型電梯		
・拖地					
・整理床鋪					
・刷洗馬桶					
・參加婚禮					

域，每一副領域之下再分綱要，每一綱要之下再列出許多教學目標。主要
的領域及副領域如表 7-4。

表 7-4　中重度智障者功能性課程綱要

主領域	副領域	
人際溝通	・基本理解 ・模仿動作與發音 ・口腔運動 ・基本非口語表達	・基本口語表達 ・社交性溝通 ・電話溝通
居家生活	・獨立飲食 ・獨立如廁 ・漱洗與衛生 ・獨立穿著 ・處理衣物	・室內清理工作 ・維護健康 ・簡易烹飪 ・家電用品的使用與維護
知覺動作與體育	・觸知覺 ・味覺與嗅覺 ・聽知覺 ・視知覺 ・精細動作 ・基本粗大動作的發展	・改善平衡能力 ・增加協調能力 ・增加肌肉力量 ・增加敏捷性 ・增加肌肉耐力 ・滑板能力
控制和性教育	・基本的社會互動行為 ・減少不適應行為	・性教育
休閒教育	・進行個人嗜好活動 ・參與適齡觀賞活動	・參與適齡的遊戲
社區適應	・一般的社區適應行為 ・購物 ・餐廳用餐 ・運用社區娛樂設施	・運用社區服務設施 ・安全行走 ・搭乘公車 ・搭乘其他交通工具
實用學科	・基本概念 ・基本數學 ・基本閱讀 ・使用金錢	・看時間 ・測量 ・書寫
職業適應	・就業前準備 ・工作習慣與態度	・求職能力

　　第一兒童發展中心所發展之「中重度智障者功能性課程綱要」，在主領域、副領域之外，於各副領域之下列出綱要，每一綱要之下再細分為許多教學目標。茲舉主領域為「居家生活」、副領域為「獨立如廁」為例，此一副領域的綱要、教學目標如表 7-5。

　　財團法人育成社會福利基金會（2014）也針對接受身心障礙福利服務

表 7-5　獨立如廁所屬綱要與教學目標

主領域	副領域	綱要	教學目標
居家生活	獨立如廁	如廁行為	• 能在馬桶內解大小便，不隨地解便或尿濕褲子 • 會定時控制便意 • 男生能在小便池站立小便 • 入廁前會先敲門 • 入廁後會關門 • 能獨立走到及離開廁所 • 解便時會拉下及拉上褲子 • 解便後會洗手及擦手 • 入廁後會先確定馬桶座椅乾淨才坐下解便 • 男生使用馬桶小便時，會先將馬桶蓋掀起 • 便後會沖馬桶至乾淨為止 • 便後會用衛生紙擦拭屁股 • 擦完屁股之衛生紙會丟入馬桶／垃圾桶 • 便後會整理好衣著才離開 • 男生使用小便池後會按鈕沖洗
		意願表示	• 有尿意時會自己去上廁所 • 褲子弄髒了會以表情、動作或聲音表示 • 會用口語、手語或溝通板表示要上廁所 • 夜間會在必要時醒來解便
		廁所辨識	• 會分辨男女廁所相異處 • 認識男女公共廁所的代表圖示 • 到陌生環境時會設法找到廁所

機構使用者,編定能力檢核評估表,做為院生能力評估及服務之依據。此一能力檢核評估表分為九大領域,每一領域再分為各次領域,每一次領域之下再細分各能力目標。能力目標為較具體之行為目標,亦可做為學期目標之參考。其九大領域及次領域如下:(1) 生活自理:飲食、如廁、漱洗與衛生、穿著、處理衣物、清潔工作、維護健康、家電用品的使用與維護;(2) 動作技能:精細動作、粗大動作、體適能;(3) 人際溝通:基本理解能力、基本非口語表達能力、基本口語表達能力、人際互動能力、自我倡導;(4) 休閒活動:個人嗜好活動、適齡的活動;(5) 性別教育:性別辨識、自我保護與尊重他人、性別互動;(6) 膳食處理:簡易烹飪;(7) 技藝陶冶:基本閱讀、使用金錢、看時間、測量、工作習慣與態度;(8) 社會適應:一般的社會適應行為、購物能力、餐廳用餐能力、運用社區娛樂設施能力、運用社區服務設施能力、安全行走能力、搭乘公車/捷運的能力、搭乘其他交通工具的能力;(9) 輔具應用:輔具使用。

此外,有些生活適應能力檢核手冊或評量表,由於評量內容為整體生活適應能力,因此,亦可做為課程設計或選擇教學目標之參考。例如王天苗(1987)所著《生活適應能力檢核手冊》,將生活適應能力分為以下主領域及次領域:(1) 自理能力:吃、喝、如廁、穿、脫、清洗與衛生;(2) 社會性能力:安全、社交人際、環境適應、特殊行為;(3) 知動能力:感官知覺、聽覺、視動協調、大動作(基本動作、體能活動);(4) 語言能力:發音前能力、發音、表達;(5) 基本學科能力:注意力、閱讀、書寫、數學(基本概念、數、量與實測);(6) 休閒能力:音樂與韻律、美勞;(7) 居家與工作能力:居家技能、工作能力。

除主領域與次領域外,生活適應能力檢核手冊在各次領域之下,皆列出許多檢核之細目,這些細目一方面可用以檢核學生生活適應能力,另方面也可做為特教教師之教學目標。例如「刷牙」此一次領域,作者即列出以下檢核細目:(1) 會把適量的牙膏擠在牙刷上;(2) 會正確刷牙;(3) 刷牙時會把膏沫水吐在水槽內;(4) 漱口時不把水嚥下;(5) 刷牙後會清洗牙

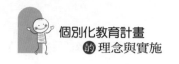
刷；(6) 刷牙後會放好刷牙用具；(7) 刷完牙會擦淨臉手；(8) 飯後或早晚會刷牙。

在學前特殊教育方面，林麗英（2009）所編《早期療育課程評量》，將學前身心障礙兒童之發展性課程分為以下主要領域及次領域：(1) 感官知覺：視覺應用、聽覺應用、觸覺應用、味嗅覺應用、前庭及本體覺刺激；(2) 粗大動作：姿勢控制、轉換姿勢、移動能力、簡單運動技能；(3) 精細動作：抓放能力、操作能力、簡單勞作及書寫技能；(4) 生活自理：飲食、如廁、清潔與衛生、穿著；(5) 語言溝通：言語機轉、語言理解、口語表達、溝通能力；(6) 認知：概念理解（包含物體恆存概念、簡單因果概念、基本物概念、顏色概念、形狀概念、比較概念、空間概念、符號概念、數概念、順序概念）、模仿、記憶、配對分類、邏輯思考、解決問題、簡單閱讀；(7) 社會性：自我概念、環境適應、人際互動、遊戲特質。

此一學前發展性課程評量，亦於每一次領域中，列出多項評量細目，這些細目一方面可做為評量依據，另方面亦可做為特教教師設計學前障礙兒童教學目標之參考。茲舉主領域為「社會性」、次領域為「環境適應」為例。此一次領域其所包含之細目如下：(1) 能和父母分開，不會表現過於黏人；(2) 喜歡別人逗弄或和他玩；(3) 對陌生人會表現適當怕生，但經過熟悉一段時間後就不怕生；(4) 會避免接觸日常生活中危險事物，如燙的東西、尖銳物品；(5) 能參與新事物或活動；(6) 能適應陌生環境；(7) 能遵守簡單教室規則；(8) 能完成所交付工作；(9) 會把東西或玩具收回原位；(10) 碰到挫折時會繼續嘗試，不會立刻放棄或哭鬧。

(二) 融入普通教育之特殊教育課程綱要

教育部（2008a）委託國立臺灣師範大學完成「高級中等以下特殊教育課程發展共同原則及課程綱要總綱」，此一課程綱要主要基於融合教育精神，希望特殊教育課程能與普通教育課程接軌，並因應特殊教育學生特

殊需求,設計符合學生所需之補救或功能性課程。為使特殊教育學生能適應普通教育課程,在因應學生能力現況條件下,亦重視課程與教材的鬆綁,以加深、加廣、重整、簡化、減量、分解或替代等方式,彈性調整普通教育課程之能力指標。

事實上,身心障礙學生具有明顯之個別差異,認知功能較無缺陷者,例如單純之視覺障礙、聽覺障礙、肢體障礙、身體病弱、情緒行為障礙等,也許仍可在普通教育課程不做調整或僅做少部分調整的情況下,適用普通教育課程之能力指標,但認知功能輕微缺損者(例如輕度智能障礙、學習障礙、高功能自閉症等),或認知功能嚴重缺損者(例如中重度智能障礙、低功能自閉症等),若普通教育課程之能力指標不做調整,則這些學生將難以獲得有效學習。因此,此一課程綱要,特別指出以下幾個課程調整原則(教育部,2008a):

1. 學習內容的調整

針對各類特殊需求學生可採加深、加廣、濃縮、簡化、減量、分解、替代及重整的方式來調整各項能力指標,再根據調整過後之指標,以課程與教材鬆綁的方式決定教學內容。「加深」是指加深能力指標的難度;「加廣」是指增加能力指標的廣度及多元性。加深與加廣,適用於資賦優異學生。「簡化」指降低能力指標的難度;「減量」為減少能力指標的部分內容;「分解」代表將能力指標分解為幾個小目標,在不同的階段或同一個階段分開學習;「替代」則代表原來指標適用,但必須以另一種方式達成,如原為「寫出」改為「說出」。

2. 學習歷程的調整

依特殊需求學生的需要,善用各種能引發其學習潛能之學習策略,並適度提供各種線索及提示,採工作分析、多元感官、直接教學、多層次教學、合作學習、合作教學或區分性教學等教學方法,亦可配合不同的教學策略及活動,以激發並維持學生的學習興趣與動機。必要時還可以穿插一些遊戲活動或將教學活動分段進行,並多安排學生練習表現的機會,給予

適度的讚美、包容與積極性的回饋。

3. 學習環境的調整

　　學習環境的提供以安全、安心且無障礙為首要考量，再依據個別學生之身心狀況與需求，進行教室位置與動線規劃、學習區安排、座位安排等環境的調整，並提供所需的人力、輔具、行政資源與自然支持。

4. 學習評量方式的調整

　　特殊教育評量需依個別化教育計畫實施，包括學生起點行為之評估及持續性的形成性評量，並依據長期目標做總結性評量。評量方式可採動態評量、檔案評量、實作評量、生態評量與課程本位評量等多元適性評量的方式。學校定期評量可依學生需求，提供以下一項或數項多元之適性評量調整措施：(1) 時間的調整，如延長、分段實施等；(2) 地點的調整，如單獨試場、隔離角落、資源教室等；(3) 試題呈現的調整，如試題報讀、點字試題、手語翻譯等；(4) 反應方式調整，如口述答案、代抄答案、電腦打字回答等；(5) 試題內容調整，如試題難度、命題範圍、題數、配分比例等；(6) 輔具應用，依學生需求，提供適當輔具，如放大鏡、擴視機、助聽設備、計算機、特製桌椅等。

　　融入普通教育之特殊教育課程綱要，其課程領域皆完全比照普通教育課程，例如國民教育階段，即為九年一貫課程綱要之七大領域，包括：語文（含本國語文、英語等）、健康與體育、社會、藝術與人文、數學、自然與生活科技及綜合活動等，另外為符合特殊教育學生需求，除普通教育各課程領域之外，再增加特殊需求課程此一領域。

　　不過，為符應身心障礙學生之特殊需求，學校亦可在個別化教育計畫會議及特殊教育推行委員會討論決議後，彈性調整各課程領域所佔之比重，及調整各課程領域之能力指標。

　　為使特教教師對普通教育課程之能力指標調整有所參考，教育部（2013）所訂《高中職以下階段之認知功能輕微缺損學生實施普通教育課程領域之調整應用手冊》，即依據九年一貫課程各領域之各能力指標，列

出調整後之能力指標，做為教師教學時之依據，表 7-6 即其中實例。

　　事實上，每一身心障礙學生能力現況不一，即使該手冊依普通教育課程的能力指標加以調整，但仍難以完全符合各身心障礙學生之需求，因此，除參照九年一貫課程能力指標及調整後之能力指標外，必要時仍需再依身心障礙學生之能力現況加以調整。

表 7-6　普通教育課程能力指標之調整實例

年級與領域	九年一貫能力指標	調整後能力指標
國小四年級數學能力指標	• 能熟練較大位數的乘除直式計算。	• 能根據三位數乘以一位數直式計算的學習經驗，熟練四位數乘以一位數的直式計算。 • 能根據三位數乘以一位數直式計算的學習經驗，熟練三位數乘以二位數的直式計算。 • 能根據三位數乘以一位數直式計算的學習經驗，熟練二位數乘以三位數的直式計算。 • 能根據三位數除以一位數直式計算的學習經驗，熟練四位數除以一位數的直式計算。 • 能根據三位數除以一位數直式計算的學習經驗，熟練三位數除以二位數的直式計算。
	• 能認識真分數、假分數與帶分數，熟練假分數與帶分數的互換，並進行同分母分數的比較、加、減與整數倍的計算。	• 能辨識真分數、假分數與帶分數。 • 能根據分子除以分母的商與餘數的關係，做假分數與帶分數的轉換。 • 能根據整數比較的學習經驗，做同分母分數的大小比較。 • 能根據整數加減的學習經驗，做同分母分數的加減計算。 • 能根據從整數借 1 的計算原理，做帶分數的減法計算。 • 能根據同一個分數的連加即整數倍的原理，做分數的整數倍計算。

表 7-6　普通教育課程能力指標之調整實例（續）

年級與領域	九年一貫能力指標	調整後能力指標
國小一至二年級識字之能力指標	• 能認識常用國字700-800字。 • 能利用部首或簡單造字原理，輔助識字。 • 能利用生字造詞。 • 能利用新詞造句。	• 能認識常用國字300-500字。 • 能透過圖解教學識字法，了解簡單造字原理，協助識字。 • 能在圖片引導下利用生字造出生活常用詞彙。 • 能認識生活常用名詞辭彙並運用於日常生活中，例如：食品名稱、居家用品名稱、交通工具名稱等。 • 能認識生活常用動詞辭彙並運用，例如：拍打、駕駛等。 • 能透過模仿練習，利用新詞造句。
國中七至九年級閱讀能力指標	• 能靈活運用不同的閱讀理解策略，發展自己的讀書方法。 • 能具體陳述個人對文章的思維，表達不同意見。 • 能活用不同閱讀策略，提升學習效果。 • 能培養以文會友的興趣，組成讀書會，共同討論，交換心得。 • 能從閱讀過程中發展系統性思考。 • 能依據文章內容，進行推測、歸納、總結。	• 能理解不同閱讀理解策略的內涵、方式與運用，如：找出文章中之人事時地物，分析因果關係等。 • 能學習運用不同的閱讀理解策略，如：找出文章中之人事時地物，分析因果關係等，增進讀書的方法。 • 能在引導或提問下陳述個人對文章的看法。 • 能理解不同閱讀理解策略的內涵、方式與運用，如：圖示、手指輔助唸讀、畫關鍵字、找人事時地物等。 • 能運用不同的閱讀策略，如：圖示、手指輔助唸讀、畫關鍵字、找人事時地物等，提升學習效果。 • 能培養以文會友的興趣，在引導下參與讀書會，共同討論，交換心得。 • 能從閱讀過程中發展系統性思考的能力。 • 能依據文章內容，進行推測、歸納與總結。

除普通教育課程外，為符合特殊教育學生之特殊需求，教育部所訂之「特殊教育新課程綱要」，再增列「特殊需求」領域，此一領域再分為以下次領域及主軸（教育部，2011）：(1) 生活管理：自我照顧、居家生活、社區應用、自我決策；(2) 職業教育：工作知識、工作技能、工作態度；(3) 社會技巧：處己、處人、處環境；(4) 學習策略：認知策略、動機態度策略、支持性策略、後設認知策略；(5) 領導才能：任務導向能力、關係導向能力、轉型導向能力；(6) 情意課程：個人發展、環境調適；(7) 創造力：人格特質、思考歷程、產品、環境；(8) 定向行動：感覺訓練、概念發展、行動技能、定向系統、求助技能、安全議題、社區資源與大眾運輸系統；(9) 點字：點字摸讀先備能力、國語點字、數學與理化（自然與生活科技）點字、外語點字、音樂點字；(10) 溝通訓練：身體語言、口語訓練、手語訓練、建立關係；(11) 動作機能：粗大動作、精細動作；(12) 輔助科技應用：學習輔具、溝通輔具、視障輔具、行動與擺位輔具、生活輔具、休閒輔具、輔助科技需求表達與相關資源應用。

每一個特殊需求課程，除上述次領域與主軸外，每一主軸並再細分為次項目，每一次項目再分為多個能力指標。茲舉「溝通訓練」此一特殊需求課程之「口語訓練」主軸，此一主軸所屬的「聽能訓練」次項目所包含的能力指標為例，如表 7-7。

第二節　學年目標與學期目標

學年目標與學期目標，與身心障礙學生接受之特殊教育具有最密切之關係，也是整個個別化教育計畫最核心之內容。本節說明學年目標與學期目標之關係，及設定教學目標之原則。

一、學年目標與學期目標的關係

美國 IDEA 法案規定，一般身心障礙學生之個別化教育計畫只需陳述

表 7-7　溝通訓練次項目之聽能訓練所包含能力指標

能力指標
• 能察覺環境中的聲音
• 能察覺聲音的開始與結束
• 能尋找音源
• 能分辨環境音和語音
• 能分辨環境音的異同
• 能分辨環境音或樂音的特質（如：大小、高低、快慢等）
• 能分辨語音的特質（如：語調、語氣等超語段特質）
• 能分辨不同人說話的聲音
• 能分辨從視聽設備傳出的不同聲音
• 能分辨較遠距離不同人說話的聲音
• 能跟著音樂節拍打拍子
• 能看著歌詞跟著音樂節拍跟唱簡單的童謠
• 能回應簡單的命令語句
• 能回應簡單的敘述語句
• 能回答簡單的問句
• 能察覺較遠距離的聲音
• 能根據說話者聲音的特質分辨其身分（如：男／女、大人／小孩、熟悉／陌生）
• 能根據說話者聲音的特質分辨較遠距離的說話者的身分
• 能從電話中的聲音分辨說話者的身分
• 能聽著音樂節奏辨識熟悉的童謠
• 能聽著音樂節奏正確跟唱歌曲
• 能分辨聲調
• 能聽音指出正確的韻母
• 能聽音指出正確的聲母
• 聽完 5 個字以上的命令語句後能以任何方式回應
• 聽完 5 個字以上的敘述語句後能以任何方式回應
• 聽完 5 個字以上的問句後能以任何方式回答
• 聽完 5 個字以上的句子後能複誦句子
• 聽完一至數句話後能說出大概內容
• 聽完一至數句話後能回答相關的問題
• 能聽完對話內容而針對主題適當回應
• 能聽完電話或手機傳遞的訊息而適當回應
• 能聽完數公尺外之人說話內容而適當回應
• 能在不同噪音情境下聽到說話內容而適當回應

可測量的年度目標（measurable annual goals），但若個別化教育計畫會議決議，學生採用替代性成就標準（alternate achievement standards），且只接受替代性評量（alternate assessments），而未接受州及地區性評量，則其個別化教育計畫除年度目標外，尚需包括評量基準（benchmarks）或短期目標（short-term objectives）。IDEA 法案雖未規範年度目標與短期目標之分際，不過，就其用詞而言，goal 通常代表一種較為廣泛或較長時間才能達成之目標，objective 則代表一種較為詳細、明確或較短期間可以達成之目標，且通常 goal 需藉由完成幾項 objective 而達成。

　　IDEA 法案不再規定所有的個別化教育計畫皆需包含短期目標，最主要目的在於減少教育人員的文書負荷，然而，此舉也可能使得個別化教育計畫所陳述之教學目標過大，而難以評量及難以顯示學生達成年度目標之進步情況，以利教育人員及時調整教學。此外，只陳述長期目標，也較不易顯示同一長期目標下，不同學生可能隨其能力不同或需求不同，而有因應個別差異之不同短期目標，例如甲乙兩生，即使長期目標皆為「會使用洗衣機洗衣服」，但甲生能力較佳，其可習得較為完整之各種使用洗衣機的技能，而乙生能力較低，且有些使用洗衣機的技能並非該生之生活適應所必要（例如會使用投幣式洗衣機），則甲乙兩生之短期目標即可能有所差異。不過，畢竟個別化教育計畫不等於平日教學之課程內容或教學材料，且 IDEA 法案中也特別強調年度目標需屬於可測量之年度目標（measurable annual goals），並需使用明確界定的、客觀的、可測量的用詞，及需說明兒童年度目標進步情況的評量方法與評量時間，因此，法案精神希望即使刪除短期目標以減少文書負荷，但仍能避免教學目標不明確、難以評量進步情況之負作用。對於障礙程度較重，難以接受州或地方教育成就測驗的學生，則法案規定此類學生之個別化教育計畫仍需包括評量基準或短期目標。由於障礙程度較重的學生之學習能力較受限制、進步較慢、目標需更為明確化，且其未接受普通教育之成就測驗，亦較難即時反應學生之進步狀況，因此，其個別化教育計畫列述短期目標仍有必要。

　　教育部所訂之《特殊教育法施行細則》第 9 條則規定，個別化教育計畫內容需包含學年與學期教育目標，但法規條文也未明確界定學年目標與學期目標之差異或其相互間的關係。就語意而言，學年目標意指一學年內希望學生達成之目標，學期目標則指一學期內希望學生達成之目標，不過，要明確區分學年目標與學期目標確實不易，特殊教育教師也無須花太多時間在區分學年目標與學期目標。畢竟就特殊教育而言，最重要的仍在於目標符合學生能力現況與需求，且具有明確性、可測量性，而非明確區辨學年目標與學期目標之異同。

　　一般而言，學年目標性質接近長期目標，學期目標性質上則接近短期目標。不過，《特殊教育法施行細則》既已統一名稱為學年目標、學期目標，學校在訂定個別化教育計畫時，即應統一使用此兩項用詞，避免再使用長期目標與短期目標之用詞。學年目標（例如會使用筷子進食）通常需藉由其下所屬的幾項學期目標（例如會使用筷子夾較大食物，如貢丸等；會使用筷子夾較小食物，如花生等；會使用筷子吃乾飯；會使用筷子吃稀飯）之習得而達成。由於教學目標之設定需以學生能力現況為基礎，因此，林素貞（2007）主張，學生之能力現況類似於起點行為，長期目標（學年目標）類似於終點目標，短期目標（學期目標）則是介於起點行為與終點目標之間的中途目標。學生能力不同、學習任務不同，學年目標與學期目標之歸類也可能不同，對甲生而言屬於學年目標者，對乙生而言可能屬於學期目標。例如甲生學習能力較低，學習「會自己穿上衣」需較長時間或需分為數個較小目標逐漸完成（例如會自己穿套頭上衣、會自己穿拉鏈夾克、會自己穿鈕扣襯衫等），才能達成此一目標，則「會自己穿上衣」即可設定為其學年目標；反之，能力較佳的乙生，較短時間（例如二至三週之內）即可學會自己穿上各種上衣，則對該生而言，「會自己穿上衣」即可設定為學期目標。

　　此外，要設定一學年後的學習目標並不容易，且一整年之學習目標也可能使目標過大，失去具體明確性或可測量性，因此，所謂學年目標通常

即代表需較長時間、需完成數項較小目標才能習得之學習目標。事實上，就實務教學而言，學年目標與學期目標通常並非指一學年後或一學期後才能達成之學習目標，而是依該教學目標對學生習得所需時間而言，若習得該目標需一個月以上，則可列為學年目標，若一週至四週之內可習得該目標，則可列為學期目標。此外，一個學年目標通常亦會再細分為數個學期目標。

二、學年目標與學期目標的設定原則

學年目標與學期目標最能反應教育內容是否符合身心障礙學生能力現況與需求，也最能反應特殊教育之績效，因此，雖然個別化教育計畫各個成分皆甚重要，但學年目標與學期目標無疑是整個個別化教育計畫之核心。以下說明設定學年目標與學期目標之原則。

(一) 符合學生能力現況與需求

學生能力現況與需求是設定學習目標首要考量因素，學習的課程領域、每一領域之內容、學習目標之難易、學習時間長短等，皆需符合學生能力現況。輕度認知能力缺損者，其學習目標可能較偏重學科領域；認知功能嚴重缺損者，其學習目標可能較偏重生活適應能力及生活自理能力。但即使皆為輕度認知功能缺損，不同障礙類別、障礙領域、障礙程度者，其所需之學科領域可能不同，例如閱讀障礙與數學學習障礙學生，其所需列入個別化教育計畫之補救教學學科領域即不同；即使皆為數學學習障礙者，也可能因其障礙程度不同而有不同之教學目標。例如甲生可學習二位數乘法，乙生則僅可學習二位數加法；相同的，不同的嚴重認知功能缺損者，其所需之生活適應領域也可能不同，例如甲生缺乏口語溝通能力，或缺乏洗臉之生活自理能力，則其個別化教育計畫即需將口語溝通或洗臉之生活自理教學目標納入，但乙生雖亦為認知功能嚴重缺損，但其基本溝通能力及洗臉的生活自理能力卻無困難，當然此兩項生活適應能力即無須列

為其個別化教育計畫之教學目標。

除能力現況外，設定教學目標也需考量學生之需求，即使學生能力相同，但若其需求不同，則教學目標亦當有所不同。例如甲乙兩生皆為相同年級且具有相似能力現況之數學學習障礙學生，但甲生伴隨視覺障礙，乙生伴隨情緒行為障礙，則甲乙兩生也許在數學方面之教學目標相同，但因應其隨伴障礙所設定之教學目標即不同。此外，依學生需求設定教學目標，也可能需考量學生之興趣、生涯規劃、優勢能力、家長期望、家庭生態環境等因素。例如甲生之下一階段生涯發展規劃為繼續升學，乙生為就業，則甲乙兩生之學科教學目標即可能有所差異。

就集中式特殊教育班或分散式資源班之教學實務而言，同一節課要兼顧同一班級或同一組別的不同能力現況學生之個別需求確實不易，為避免造成教學困擾及分散了每一學生一節課中所能直接接受教學的時間（如果同組學生能力明顯分為兩組，則每組學生一節課只能接受一半之教學時間），教師可以採取幾項因應措施：(1) 資源班之分組盡量考量同質編組，以利採用相同或相似的教材，讓每一學生一節課中能接受到較完整的教學時間；(2) 集中式特殊教育班增加分組教學時數，同一小組學生能力較相近，可採用較為一致之教材與教法。尤其是認知負荷較重的學科，依能力做分組教學更有利於同組學生接受到較完整的教學；(3) 重視差異化教學（differentiated instruction），即使教授同一教學單元，但能力現況不同的學生，其教學目標即應有所差異，例如教學單元皆為「我會過馬路」，能力較佳者需學會看紅綠燈、會走斑馬線、會注意左右來車；能力較低者則只要學會走斑馬線即可。因此，即使學年目標相同，但隨學生能力現況不同、需求不同，其需習得之學期目標亦可能有所差異。

(二) 有限的教學時間內，需發揮最大學習效益

設定學年目標與學期目標固然應考量學生之個別能力現況，但在有限時間內及學生既有能力現況下，也要充分考量教學的效力與效率，發揮最

大的教學效益，讓學生能夠達成在其能力現況下的最大學習收益，以符合教學績效責任及維護學生受教權益。例如一個學生如果一學期可以習得三項生活適應技能、可以在兩星期內習得某一生活自理技能、可以在三星期內學會 30 個語詞之認讀與書寫，但教師所設定之學期目標，一個學期卻只讓學生學習一項生活適應技能、花四星期時間教導該項生活自理技能、三星期內只教了 20 個語詞之認讀與書寫，即不符合讓學生發揮最大學習效益的原則，亦有損教學績效責任與學生之學習權益。

(三) 盡量考量家長對教學目標的理解與需求

個別化教育計畫是維護家長權益最重要的文件，計畫內容最主要的閱讀者也是家長，因此，教學目標需考量家長的理解程度。家長不在學校與教學現場，其對學校情況、教學材料、教學內容亦難以確切了解，教學目標之敘述如果未能具體明確，則家長即不易理解目標內容。為顧及家長之理解，教學目標敘述需盡量使用家長可以理解的詞語，且敘述內容需具體。例如「能正確朗讀字族文」、「能正確計算第一單元的題目」，家長皆難以理解此教學目標之內容，若改為「能正確朗讀字族文——朗讀教材編號 1-1 至 1-5」、「能正確計算二位數乘以二位數的直式計算題」，則有利於家長理解。

此外，學期目標之設定也需將家長關心的、主訴的問題納入教學目標。例如家長對其兒子會觸摸陌生異性的腿部深感困擾，但教學目標卻未將此列入，或只列入「學會尊重他人」此一概括性教學目標，即不符合家長之需求。

(四) 需經個別化教育計畫會議及學校特殊教育推行委員會決議

包括學年目標與學期目標在內之所有個別化教育計畫內容，需經個別化教育計畫會議之討論決議，而非僅由特殊教育教師個人決定。個別化教育計畫會議成員包括家長、普通班教師、學校行政人員、相關專業人員在內，必要時需邀請學生本人參與。此外，依據教育部所訂之《特殊教育課

程教材教法及評量方式實施辦法》第 4 條的規定，高級中等以下學校實施特殊教育課程，應依學生之個別需求，彈性調整課程及學習時數，經學校特殊教育推行委員會審議通過後為之。教育部所訂《高級中等以下學校特殊教育推行委員會設置辦法》（2013）第 3 條規定，審議個別化教育計畫及特殊個案之課程，皆為學校特殊教育推行委員會的任務之一。因此，就法定規定及行政程序而言，個別化教育計畫之學年目標與學期目標皆代表學生將接受之課程，經個別化教育計畫決議後，需再經學校特殊教育推行委員會之決議，才符合現有法令規定。

(五) 參照政府所訂課程綱要配合必要之調整

身心障礙學生具有明顯個別差異，符合其個別需求也是特殊教育的重要原則，《特殊教育法》第 19 條也規定，特殊教育之課程、教材、教法及評量方式，應保持彈性，適合特殊教育學生身心特性及需求。因此，任何單一及既定之課程皆難以完全符合所有身心障礙學生之需求。不過，為使特殊教育之實施具有全國統一之基準，由國家制定統一之特殊教育課程大綱仍有其必要。各校再依身心障礙學生之需求，彈性調整特殊教育課程綱要，以符合學生之特殊需求。

《特殊教育法》第 19 條規定，特殊教育之課程、教材、教法及評量方式，其辦法，由中央主管機關定之。教育部所訂《特殊教育課程教材教法及評量方式實施辦法》第 2 條亦規定，特殊教育課程大綱，由中央主管機關視需要訂定，並定期檢討修正。我國之特殊教育課程綱要，主要包括本章所述以身心障礙學生為對象及融入普通教育課程等兩種課程綱要。目前教育部對融入普通教育之課程實施全面性「試行」，因此，各特殊教育學校及特殊教育班大都採行此一課程綱要，至於試行後是否將正式採用此一課程綱要，則仍待教育部決定。此外，配合臺灣地區十二年國民教育之推動，教育部亦已針對特殊教育課程綱要重新規劃，未來我國的特殊教育課程綱要仍待教育部正式頒布。

(六) 以特殊教育之教學目標為主

　　有些身心障礙學生之認知功能並無缺損（例如肢體障礙、視覺障礙、身體病弱、情緒行為障礙等），這些學生在學科學習方面，單領域或多領域可以使用普通班之教材，學校定期評量也可接受普通班之評量，因此，他們可能完全安置於普通班，僅接受特殊教育諮詢服務，也可能安置於普通班，但部分時間至資源班接受特定學科領域或特殊需求課程（例如輔具應用、點字訓練、社會技巧等），或學校定期評量時接受評量方式之調整（例如放大試題、延長考試時間、口語報讀試題等）。這些學生若其某一學科領域或多數學科領域之學習比照普通班學生，使用普通班教材，在普通班接受課程教學，則這些領域即不屬於特殊教育服務內容，而不屬於特殊教育服務內容之教學目標，即無須列入個別化教育計畫內容。例如某一數學障礙學生，語文能力正常，其在資源班僅接受數學科之補救教學，語文科及其他學科則皆接受普通班教學及學校定期評量。此一學生其學年目標與學期目標之訂定只針對數學科即可，其他學科無須列入，個別化教育計畫僅需註明該生其他學科之教學目標比照普通班即可。不過，該生數學科以外之其他學科，即使未接受特殊教育之補救教學服務，但若學校定期評量或教師之教學有必要提供調整措施，則仍應將這些調整措施列入個別化教育計畫中。換言之，接受教學與評量調整之支持性服務，並非僅限於接受特殊教育服務之學科領域。

(七) 凡特殊教育之教學目標皆需列入

　　身心障礙學生接受之特殊教育服務內容，可能包括學科領域與特殊需求課程領域。身心障礙學生隨其能力現況與需求之差異，其接受特殊教育服務之學科領域與特殊需求課程領域也不同，但無論如何，只要是接受特殊教育服務教學之內容，皆需列述其學年目標與學期目標。例如學習障礙學生，雖然其接受特殊教育服務內容以學科領域之補救教學為主，但只要該生基於其需求，亦接受社會技巧或行為管理之教學或訓練，則學科領域

與社會技巧、行為管理,皆需列述其學年目標與學期目標,而非僅敘述學科領域之教學目標。又如認知嚴重缺損學生,雖然生活適應與生活自理為其主要之特殊教育內容,但若抑制該生某項不當行為(例如喜歡吐口水)亦為服務內容之一,則抑制不當行為即需列入學年目標或學期目標之中。

(八) 需具有邏輯性與合理性

學年目標與學期目標需具有邏輯性與合理性,可反應於以下幾方面:(1) 學年目標與學期目標需具有關聯性,通常一個學年目標包含幾個達成此目標所必需之學期目標,因此,學年目標亦大於學期目標。例如「會自己穿褲子」為學年目標,「會自己穿長褲」為學期目標,則合理;若「會正確指認父親與母親」為學年目標,「會正確指認家人」為學期目標,則不合理;(2) 難度較低、屬於先備能力者,其教學目標順序應在先。教學目標需依難易度、學習任務之邏輯順序排序,並符合工作分析、逐步漸進之原則。例如「會正確認讀第一課的生詞」此一目標應先於「會正確認讀第一課生字」;「看照片會說出家人稱謂」此一目標應先於「看照片會說出學校行政人員稱謂」;(3) 學年目標與學期目標皆需加以統整歸類,相同領域或性質相近之教學目標應置於個別化教育計畫相同位置;(4) 學年目標與學期目標應具有連貫性,前學年或前學期已學會較基礎的、較先備的目標,下一學年或下一學期才可學習較難的、較進階的目標;(5) 上學期未達到評量通過標準之學期目標,下學期需列入教學目標繼續教學,或下學期調整教學過程後繼續教學,或經檢討後認為不適合而刪除或延後教學。

(九) 與健康、安全有關之教學目標應優先列入

有些身心障礙學生可能具有病症或潛在之健康風險,或缺乏自我健康管理觀念,進而可能損及其健康,因此,凡與該生之疾病控制或健康管理有關之能力培養,需優先納入教學目標,例如「會分辨食物是否腐壞」、「身體不舒服會向師長、父母表達」等皆屬於健康管理方面之教學目標。

此外，可能危及生命、安全等威脅情境的避免，也需列為優先之教學目標，例如「走在馬路上，會避開車輛」、「盪鞦韆時會避免過高」等，皆屬於安全方面之教學目標。

(十) 與社會適應有關的技能需優先列入

特殊教育的目的在於培養學生的社會適應能力，因此，凡與社會適應能力有關且學生尚未具備者，皆需優先列入教學目標。生活自理、溝通能力、社會生活能力、社會技巧、基本學科等，皆為社會適應所必備之技能。一個學生如果這些社會適應必備的能力尚未具備，但教學目標卻大都針對學科能力，則將難以提升學生的社會適應能力。

基本學科方面，資源班學生如果尚未具備口語理解、口語表達、識字、閱讀理解、書寫表達、基本數學概念等社會適應所必需之基本學科能力，但個別化教育計畫所列教學目標卻大都針對更高深進階的、依其目前年級進度的、依學校考試內容的學科教學，則這些教學目標較屬於普通班之補救教學，甚至是較屬於普通班以提升考試成績為主的「補習」，而不符以培養學生社會適應能力為主的特殊教育補救教學原則。

(十一) 需考量不同生涯階段所需之社會適應技能

隨著障礙學生的生涯階段不同，其所需之社會適應技能亦不同，因此，教學目標需考量不同生涯階段所需之社會適應技能。例如幼年階段可能以生活自理、口語溝通、肢體動作等為主要教學目標，國教階段可能以基本學科、生活適應、社會技巧等為主要教學目標。當然，同一領域亦因年齡不同，教學內容也不同。例如即使同為口語溝通領域，但幼年與國教階段之教學內容或教學目標亦不同；基本數學領域，在國小與國中階段之教學目標也不同。許多障礙程度較重的學生，可能因能力限制、進步有限，而使教學目標一直停滯不前，甚至常見不同年級的學生教學目標卻相同的現象。例如集中式特殊教育班學生，可能在小學階段的實用數學教學目標為數錢幣，但一直到國中階段，其數學教學目標仍為數錢幣，而難以

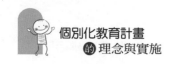
指導國中階段學生社會適應所需之其他基本數學能力，例如點餐、購物、看時鐘、測量、數學解題等。若學生能力較低，確實可能使得一個教學目標需做較長時間的教學，且需反覆練習，但教師亦需評估學生能力現況，加入替代性或彈性教學、部分協助、輔具應用等，降低學生能力限制。例如對錢幣概念一直難以建立的學生，即可採用計算機、使用電子票證（例如悠遊卡），指導學生從事日常生活的購物或其他消費行為。

(十二) 教學目標需具有明確、可觀察、可測量之性質

個別化教育計畫之教學目標不是一種宏觀目標，而是屬於教學執行後可達成之具體目標。例如「具有優雅氣質」、「具有適當閱讀能力」、「具有短文寫作能力」或「到朋友家能表現出適當舉止」等，都只是一種較為宏觀的、廣泛的目標，不適合用在個別化教育計畫中。

個別化教育計畫之教學目標，尤其是學期目標應該是明確之教學目標，所謂「明確」之目標，需具有可觀察、可測量之特質，亦即教學目標必須是可以觀察的外顯表現，且可以判斷目標是否達成的。可觀察、可測量之教學目標也屬於行為目標（behavioral objective），完整之行為目標需包含以下要素：對象、行為、結果、情境、標準（郭生玉，2004）。例如未標注音及未給予提示下（情境），小明（對象）能讀出（行為）第一課生字（結果），正確率達90%（標準）。就個別化教育計畫的學期目標而言，對象通常省略，而行為、結果、情境、標準四者則是其中重要成分，例如「不需提示（情境）會自己穿（行為）衣服（結果），正確率達90%（標準）」。

為節省學期目標之填寫空格，有時會將情境、標準做統一規範，而不列入每一個教學目標的敘述中。例如於所有學期目標之下，標示達成教學目標的情境是口頭提示、動作提示或動手協助；並於所有學期目標之下，標示對教學目標達成的精熟程度或正確程度之要求標準。一般而言，屬於後續學習必要的基本技能（例如注音符號拼讀）或涉及健康安全（例如分

辨食物腐壞）的目標，其精確程度要求需更高；屬於未來仍持續具有學習機會或即使精確度不完整亦不致造成重大影響者（例如會自己洗臉），則精確度的標準即可較為放寬。

就行為目標的幾個要素而言，「行為」此一要件即代表具可觀察性的特質。所謂「行為」即指外在表現之可觀察行為，而非內在的、不可觀察的內隱行為。例如在學科學習方面，寫出、讀出、指出、畫出、計算、正確回答、說出等，在生活適應方面，會洗臉、會過馬路、會操作洗衣機等，都是可觀察之行為；在學科學習方面，記得、了解、理解、知道、學會、欣賞、研究、掌握等，在生活適應方面，感受、重視、喜愛、熟練、負責等，則皆較屬於內隱行為。內隱行為除非經由外顯行為（例如正確回答、正確操作），否則難以判斷學生是否習得教學目標。

(十三) 學年目標之範圍較大，學期目標則範圍需更明確

學年目標可以設定範圍較大、需較長時間才能完成之行為結果，但學期目標為使行為結果能夠測量，則需設定範圍較明確、較特定性之行為結果。學年目標可藉由幾個學期目標之習得而達成，例如「會正確計算三位數以內的加法」，行為結果之範圍較大；「會正確計算一位數的加法」、「會正確計算二位數的加法」、「會正確計算三位數的加法」，則皆為範圍較小、較明確之行為結果，這些較小範圍的學習目標也是達成較大範圍目標之過程。此外，除非兩項行為結果必須同時發生（例如能正確抹上肥皂並完成洗手動作），否則一個學期目標最好只包含一項行為結果，以免包含兩項以上行為結果之教學目標，當只完成其中一項或部分項目時，即難以評量該目標是否達成。例如「能正確計算一位數及二位數的加法」，如果學生只能「計算一位數的加法」，則此一教學目標即難以判定是否達成。

一個明確的學期目標應完整陳述具體之目標，如果教學目標無法用一個學期目標完全陳述，則需使用兩個以上之學期目標，不應使用一些不明

確的含括用詞，例如「能正確計算一位數加法等一位數的計算」、「看圖片能正確說出一些水果的名稱」，其中「等」、「一些」之用詞即為含括性用詞，會使得此一學期目標難以評量學生是否習得。若將數學計算之教學目標分為「能正確計算一位數加法」、「能正確計算一位數減法」、「能正確計算一位數乘法」、「能正確計算一位數除法」；水果名稱之教學目標改為「看圖片能正確說出楊桃、鳳梨、西瓜、橘子、棗子這五種水果的名稱」，則學期目標才符合明確性之標準。

教學目標若包含兩個以上的學期目標，且擇一達成即可，則需確定只要完成其中之一即屬達成教學目標，否則即應將各種可能的行為皆分別列為教學目標。例如「會使用洗手乳或肥皂洗手」，則需確定實際環境中，只要會使用其中任一項洗手用品皆代表具有適當之適應行為，否則即應分別列出「會使用洗手乳洗手」與「會使用肥皂洗手」等兩項學期目標。又如「會使用計算機或筆算，正確計算三位數的乘法」，就數學教學而言，使用計算機與筆算之數學能力不同，不應「二者擇一」。若數學障礙學生具有筆算之困難，則明確列出「會使用計算機計算三位數之乘法」此一教學目標即可。

(十四) 配合教材或評量材料，才易於確定教學目標是否達成

有些教學目標，若將行為結果皆列述於學期目標之欄位，則將佔去過多版面，但若未完整列述所有行為結果，則教學目標即不夠明確，也不易確定學生是否習得該教學目標。此種情況下，若能具體指出教學材料或評量材料，則該項教學目標即可更為明確及易於評估目標是否達成。例如「能流暢朗讀第五課課文」若未配合教學材料，則學校使用之國語課本有各種不同版本，即難以確定教學者所設定之朗讀課文是指哪些課文。若能加入教學材料提示，改為「能流暢朗讀第五課課文（國語教材 5-5）」，明確指出本項教學目標之課文是指「國語教材第五冊第五課」，則此一教學目標即更為明確、更易評量目標達成與否。其中「國語教材 5-5」即指

教材或評量材料；又如「能使用第五冊第五課語詞正確造句」，若未具體指出第五課之語詞或配合評量材料，則不易確定該項教學目標是否達成。若改為「能使用第五冊第五課語詞正確造句（國語評量 5-5）」，其中「國語評量 5-5」即指評估此一目標是否達成之評量單，該評量單即列出學生需學會造句之第五課語詞，以做為評量依據。此種將目標與評量單結合的方式，更易具體評估此一教學目標之達成狀況。

近年在九年一貫特殊教育課綱推動下，許多學校將能力指標直接做為學期目標，卻未在教學目標上具體指出教學內容或評量內容，常易使此類目標缺乏明確的教學內容及缺乏評估目標是否達成的測量依據。例如「具有短文閱讀理解能力」、「能利用學過的語詞造出通順的句子」等，若未在教學目標之後附上學習材料或評量單之編號，則家長及相關人員難以了解此一教學目標之具體教學內容及評量依據。此外，也容易使此類目標變成不必修改的「萬年目標」，幾乎年年可用、各年級可用。

(十五) 教學目標需以學生為主體，以具體學習結果為標的

教學目標是指學生需具體達成之學習結果，因此，其主體應為學生，而非教學者；其標的應為學習結果而非教學過程或學習過程。例如「教會學生正確計算二位數加法」，其主體為教師而非學生，若改為「學生會正確計算二位數加法」或「會正確計算二位數加法」，其主體即在於學生。又如「多次練習後熟練二位數的計算」屬於教學過程或學習過程，若改為「正確且熟練計算二位數加法」才屬於學習結果。此外，僅列述單元名稱未明確指出教學目標，也不屬於具體之學習結果。例如「平行四邊形的面積」為單元名稱，而非學習目標，若改為「能正確計算平行四邊形的面積」，才是學習結果。

(十六) 教學目標需為完整的獨立行為，而非一項行為步驟

教學目標需為完整的獨立行為，而非只是完成此一獨立行為的過程或步驟。因此，應用工作分析原理將各項行為步驟皆各自列述為教學目標，

則各目標皆非完整的獨立行為。工作分析可應用於教學過程，但所分析的各步驟並不適合做為教學目標。學科方面，例如「二位數減法時，會正確計算個位數」、「二位數計算時，會正確計算十位數」，此兩項教學目標皆僅是完成二位數計算之步驟；「能在虛線上正確仿寫國字」則是寫字教學的過程之一，但並非寫字教學的最終目標。又如，生活適應方面，「會正確套上夾克左袖」、「會正確套上夾克右袖」、「會正確拉起夾克拉鏈」等三個教學目標，皆為完成穿夾克之過程或步驟，而非獨立而完整之目標行為。若將教學目標改為「會正確計算二位數的加法」、「能正確穿上有拉鏈的夾克」，教學目標才屬於完整之獨立行為。

(十七) 教學目標需具有功能性、真實性、有效性

教育計畫所訂的教學目標，其目的皆在於培養學生對實際生活的適應能力，因此，教學目標需具有功能性、真實性與有效性，而非虛擬的、不具生活實用的或非必要的目標。例如「能用筷子夾起紅豆」、「能將餐具圖片與真實餐具做正確配對」，前一個目標並非功能性之目標，實際生活中幾乎沒有機會需使用筷子夾紅豆；後一個目標則並非真實生活的目標，實際生活中不需使用餐具圖片去對照真實餐具。實際生活中需要的是「能正確說出餐具名稱」、「能正確拿出餐具」、「能正確使用餐具進食」等能力。此外，「聽完五個隨機呈現的個位數字後，能正確逆背」也不是學科學習必要的教學目標，亦即具備此一能力並無法直接增進學業學習。

(十八) 盡量陳述正向行為之建立，而非負向行為之抑制

教育的主要目標在於培養學生之正向行為，而非抑制負向行為。只有抑制負向行為，而未指導學生該表現之正向行為，則即使負向行為獲得抑制，也不代表學生即能表現正向行為，況且許多正向行為與負向行為本身是相互對立的，只要正向行為增加，負向行為自然會被抑制。因此，除非該負向行為危及學生之安全、健康，或此一負向行為缺乏相對立之正向行為，否則教學目標應以陳述正向行為之建立為原則。例如「書寫第五課語

詞，錯誤率不超過 10%」、「每週上學遲到的次數不超過兩次」、「垃圾不會亂丟」，若改為「書寫第五課語詞正確率達 90% 以上」、「每週上學準時到校的天數在四天以上」、「垃圾能丟入垃圾桶中」，即是使用與負向行為相對立之正向行為做為教學目標。又如「不會吃下腐壞的食物」、「在校園行走能避開危險路線」，即屬於可能危及學生健康或安全之負向敘述行為，但需列入教學目標中；「一節課中，吐口水的次數不超過兩次」、「一節課中，哭泣的次數不超過兩次」等，則雖屬負向行為，但較缺乏相對立之正向行為，這些負向敘述或負向行為的減少也許就是重要的教學目標，因此，教學目標即需將之列入。

第三節　達成學期教育目標之評量方式、日期及標準

　　學期目標比學年目標更符合可觀察、可測量之特質，藉由學期目標之評量可以反應學年目標之達成狀況。學期目標是否達成，則需經由評量方式、評量日期、評量標準等程序加以確認。本節之說明內容配合表 7-8 之實例。

表 7-8　學期目標的評量方式與評量標準

學年目標	學期目標	教學期間	評量方式	評量標準	評量日期 / 評量結果					是否通過	教學決定	備註
能正確認讀第一課字詞	能正確認讀第一課生詞（評量1-1）	2015.2.1~2015.2.14	A	90%	2/2	2/8	2/14	/	/	是		
					30%	60%	90%					
	能正確認讀第一課生字（評量1-2）	2015.2.1~2015.2.14	A	80%	2/2	2/8	2/14	/	/	否	繼續	第二課時再繼續教學
					20%	50%	70%					
會自己穿上衣	會穿套頭上衣	2015.2.1~2015.2.15	E	80%	2/8	2/15	/	/	/	是		
					30%	90%						
	會穿有拉鏈的上衣	2015.2.16~2015.2.28	E	80%	2/20	2/25	2/28	/	/	是		
					30%	60%	80%					
	會穿有鈕扣的襯衫	2015.3.1~2015.3.30	E	80%	3/1	3/10	3/20	3/25	3/30	否	繼續	先以較大扣子的襯衫進行教學
					10%	20%	50%	60%	70%			

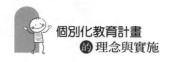

一、學期目標的評量方式 ✏

　　學期目標的評量，一般而言，隨教育目標之不同，有觀察、指認、實作、口語問答、紙筆測驗等幾種基本的評量方式。

(一) 觀察

　　「觀察」主要用於實際情境的行為表現之評量。這些行為可能包括負向行為的減少及正向行為的進步等兩方面。負向行為的減少方面，例如「一節課中，吐口水的次數少於三次」、「一週跑出校外的次數不超過兩次」；正向行為方面，例如「聽到上課鐘聲，會自動走進教室」、「天氣冷時會自己添加衣服」。這些行為不適合採用紙筆測驗，也不適合採用模擬情境之實作評量。其評量方式有賴教師或家長於實際情境中觀察學生表現，以評量教學目標之達成狀況。

　　觀察評量具有以下優點：(1) 可於實際情境中觀察學生的行為表現；(2) 一次可同時觀察多人的行為表現。觀察評量亦具有以下限制：(1) 學生每一次的行為表現，教師未必皆能觀察到，如果缺乏適當情境，學生也未必可表現出標的行為，因此教師「沒看到」，未必代表學生無此行為；(2) 觀察者可能具有主觀性，易使觀察結果缺乏一致性；(3) 觀察者可能因標準過嚴、過寬、居中或月暈效應等誤差而影響觀察之信效度。

(二) 指認

　　「指認」主要用於只需做出判斷，無須操作、口頭回答或紙筆反應的作業。例如「能從家人照片中正確指認爸爸、媽媽」、「能依據老師的口述語詞正確指認圖片」、「能依據速食店餐廳菜單正確指認自己所要的餐點」。

　　指認評量具有以下優點：(1) 學生只需指認，無須口述，適用於缺乏口語表達能力者；(2) 可做為正確回答之前一階段目標，例如先會依教師口述指認正確國字，再要求學生讀出教師所指示的國字。不過，指認評量

也具有以下限制：(1) 實際生活中，多數情境所需之正確反應皆不只是指認，而是需要說出、做出或寫出，例如購買車票，購買者需說出欲購買之票種及站名，站務員通常不太可能拿出所有車票供購票者指認；過馬路的技能，學生需具備實際過馬路的能力，而非僅是指認正確過馬路的圖片；面對文字，需要的是能正確認讀及正確理解，而非只是正確指認。因此，指認往往只是中途目標而非最終目標；(2) 指認類似是非題，二選一之猜測機率甚高，可能增加評量結果之誤差。除非多次正確指認、自多個項目中正確指認或要求學生說明指認之理由，否則不易確定學生之回答是否屬於猜測，例如學生即使能在二張圖片中正確指認哪一樣水果為「鳳梨」，或從兩張圖片中正確指認哪一張圖片的行為是對的（一張打噴嚏時遮口，另一張則否），但除非經由多次評量或在許多圖片中，學生皆能正確選出鳳梨此一圖片，或要求學生說明何以打噴嚏遮口那張圖正確，否則二選一或三選一等選擇式指認，不易確定學生之回答是否屬於猜測。

(三) 實作

「實作」主要用於動作技能方面的教學目標評量，學科學習方面，例如「能正確完成顯微鏡的操作」、「能使用紙張正確摺出正方體」、「會使用捲尺測量物品長度」；生活適應方面，幾乎所有目標皆適用實作評量，例如「會自己穿夾克」、「會操作單槽洗衣機」、「會填寫郵局提款單」等。

實作評量具有以下優點：(1) 於動作技能方面的教學目標，無法以口語問答、紙筆測驗等確定學生對此類目標之正確反應，例如學生能夠正確說出游泳的步驟，未必代表其已具備游泳的技能，唯有學生能表現出游泳技能，才能確定其達成教學目標；(2) 多數身心障礙學生受限於口語表達與文字應用技能，實作評量可避免其受限於語文能力，例如學生能正確操作提款機，未必能正確說出操作提款機的方法。實作評量也可能具有以下限制：(1) 動作技能方面，一次只能評量一個學生，無法使用團體測驗，

而且每位學生實作反應所需時間也較長，因此，評量所需時間較多；(2) 評量標準較為主觀、不明確，因此，評量結果的信度較低，不同評量者對同一行為可能產生不同之評定結果；(3) 對於有前後關聯的動作技能，可能因前面一個步驟不會或錯誤，而影響後續所有步驟的正確反應，例如會使用瓦斯爐煎蛋的教學目標，學生可能因不會開瓦斯爐而使得後續所有煎蛋的動作難以表現出來，但未必代表學生缺乏後續之動作技能。

(四) 口語問答

「口語問答」適用於僅需學生以口語回答的教學目標，這些目標通常不屬於動作技能或文字之讀寫能力應用。口語問答也可應用於涉及動作技能或讀寫技能的前導性評量，在學科學習方面，例如「能使用本課語詞進行口語造句」（之後再要求書寫造句）、「能說出長方形面積的計算公式」（之後再要求實際計算）、「能說出人體消化系統所包括的器官」（之後再要求寫出消化器官）；在生活適應方面，例如「看著照片，能說出家人的稱謂」（之後要求實際指認及說出家人稱謂）、「能說出迷路時應有的求救方法」（之後實際觀察學生迷路時之反應）、「能正確說出各種餐具的名稱」（之後觀察學生用餐時能否使用正確餐具）。

口語問答評量具有以下優點：(1) 僅需以口語回答，可避免學生文字讀寫的困難。事實上，實際生活中，就學科知識的應用而言，口語的理解及表達能力，仍較閱讀與書寫能力重要；(2) 可快速評量，縮短評量時間。但口語問答評量也可能具有以下限制：(1) 學生若具有口語理解與表達之困難，則無法使用此一評量方式；(2) 動作技能方面的教學目標，若僅使用口語問答，仍難以確定學生是否能正確的在適當時間表現出適當行為。能正確口語回答，未必代表能正確表現出動作技能；(3) 口語評量缺乏書面資料，較不能留下評量之檔案資料，做為後續特殊教育評鑑及顯示學生成長紀錄之佐證資料。

(五) 紙筆測驗

「紙筆測驗」即學生閱讀評量的內容，並以紙筆或書寫方式作答，或使用文字系統之評量方式。一般學校之定期評量最常採用此一評量方式。反應方式包括勾選正確答案、寫出正確答案號碼、排列正確答案字卡、連結正確答案、書寫正確答案等。此一評量方式適用於學科知識之閱讀與書寫能力的評量。紙筆測驗評量具有以下優點：(1) 適用於閱讀及書寫能力的評量；(2) 身心障礙學生若具有接受紙筆測驗的能力，有利於其融入普通教育；(3) 可以團體施測，節省許多人力及時間；(4) 可以留下評量的書面資料，有利於特殊教育評鑑及做為顯示學生進步情況之檔案。不過，紙筆測驗也可能具有以下限制：(1) 許多身心障礙學生具有閱讀及書寫之困難，紙筆測驗常低估其實際表現；(2) 紙筆測驗常以團體測驗方式進行，對具有注意力、動機方面限制的身心障礙學生，易低估其表現；(3) 許多動作技能或生活適應能力，若採用紙筆測驗方式，則可能違反測驗效度。一方面學生可能受限於讀寫能力，另一方面即使學生能完成紙筆測驗，也未必代表其已具備生活適應能力或動作技能。例如學生能寫出上課應遵守之規範，未必代表其能確實遵守；能寫出溜冰的方法，未必代表其具有溜冰的動作技能。

二、學期目標評量方式的設定原則

學期目標包括許多不同評量方式，其設定需注意以下原則：

(一) 符合學生之身心特質

身心障礙學生可能具有各種不同之身心條件限制，因此，評量方式需因應學生身心特質，避免學生因身心條件限制而低估其表現。例如學生若具有閱讀能力、書寫能力、視力等限制，採用紙筆測驗將低估其表現，採用口語問答方式，則較符合其身心特質；反之，若具有聽力、口語理解或口語表達能力等限制，則評量方式若採用口語問答方式，即可能低估其測

驗表現,若採用指認之評量方式,則較符合其身心特質。因此,教師設定評量方式時需考量學生之身心特質,採用適性的評量方式。不過,評量方式之調整亦需避免違反評量效度。

(二) 符合該教學目標之評量效度

　　教學目標不同,評量方式也可能具有差異,教師需選擇對該項教學目標具有效度之評量方式。例如評量學生的閱讀理解能力,題目內容即需採用書面呈現且由學生閱讀文本的方式;評量學生書寫能力,則需要求學生以書寫方式做反應;評量學生能否說出與人打招呼的用語,需使用口語問答方式;評量學生能否自己穿衣服,需採用實作之評量方式。

　　設定教學目標的評量方式,必須考量評量方式是否符合該項教學目標之評量效度,即使採取評量調整也不能違背評量效度。例如對識字困難者進行閱讀理解測驗,若因其識字困難而改為教師口述文章內容的評量方式,則評量結果只能代表聽覺理解而非閱讀理解,此一評量調整即影響評量效度;又如一個具有動作困難的學生,如果評量洗臉技能時考量其動作困難,而改為要求其以口述方式回答洗臉過程,或要求排列洗臉順序的字卡,則評量結果僅能代表學生已知道洗臉的過程,但未必代表學生已會自己洗臉,故洗臉的動作技能若採用學生口述洗臉過程或排列洗臉字卡的評量方式,即缺乏評量效度。即使教師以要求學生口述洗臉步驟做為洗臉技能之前導評量,但最後仍需評估學生能否實際完成洗臉之動作技能。

　　當然,對身心障礙學生實施評量,可採取符合評量效度之調整,例如前述閱讀理解測驗若採教師口述文章內容方式,即違反閱讀測驗之評量效度,因為閱讀理解測驗之目的即在於評量學生的文字閱讀能力,而非口語之聽覺理解能力;但如果是數學的文字解題,對閱讀困難的學生採取教師口述題目內容且不做題意解釋的方式,則符合評量效度,因為數學解題之目的在評量學生的數學題意理解與解題能力,而非題目的文字閱讀理解能力。

(三) 評量方式需重視真實情境之評量

教學目標之評量為便於實施，通常都只重視教室情境中的評量，不過，許多教學目標需要學生於實際生活情境中表現出來，才代表完成教學目標，如果只在教室情境或模擬情境中進行評量，仍難以確定學生在真實情境中能否表現此一行為。實作評量（performance assessment）通常只重視學生之實際操作，但如果此一操作的情境並非真實情境，則仍難以確定學生在真實情境下能否表現出此一教學目標。

真實評量（authentic assessment）強調在真實情境中進行評量，而非僅止於在模擬的、人為的情境下進行評量。除非教師能在真實情境中進行評量，否則難以確定學生能否在實際生活中應用習得的知識與技能。在學科學習方面，例如教學目標為「會在月曆上找出正確的日期」、「會以文字寫出自己的需求」，若教師使用自製月曆或模擬月曆進行評量，或僅以完成習作單的方式進行評量，則即使學生能做出正確反應，仍難以確定在真實情境中，學生能否在月曆上正確判讀日期；當真的有需求時，能否以文字正確表達自己的需求。在生活適應方面，例如教學目標為「會自己過馬路」、「會自己買火車票」，若採實作評量，教師可能在教室布置一個過馬路情境與火車站的模擬情境，並評量學生能否自己過馬路、買車票。不過，教室的模擬情境與實際生活中的過馬路、買車票，仍有若干差異。學生能在教室情境表現出正確的過馬路、買車票等行為，未必代表其在真實情境亦能表現這些行為。

特殊教育的目的並非僅止於學會教室中的教學目標，更重要的是學生需將這些目標實際應用於真實生活中，因此，個別化教育計畫教學目標之評量，不可僅止於模擬情境下的評量，需進一步評估學生在真實情境中的表現。

三、學期目標的評量日期

學期目標的評量日期包括兩方面，其一為學期目標的教學起訖期間，

其二為學期目標的評量期程。

(一) 教學期程

　　一個學期目標若未設定教學起訖期間，則教師、家長、學生本人皆無法確定該項教學目標開始教學及應該完成之日期。因此，教學目標之達成，意即在預定的教學期間習得此一教學目標。設定教學目標之期程有幾個重要意義：(1) 明確界定教學目標之教學期間，有助於績效責任之落實；(2) 教學目標的期程可做為評量期程之依據；(3) 教學目標配合教學期程有助於教師對整體課程教學進度之規劃；(4) 家長、學生本人、相關人員可據以評估教學目標之達成狀況；(5) 家長、學生本人可依教學目標及教學期程，對課程做相關之配合。

　　每一學期目標可能因教學目標之難度及學生之能力現況，而有長短不一之教學期程。一般而言，一個學期目標之教學期程約一週至四週，超過一個月以上才能習得之教學目標則可設定為學年目標。學期目標不宜設定一整個學期為教學期程（例如教學期間：2015.2.1～2015.6.30），否則將造成教學目標過大或過於廣泛，不但不易評量教學目標是否達成以適時調整教學，也難以看出學生在此一較大目標下的逐步進步情形。對家長而言，如果需待學期結束時才能了解其子女是否達成各個教學目標，則學期中家長即難以監控其子女之進步情形，亦無法即時提出個別化教育計畫之調整要求。若待學期結束時才確定教學目標並未達成，則將損及家長在學期中監控其子女教育目標達成狀況的權益。

　　個別化教育計畫對每一個學期目標皆需設定明確之教學起訖期程，包含年、月、日等三項數字，例如「能正確寫出第一課的生字」（教學期間：2015.02.01～2015.02.20）。預先設定之教學期程可能與實際教學所需期程有所落差，有些實際教學期程可能較原先設定之教學期程短，有些則可能需延長教學期程。教師對學生學習能力現況的了解、可應用的教學時間、學生及家長的配合、相關教學資源的配合等，都可能影響預定之教學

期程與實際教學期程的一致性。如果預定之教學期程結束前，教學目標即已達成，則下一階段之教學目標可提早進行教學；但如果教學期程結束，教學目標卻仍未達成，則可能影響下一階段之教學目標的教學。

　　預定之教學期程可依實際教學狀況加以調整，如果調整幅度不大，則教學者可自行依實際教學狀況調整之；但如果調整幅度較大，則應通知家長及相關個別化教育計畫成員，並於學期結束後之個別化教育計畫檢討會議中提出檢討。

(二) 評量期程

　　評量期程意指在教學期程之內，評量教學目標是否達成。理論上，教學目標之評量應在教學期程將結束或已結束時實施，才符合學習成就評量的原則，不過，為了解學生隨教學進行之進步情況，通常也會採用形成性評量原理，依教學進展做三至五次之評量，每次評量需同時註明評量日期與評量結果。各次評量的間隔時間則依教學者判斷，在已進行一段適當教學後實施之，但不需採用固定時距方式。第一次的評量可視為起點行為評量或教學初期之表現，最後一次評量可視為終點行為的成就評量，中間各次的評量可視為學習進步指標之形成性評量。

　　採用此一類似課程本位評量（curriculum-based measurement）的機制，具有以下幾個優勢：(1) 能看出學生是否隨教學而產生明顯的進步；(2) 可做為調整教學之依據。若發現學生並未隨教學而進步，即需檢討是否教材太難、教法不當、評量方式不適合或相關教學條件未配合，並立即加以調整；反之，若發現教學之初，學生即已具備此一教學目標的能力表現，則可省略此一目標之教學；(3) 由起點行為與終點行為之差距比較，可顯示教學績效。

四、學期目標的評量標準 ✏

　　學期目標需設定評量標準，否則難以確定學生是否已完成此一教學目

標之學習。學期目標的評量標準包括每次之評量結果、協助程度、評量通過標準、判斷通過與否、教學決定等。以下分別說明之。

(一) 每次評量結果

　　每次評量結果意指在形成性評量的多次評量中,學生在各次評量中對教學目標的完成程度。一般可分為三等法、五等法、百分比法等。三等法即已完成、有些完成、未完成等三個標準,代表教學目標完成程度。此一方式固然具有簡單之特質,但完成標準過於簡略,每一水準內皆約有 33% 之組距,造成同一水準內之個別差異較大,不易判斷學生對教學目標實際完成比例。五等法則將教學目標完成程度分為五個不同水準,0%~20%、21%~40%、41%~60%、61%~80%、81%~100% 等。此一方式每一水準包含之全距較三等法小,不過仍有 20% 之組距,因此,同一水準之內仍有不小的差距。例如五等法的第四等第之完成程度為61%~80%,得到此一等第的評定,若完成程度為 80% 尚能稱為精熟,但若完成程度為 61%,則精熟程度不足。百分比法則不做等級區分,單純寫出學生對教學目標完成的百分比。雖然多數教學目標皆不易精確判斷完成之比例,且完成比例之判斷也包含許多主觀因素在內,不過,此一方式仍較上述兩種方法更為精確。

　　教師填寫每次評量結果,也可依教學目標的達成狀況能否做精確判斷,而採取不同的完成水準評定方式。一般而言,學科領域學習的完成教學目標之程度較為明確(例如能正確書寫第一課生字),但生活適應能力的完成教學目標之程度,判斷標準較模糊(例如會自己洗臉),較不易精確評定或精確區分完成教學目標之百分比。

(二) 協助程度

　　學生完成教學目標可能是獨立完成,也可能是在教學者提供不同程度協助或支持下,才能完成教學目標。例如學生會自己過馬路,可能是其自己依路況與交通號誌獨立完成,也可能需教師提供口語提示或動作提示,

才能完成教學目標。若學生需採用不同協助方式才能達成教學目標，則教學者需考量此一協助方式是否符合實際生活情境，否則即使學生在協助下能表現出目標行為，但在缺乏協助的實際生活中，仍難以表現正確行為。例如學生在協助下，上完廁所後能按鈕沖水，但實際生活中，其上完廁所不可能隨時有人給予按鈕沖水之提示。因此，在協助下能完成教學目標，也許能當做獨立完成之前的中途目標，最終仍需培養學生能夠獨立完成學習目標。

依涉入程度，由輕至重可分為以下幾種不同程度的協助或提示：獨立完成、口語提示（直接口語提示、間接口語提示）、視覺提示（手勢提示、圖卡提示）、動作示範、身體協助（部分協助、大量協助）。

1. 獨立完成

獨立完成意指學生能夠自己完成，不需他人協助或提醒。此種情況應代表學生已完全習得此一行為，也會自動應用在實際情境中。

2. 口語提示

表示學生需他人口語提醒，才能表現出適當行為。直接口語提示即直接要求學生表現出適當行為，例如學生不小心碰撞他人，直接提醒他「跟他說對不起」；間接口語提示則以間接方式提醒學生該表現之適當行為，例如提醒他「你不小心撞到別人，應該跟他說什麼？」

3. 視覺提示

視覺提示意指透過手勢、動作、圖卡等視覺線索，提醒學生表現出適當行為。例如學生上完廁所後，教師以手勢提醒他記得壓下沖水鈕沖水；又如學生不知如何拉開易開罐，教師以動作提醒他正確的做法；教師在門口的木板畫上鞋子圖示，提醒學生進入屋內需脫鞋，且將鞋子整齊擺放在木板的鞋子圖樣上。

4. 動作示範

動作示範即當學生無法表現出適當行為或發生錯誤時，教師示範正確的行為，然後讓學生依其示範動作重做一次。例如學生不會把垃圾掃入垃

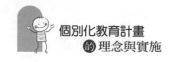
圾桶內，教師示範一次，然後要求學生再做一次。

5. 身體協助

　　身體協助即教師以自己的身體協助學生表現出適當行為。部分身體協助即給予較少量之協助，例如教師僅將手放在學生之手上，協助學生按下馬桶沖水鈕；大量身體協助則指教師提供較大量之身體協助，讓學生能順利完成動作表現，例如教師雙手握學生的雙手，協助學生扭乾毛巾。

(三) 評量通過標準

　　評量通過標準即教師預設學生習得教學目標所應達成的程度，或學生對目標的精熟度。一般較常以完成百分比代表之，若預設通過標準為 80%，代表學生只要達成教學目標的 80% 即算通過此一教學目標之評量。

　　評量通過標準的寬嚴可能與學生的能力、工作難度、該項教學目標的重要性、該項教學目標精熟程度的重要性等因素有關。若學生能力低（例如學生智力功能低）、工作難度高（例如三位數除法）、教學目標的重要性較低（例如能說出屏東地區的四種主要農作物）、精熟程度要求較低（例如會擠出適量牙膏），則預設之通過標準較低；反之，則需設定較高之通過標準。郭生玉（2004）認為教學目標之精熟或通常標準應以80%～85% 為宜。一般而言，被列入教學目標者，通常皆為個別化教育計畫會議及教師認為學生應該具備之能力，且若教師對學生之能力現況能充分認識，設定之教學目標應符合學生能力現況，因此，個別化教育計畫之學期教學目標的通過標準，仍以設定至少需達 80% 的精熟程度才算通過為宜，低於此一精熟水準，若非教學目標不符學生能力現況，即代表學生尚未充分習得此一教學目標。對於較重要、較基礎的教學項目，甚至需設定 100% 之正確性。例如注音符號認讀與拼音、九九乘法背誦、數學計算、文字認讀與書寫等，即需設定 100% 之正確性，否則即使僅部分錯誤仍可能對後續學習產生較嚴重之影響。

此外，評量通過標準可能包括幾種不同的行為表現方式，其一為行為頻率，其二為行為品質，其三為行為頻率與行為品質之綜合。行為頻率即指是否通過評量標準乃依學生對此一行為的表現頻率而定，例如「三餐用餐時會控制食量」、「走路會靠右邊走」、「聽到上課鐘聲會立即進入教室」，這些行為的評量標準並非在於行為品質，而是行為頻率或能否不需他人提醒自動表現出來。行為品質則指是否通過評量標準乃依學生表現出的行為品質而定，例如「會正確計算二位數的加法」、「會正確洗臉」、「會正確刮鬍子」，這些行為的評量標準並非在於行為頻率，而是依學生所表現出來的行為正確程度而定。有時行為目標的通過標準需綜合行為頻率與行為品質兩者，例如「上學前會自己穿上學校制服」、「早晨起床會自己刷牙」、「在餐廳時，會用口語表達自己的需求（要求點餐、要求加開水、要求結帳）」，這些行為的評量標準除考量行為頻率或自動性之外，尚需考量行為的正確性，綜合兩者才能評量學生是否達成教學目標。

(四) 判斷通過與否

判斷通過與否與預設之評量標準有關，預設之評量標準若為 80%，當學生完成教學目標的程度達 80% 即代表評量通過；反之，低於 80% 即代表此一教學目標未通過。如果通過標準採用前述的三等法或五等法，則每一等第的組距較大（例如 66%～100% 或 61%～80%），因此，即使判斷通過，但學生實際完成的程度仍可能有明顯差距。

(五) 教學決定

教學決定意指教學評量後，依學生達成教學目標程度，教師對此一教學目標是否繼續教學所做的決定。若學生已達預設之精熟水準，則教學決定即為「通過」；若學生未達預設之精熟水準，但教師認為此一教學目標尚符合學生之能力現況，再經教學應可讓學生達到精熟水準，則教學決定即為「繼續教學」；若學生未達預設之精熟水準，教師亦認為此一教學目標尚符合學生能力現況，但需調整教學過程或部分教學內容後繼續教學，

則教學決定即為「調整」，教師可明確說明需調整之教學過程或教學內容，例如教師發現學生對「會正確計算二位數乘法」之教學目標，未能達成預設通過標準的主要原因是學生對九九乘法的背誦仍不夠熟練，若要求學生熟背九九乘法，再教學後應可達成此一教學目標，則教學決定即可註明「調整」，調整內容為「先背熟九九乘法表，再繼續教學」；若學生未達預設通過標準，但教學者就教學過程觀察，此一教學目標不符學生能力水準，現階段不適合列入教學目標，則教學決定即為「刪除」或「改列為下學年之學期目標」。

五、評量方式與評量標準的代表符號設定

由於個別化教育計畫表格的欄位空間有限，不太可能每一個學期目標之評量方式與評量標準都使用具體文字說明，因此，通常個別化教育計畫表格，對每一個學期目標的評量方式與評量標準都會使用代表符號，並於個別化教育計畫表格學期目標整體欄位之最下方，統一說明這些符號所代表之意義。例如以表 7-9 之符號代表各項評量方式與評量標準。

評量方式與評量標準使用的符號並無統一規範，不過，使用時應注意幾個原則：(1) 如果能用文字說明，盡量使用簡潔文字，便於家長及相關人員閱讀，例如評量方式若為「觀察」，則寫成代號「1」或「A」，都不如以「觀」字代表觀察法，更易於理解。尤其當使用的符號甚多時，若未以具體文字代替，則各英文字母或各抽象符號所代表的意義即更易於混淆；(2) 如果使用英文字母做為符號，盡量使英文字母與代表文字具有關聯性，例如教學決定，以「P」代表通過（pass）、以「C」代表繼續（continue）、以「M」代表調整（modify）、以「D」代表刪除（delete），將比採用 A、B、C、D 或 1、2、3、4 代表這些文字，更具有相關性；(3) 使用之符號需考量家長的理解程度。例如採用英文字母或其他較為抽象之符號，即需考量家長能否理解英文字母符號。

表 7-9　評量方式與評量標準之代表符號

- 評量方式──「觀」：觀察；「口」：口頭；「指」：指認；「實」：實作；「寫」：書寫；「其」：其他（請說明）。
- 提示的評量標準──「獨」：獨立完成；「直提」：直接口語提示下完成；「間提」：間接口語提示下完成；「手」：手勢提示下完成；「視」：視覺提示下完成；「示」：示範動作下完成；「部身」：部分身體提示下完成；「大身」：大量身體提示下完成。
- 達成的評量標準──5：100%～80%；4：80%～60%；3：60%～40%；2：40%～20%；1：20%以下。或者直接使用百分比法（盡量設定80%以上之精熟水準），不使用等第法。
- 評量結果──＋（或○）：通過；－（或×）：未通過
- 教學決定──「P」或「通」：通過；「C」或「繼」：繼續教學；「M」或「調」：調整；「D」或「刪」：刪除。

Chapter **8**

行為功能介入方案與
行政支援

　　具情緒與行為問題的學生所需之行為功能介入方案及行政支援，是《特殊教育法施行細則》（2013）第 9 條所訂個別化教育計畫的內容之一。學者估計，注意力缺陷過動症（Attention Deficit Hyperactivity Disorder, ADHD）學生出現率約 3%～7%，情緒行為障礙學生出現率約 6%～10%（Hallahan, Kauffman, & Pullen, 2012），不過，障礙程度輕重不一，並非所有注意力缺陷過動症學生或情緒行為障礙學生皆需接受特殊教育或皆需加以鑑定及安置，因此，實際經鑑定確認之出現率統計通常低於學者之推估。2009 至 2010 學年度，美國情緒行為障礙學生佔所有身心障礙學生 6.9%，佔所有在學學生不到 1%（Heward, 2013），不過，在美國許多 ADHD 學生可能被歸入「其他健康問題」（other health impairment），若將 ADHD 學生再加入，則實際出現率應更高。依教育部特殊教育通報網（http://www.set.edu.tw/）的統計，105 學年度臺灣地區情緒行為障礙學生，佔各教育階段身心障礙學生的比例為：學前佔 0.33%，國小佔 6.69%，國中佔 6.09%，高中職佔 6.79%。若再將其他各類障礙學生伴隨情緒或行為困擾者加入，則實際之出現率將高於此數據。除障礙類別為情緒行為障礙的學生外，一般而言，自閉症、智能障礙、學習障礙等障礙類別，伴隨情緒行為問題的比例較高。依《特殊教育法施行細則》之規定，不管障礙類別為何，只要該生具有明顯的情緒與行為問題，其個別化教育計畫即需包括行為功能介入方案及行政支持。因此，此一方案適用對象包括情緒行為障礙學生及其他障礙伴隨情緒行為問題的學生。

　　情緒行為障礙學生或具有情緒行為問題的學生，是教師班級經營最感困擾的教育對象，尤其具有外向行為困擾者（external behavior disorders）（例如違抗、攻擊、干擾、哭鬧、爆發情緒等），更可能造成特殊教育教師與普通班教師教學輔導上明顯的困擾與壓力。各種障礙類別、各種教育安置的學生都可能伴隨情緒行為問題，不過，情緒行為障礙學生最常安置於資源班或巡迴輔導班，因此，也是普通班教師經常需直接教學輔導及需與特殊教育教師合作輔導的障礙類別之一。此外，安置於特殊教育學校、集中式特殊教育班之認知功能嚴重缺損的學生，也可能有較高比例伴隨情緒行為問題。本章將說明行為功能介入方案的意義，及行為功能介入方案的內容與實施過程，包括以下各節：行為功能介入方案的意義、界定目標行為、行為功能評量、行為功能的假設與驗證、發展行為介入與支持方案、行為功能介入與支持方案執行與調整等（李翠玲，2014b；林惠芬，2008；鈕文英，2016；McConnell, Hilvitz, & Cox, 1998）。

第一節　行為功能介入方案的意義

　　美國 IDEA 法案規定，兒童的行為問題若妨礙自己或他人之學習，則個別化教育計畫委員需考量在該生的個別化教育計畫中，納入正向行為介入與支持（positive behavioral interventions and supports）及其他策略。此外，IDEA 法案並規定，教育單位需加強職前教育、特殊教育教師、普通班教師、相關專業人員，有關正向行為介入與支持的知識，以改善學生的教室行為。主管機關對地方教育單位提供正向行為介入與支持，也應給予協助。

　　對於學生的行為問題，以往多著重於行為改變技術（behavior modification）之應用，強調學生的不當行為受其行為後果之影響，如果行為所獲得的結果令個體滿意，則此一行為自當受到強化；反之，如果行為所得到的結果令個體覺得厭惡，則此一行為即會被抑制。因此，就行為

增強原理而言，不當行為之所以無法消除或甚至惡化，主因來自該不當行為的結果受到不當的增強所致。若能控制行為後果，則不當行為即能受到抑制或消除。

行為改變技術對不當行為的處理有幾個重要理念或原則：(1) 行為是環境的函數，環境代表引發不當行為的背景條件與行為的後果條件；(2) 引發不當行為的背景條件即使不同，但行為處理的原則卻一致，亦即不管行為的原因為何，控制行為後果皆能有效抑制此一不當行為；(3) 不管正向行為或不當行為，皆受增強因素所控制；(4) 行為後果控制可採用正增強，以培養與不當行為相互抵制之正向行為，或採用負增強，迫使個案為逃離厭惡刺激而表現正向行為；或採取懲罰、消弱，使不當行為因承受厭惡後果、未獲增強而受到抑制或消弱；(5) 評估行為處理策略是否有效，主要由不當行為是否受到抑制或消除加以判斷。

應用增強原理的行為改變技術，固然可能消除個案許多不當行為，不過，卻也產生若干限制：(1) 採用正增強以引發正向行為，易形成對個案之賄賂，也可能引發個案間對增強公平性之爭議；(2) 引發不當行為的背景因素若未改善，或不當行為背後之需求若未獲滿足，則不當行為即使暫被抑制，仍將再起或以另一形式的不當行為再起，產生症狀替代現象（鈕文英，2016）；(3) 個案之環境若未改善、正當需求若未滿足，則其生活品質仍未獲改善；(4) 嫌惡刺激之應用，可能對個案身心造成傷害，也易引發倫理爭議；(5) 不同個案、不同行為，其引發不當行為的環境因素與需求也可能不同，若未顧及這些條件之個別差異，則行為處理效果有限，即使有效，其效果亦可能只是短暫的；(6) 抑制不當行為，若未同時培養個案之正向行為，則不當行為縱被抑制，仍難發展出適應社會所需之正向行為。

鑑於以往過於強調後果管理的行為處理策略之限制，90 年代，興起行為功能評量與正向行為支持之理念。此一理念重視以下不當行為處理的理念與原則：(1) 不當行為起自不當的環境條件，包括物理環境、生理環

境、心理環境、管理環境、教育環境、社會環境等；(2) 不當行為既起因於不當的環境條件，因此，處理行為問題首需評估及改善環境條件；(3) 改善個案所處環境條件，不但有助於預防、減低不當行為的產生，且可改善個案生活品質及所受待遇；(4) 任何不當行為皆隱含一種需求的表達，個案尚未習得以正當方法表達其需求，因此，表現在外為不當行為，實則為內在需求的表達方式；(5) 個案需求若未獲得滿足，則不當行為即使獲得抑制，但終將再度出現或改以另一形式出現；(6) 處理行為問題應重視再教育的觀點，培養學生以正向行為或社會可接受行為取代不當行為，以表達其需求；(7) 以行為後果處理行為問題，固然亦包含檢討不當行為所受到的不當強化，但其重點更應置於增強學生以正向行為取代不當行為，表達其合理需求，而非以嫌惡刺激懲處及抑制其不當行為的產生；(8) 改善引發不當行為的環境因素及培養學生以正向行為表達需求，行為處理效果才可能持久，才是治標與治本的有效方法。

行為功能介入方案（behavioral function intervention program）包含幾個重要成分或概念：

(一) 行為

方案所要處理的行為，意指表現在外的具體行為，是可觀察、可測量之不當行為，而非代表不當行為的類別用詞或形容詞。例如「用嘴咬傷同學的手」即符合可觀察、可測量之特質，但「具攻擊性」、「攻擊行為」或「傷人行為」則屬描述行為的形容詞或行為類別，而非明確外顯行為，不符合可觀察、可測量之特質。

此外，方案除要處理不當行為外，也需培養學生正向的替代行為，同樣的，此一正向行為也需具有可觀察、可測量之特質，亦即需明確告知學生所應表現之正向行為，而非僅提示行為原則。例如明確告訴學生「如果你肚子餓，要跟老師說：老師，我肚子餓」，而非告訴學生「上課要守規矩」或「如果你肚子餓，要用適當方法表達」。

(二) 功能

功能（function）具有兩層意義，其一為函數關係（function）或因果關係，意即不當行為必事出有因，其起因常來自不當的環境條件。例如「學生早晨到校後，常哭泣」，可能起因於睡眠不足之生理條件，除非改善此一不利之睡眠條件，否則其哭泣行為將難以消除；其二為手段、目的或功能，意即不當行為所要表達之需求或所要達成的目的。每一不當行為之目的皆在於表達需求，如果需求是合理的，則應重新指導個案採用正向行為取代不當行為表達其需求；若為不合理需求（例如要求吃過多食物），則需指導個案因應與容忍技能，並調整環境（例如避免呈現過多食物、充實生活內容以轉移對食物的注意力），以避免引發不當行為。

(三) 功能評量

功能評量（functional assessment）意指評估引發個案不當行為之環境因素及評估個案不當行為所欲表達的需求。如果不當行為產生的主要原因來自不當的環境條件及來自使用不當的行為表達需求，則評估及確定這些環境因素及其需求，才能調整環境及指導個案改採正向行為表達其需求。有些不當行為可能調整環境後即可改善，例如因環境悶熱而引發個案無法坐在位子上；有些不當行為可能需指導個案改採正向行為表達需求，例如學習遭遇挫折，需學會以正向行為表達求助的需求；有些可能需兩者並進，一方面調整環境，另一方面指導個案正向行為，例如學習方面，教師一方面需採取有效的、符合個案能力現況的教材與教法，避免其學習失敗，另一方面需指導個案在遇到學習困難時，應採取的正向求助行為。

(四) 正向行為介入與支持

正向行為介入與支持（positive behavioral interventions and supports）意即確定個案不當行為所要表達之需求後，對其實施正向的、符合社會期待的、功能等值的行為訓練（functionally equivalent behavior training）。例如前述個案因睡眠不足而有到校哭泣的行為，其哭泣即在表達對睡眠的

需求。事實上，合理的睡眠時間本是個案之權利，因此，教師即應指導個案以口語表達、以肢體動作表達、以溝通圖卡表達等各種可能之正向的、符合個案身心狀況與能力現況的表達方式，傳達其對睡眠的需求。

介入（intervention）代表對正向的、功能等值行為的教導或訓練，例如教師利用各種教學策略，指導無口語能力的學生應用溝通圖卡表達其睡眠需求；支持（support）則代表實施行為介入措施所需之相關支持措施或設施設備改善。例如針對學生睡眠不足的問題，可能需親職教育及邀請家長配合，也可能需學校提供必要的睡眠設備以滿足學生所需；針對學生不斷哭鬧的行為，則可能需提供教師相關人力支援、減少班級人數等措施。

第二節　界定目標行為

為了解目標行為現況、發展行為功能介入方案、評估方案執行成效，皆需先明確界定目標行為。以下說明身心障礙學生的行為問題及目標行為的界定方法。

一、身心障礙學生的行為問題

依教育部所訂《特殊教育法施行細則》第9條，個別化教育計畫需包含行為功能介入方案者，包括兩類學生，其一為鑑定類別是情緒行為障礙的學生，其二為鑑定類別並非情緒行為障礙，但亦具有情緒行為問題者。不過，並非只要學生具有情緒行為問題，其個別化教育計畫皆需包括行為功能介入方案，而是該生之情緒行為問題經個別化教育計畫會議評估，已明顯影響個人或他人之學習或生活適應，或影響教師之班級經營者。事實上，多數身心障礙學生皆可能具有程度不一之情緒行為問題，如果學生之情緒或行為問題較輕微，只需經由社會技巧之教學或相關教學環境之調整即可，亦無須列為行為功能介入方案之訂定對象；但如果學生之情緒行為問題較嚴重，則即使該生經鑑輔會鑑定之障礙類別並非情緒行為障礙，其

個別化教育計畫仍需納入行為功能介入方案。

依據教育部所訂《身心障礙及資賦優異學生鑑定辦法》（2013）第 9 條，情緒行為障礙之定義為：長期情緒或行為表現顯著異常，嚴重影響學校適應者；其障礙非因智能、感官或健康等因素直接造成之結果。情緒行為障礙之症狀，包括精神性疾患、情感性疾患、畏懼性疾患、焦慮性疾患、注意力缺陷過動症、或有其他持續性之情緒或行為問題者。其鑑定基準如下：(1) 情緒或行為表現顯著異於其同年齡或社會文化之常態者，得參考精神科醫師之診斷認定之；(2) 除學校外，在家庭、社區、社會或任一情境中顯現適應困難；(3) 在學業、社會、人際、生活等適應有顯著困難，且經評估後確定一般教育所提供之介入仍難獲得有效改善。

情緒行為症狀包括以下情緒行為問題：(1) 精神性疾病，例如思覺失調症；(2) 情感性疾患，例如憂鬱症；(3) 畏懼性疾患，例如懼學症、恐慌症、社交恐懼症、特殊情境恐懼症（例如懼高症、密閉空間恐懼症等）；(4) 焦慮性疾患，例如泛慮症、分離焦慮症、強迫症、選擇性緘默症等。

就前述條文而言，情緒行為障礙學生包括精神或情感異常、注意力缺陷過動症（ADHD）等兩個主要類別，前者表現較多者可能為內向性的行為（internalizing behavior），後者表現較多者則可能為外向性的行為（externalizing behavior）。

根據《精神疾病診斷與統計手冊第五版》（DSM-5），ADHD 學生具有三個主要的核心症狀：(1) 注意力缺陷（inattention）：例如持續專注困難、無法注意細節、無法專心傾聽、無法遵從指示、難以完成功課或工作、行事缺乏計畫、經常遺忘物品或事情、易於分心、排斥參加需持續專注之活動；(2) 過動（hyperactivity）：手腳動個不停、無法持續坐在位子上、無法安靜的從事或參與休閒活動、跑來跑去、過度跑跳攀爬、多話；(3) 衝動（impulsivity）：經常打斷別人談話、別人問題尚未說明即搶著回答、無法依序等待。

ADHD 學生除上述三個核心症狀之外，也可能具有許多伴隨的行為

問題（comorbid disorders），包括：(1) 對立違抗行為，例如不服從、與人爭辯、違抗指示或規範等；(2) 品行問題，例如欺騙、偷竊、破壞他人財產、打架、縱火、逃學、逃家、酗酒、藥物濫用等；(3) 精神或情緒問題，例如睡眠障礙、憂鬱、網路成癮等（黃惠玲，2008；蔡明富，2010）。

此外，許多其他類別的身心障礙學生也可能伴隨行為問題，其中又以自閉症、智能障礙、學習障礙等最為可能。身心障礙學生可能伴隨以下行為問題（鈕文英，2016）：

(一) 固著行為

指長時間、一再重複某些特定行為，這些行為僅具少許或不具社會意義，包括動作固著（例如含手、咬唇、吞空氣、擠弄眼睛、旋轉身體、磨牙等）、口語固著（例如尖叫、發出怪聲、隱喻語言、鸚鵡式複述、重複問相同問題等）、強迫性收集行為（例如不斷收集瓶子、紙張、垃圾等）、不當戀物行為（例如經常攜帶棉被、石頭等）、抗拒改變（例如走固定路線、反覆聽同一首歌、坐固定位子等）。

(二) 自傷行為

指蓄意或無意識地重複以各種方式傷害自己，導致身體傷害或影響健康，包括：(1) 自打、撞擊，例如撞頭、打臉、打腿等；(2) 咬、吸吮身體部位，例如咬嘴唇、咬手指、吸吮身體部位等；(3) 抓、拔、扭、擠、摳、刺、戳、挖身體部位，例如抓頭髮、抓臉、擠眼珠、摳手、刺耳朵等；(4) 吞吐空氣，例如吞氣、過度換氣、摒住呼吸等。

(三) 攻擊行為

攻擊行為意指有意或無意的對他人做身體或口語上的攻擊，例如以手或持物打人、推人、破壞物品、大罵等。

(四) 干擾行為

干擾行為即做出一些干擾他人遊戲、上課的行為，例如製造噪音、敲打桌椅、跑來跑去、唱反調、嘲笑他人等。

(五) 不適當的社會行為

不適當的社會行為指表現出違反社會規範或不合禮儀的行為，例如逃學、曠課、說謊、偷竊、公眾場合大小便、對他人不當碰觸、不當性行為（例如公開場合自慰、撫摸性器官等）。

(六) 特殊情緒困擾

特殊情緒困擾指伴隨特定性情緒障礙，例如憂鬱症、焦慮症、選擇性緘默症、人格異常等。

(七) 身體調節異常

指身體在日常生活所需之攝取或代謝的調節上，產生運作失調的現象，包括：(1) 飲食異常，例如食後反芻、異食癖、厭食、貪食等；(2) 排泄異常，例如遺尿、大便失禁等；(3) 睡眠異常，例如夢遊、嗜睡、夢魘等。

二、界定目標行為

界定目標行為需明確說明目標行為、配合適當的量化數據、採用適當行為記錄方法、排定行為處理的優先順序等。

(一) 明確說明目標行為

為處理學生行為問題及評估處理成效，首先需對目標行為加以明確界定。例如只以「愛發脾氣」界定行為問題，若未明確指出確切行為，則不但因範圍過大難以處理，且亦難以評估處理成效；反之，若以「不高興就摔椅子」界定目標行為，則行為問題即甚明確，行為處理是否有效也易於評估。明確界定目標，除應用於不當行為的觀察與記錄外，如前述，亦設

定正向行為的培養為學期目標，需對欲建立之正向目標行為做明確敘述。

　　界定目標行為應注意可觀察與可測量此兩項特質。可觀察即為具體描述學生外在表現之行為（例如遇到不會寫的功課就放聲大哭），而非以障礙類別（例如自閉傾向）、概括性行為類別（例如逃避學習）、形容詞（例如具攻擊性）等，描述目標行為；可測量即指所描述之目標行為應可加以計數或測量。可測量的行為除意指外在表現的行為，也代表可對該行為加以計量。例如「違反學校的上學時間規定」、「上學遲到」、「超過7：40才到學校」三者，以最後一項描述行為的方式，最有利於對該目標行為加以測量。表 8-1 舉出幾項目標行為界定明確與不夠明確之實例。

表 8-1　目標行為界定明確與不明確之實例

行為類別	界定不夠明確	界定明確
固著行為	不當的戀物行為	口袋裡裝了許多石頭
	抗拒改變	上學堅持要走固定路線
干擾行為	愛唱反調	故意反對老師的意見
	製造噪音	上課時不斷以筆敲打桌子
攻擊行為	冒犯師長	上課時大聲罵老師
	欺負同學	經常出拳打比他弱小的同學
身體調節異常	不會控制飲食	用餐時會吃下過多食物
	偏食	不吃綠色蔬菜

　　除明確界定行為外，也應具體說明此一行為對個案本身及對同儕、家人、相關人員所造成的影響，藉以評估行為問題的嚴重性及其所需支持。例如甲生上課鐘響後，至少需延宕 10 分鐘才會進教室，乙生則常在上課時哭泣，兩位學生雖皆表現不當行為，但甲生的行為只對自己的學習造成影響，乙生的行為則不但影響自己的學習，也影響全班的上課狀況。即使兩位學生皆在上課鐘響後至少延宕 10 分鐘才會進教室，但若其中一個學生延宕進教室期間會跑出校外，另一學生則只會在校園內各班級間到處走

動，則兩位學生雖皆表現相似之行為問題，但前者對學生、對學校的影響程度顯然大於後者。

(二) 目標行為的量化資料

為便於測量及評估行為處理成效，目標行為現況界定最好能夠加上相關之計量，包括以下量化參數（陳榮華，2013）：

1. 次數資料

次數資料指特定時間內行為發生的次數，包括頻率、速率、達到標準所需練習次數：(1) 頻率：即特定時間內行為發生的次數，例如每天哭泣四至五次、每週超過 7：40 才到校的天數三至四天、每節課離開座位三至四次。一般而言，學生行為發生的頻率並非固定不變的，因此，提供行為的次數資料可以將特定時間內的行為頻率皆列出來，並算出平均頻率。例如統計最近一個月學生每天到校時間超過 7：40 的各個日期，及算出每一週及一個月在出席總日數中，學生在 7：40 以前到校的日數及其佔各週、一個月總出席日數的比例，以利了解遲到頻率較高的週次及據以分析遲到的可能因素；(2) 速率：是指每分鐘或每小時的反應次數，通常用於評估行為之熟練或流暢程度，例如一篇文章，學生平均一分鐘可以正確認讀 100 個字；或學生平均一小時可以跑完五公里。雖然行為問題通常較少使用速率的資料，不過，亦可做為行為處理的輔助資料，例如隨學生在教室內哭泣的行為次數降低，評估其每分鐘算對二位數加法的題數或數學加法計算速率是否亦提升；(3) 達到標準所需練習次數：指評估學生達到預設標準所需的練習次數，所需次數較少代表學生的能力佳、任務難度低或教學策略佳；反之，則代表學生能力較低、任務難度高或教學策略成效不佳。一般而言，行為問題處理較少使用此一量化資料，但指導學生正向支持行為時則適用。

2. 時間性資料

　　時間性資料包括行為發生的時間、持續時間，延宕時間：(1) 行為發生的時間：即確認行為發生之時間，並由此一時間的當下情境，推測行為的可能原因。例如上課時趴在桌上睡覺，若發生於上午 8～9 點，則可能與夜間睡眠不足有關，若發生於上午 12 點，則可能是想睡午覺；若哭泣行為發生於近中午時間，則可能與肚子餓或想睡覺有關；若爆發脾氣摔桌椅發生於每週二上午 10：00 的自然課，則可能與此一課程情境的同儕關係、師生關係、環境因素、教學因素有關；(2) 持續時間則表示某一行為的持續時距。有些行為發生頻率雖不高，但持續時間卻很長，例如學生上課睡覺，每次都超過 20 分鐘，雖一節課只睡一次，但睡覺卻已佔去一半的上課時間；或有些行為每次發生之持續時間皆不同，則可計算特定時間內行為發生之總持續時間。例如學生每節課上課哭泣的次數不一，每次哭泣的持續時間也不一，則可計算該生一天中哭泣的總持續時間，亦可將每次哭泣的持續時間列出，並探討不同行為持續時間的可能原因；(3) 延宕時間是指在刺激呈現到引發反應所需的時間。例如學生在聽到上課鐘聲到其走進教室，所需的延宕時間；或老師要求學生寫作業，到學生真正開始動筆書寫所需的延宕時間；或聽到鬧鐘聲到身體真正離開床鋪的起床延宕時間。

3. 百分比資料

　　百分比資料指行為發生次數或時間佔總次數或總時間的比例。當總次數或總時間不同時，百分比資料即特別重要。例如學生在總題數各為 10 題與 20 題的兩份試卷，雖皆答對五題，但其答對百分比卻有明顯差異；又如某生在 10 分鐘與 40 分鐘的不同上課時間內，雖然哭泣時間皆為五分鐘，但其各佔總上課時間百分比卻不同。百分比資料可以分為次數百分比與時間百分比：(1) 次數百分比即行為發生次數佔總反應次數之百分比，例如老師一節課要求學生回答 10 次，但學生只答對其中五次，答對次數百分比即為 50%；或老師一節課每隔四分鐘觀察學生一次，總觀察次數

為 10 次，其中學生看窗外次數為五次，則看窗外次數百分比即為 50%；
(2) 時間百分比即行為發生持續時間佔總時間之百分比，例如學生在 40 分鐘的一節課中，未正視黑板或老師的合計時間為 20 分鐘，則其未專注的時間比例即為 50%。

4. 大小及強弱資料

　　有些行為其嚴重程度也可由量化資料顯示出來，若配合數據則不但可看出行為的嚴重程度，也可評估行為處理之成效。例如某生在教室中尖叫的音量達 90 分貝；某生吃過量食物，每餐會吃下四碗飯；某生每天在學校至少會不當碰觸五位同儕的身體；某生跑出校園以外超過三公里距離。教師及個別化教育計畫成員藉由學生這些行為大小及強弱資料，也可評估行為嚴重程度及處理效果。

(三) 採用適當的行為記錄方法

　　行為記錄需採用適當之記錄工具與方法，若為頻率資料，只要記錄發生次數即可，若與重量、音量、長度或距離有關，則需分別採用適當的計量工具與方法。一般會採用以下幾種方法：

1. 連續記錄法

　　連續記錄法即將某一特定時間內，從頭到尾觀察目標行為出現之總次數或測量其總持續時間。在計算次數方面，例如教師觀察及記錄學生以下行為：一天在校的總時間內，與同學發生爭吵的總次數；一節課 40 分鐘之內，發生未經思考即搶答的總次數；一節課 40 分鐘內，離座的總次數；在持續時間方面，例如教師觀察及記錄學生以下行為：一節課哭泣的總持續時間；一節課眼睛未看黑板或教師的不專注行為，其總持續時間；一節課，離座的總持續時間等。

　　連續記錄法適用於行為頻率較低，或有專人擔任行為之觀察與記錄者。此一方法可以最準確記錄學生完整的行為頻率或行為的總持續時間，不過，其所需的人力與觀察記錄時間也最多，如果由教師擔任觀察與記錄

者，也較可能對教師之教學造成干擾。

2. 時距記錄法

時距記錄法即選定某一特定時間（例如一節課、一個上課日），並將此一時間分成數個相等的時距或時段（例如每五分鐘、每一小時），然後觀察每一時距內目標行為是否發生。不論一個時距內目標行為發生多少次，只要出現目標行為一次，該時距都記錄為一次或已發生。例如教師觀察學生一節課看窗外的次數，將 40 分鐘的一節課，每四分鐘分為一個時距，共分為 10 個時距。只要學生在同一時距的四分鐘之內出現看窗外的行為一次或一次以上，該時距即記錄為「已發生」。一節課完成後，即可統計目標行為發生之頻率或比率。如果 10 個觀察時距中，有五個時距學生出現看窗外的行為至少一次，則行為頻率為五，目標行為比率為5/10=50%，意即在總觀察的 10 個時距中，其中有五個時距學生曾出現看窗外的目標行為。

採用時距記錄法，對於頻率較低的行為，其時距可設定為每一時距約出現目標行為一次。此外，時距時間長短也需考量觀察與記錄之方便性，如果時距太短（例如兩分鐘），觀察頻率過高，也可能對擔任觀察與記錄之教學者產生困擾。

時距記錄法較適用於以下情境：行為頻率較高的行為、無須精確統計發生頻率的行為、避免觀察與記錄對教學者造成干擾。相較於連續記錄法，時距記錄法雖然準確性較低，難以精確統計目標行為實際發生的次數，但卻可省下許多觀察與記錄的時間，對教學也較不致造成太大干擾。

3. 時間取樣記錄法

時間取樣記錄法即選定某一特定時間（例如一節課、一個上課日），並將此一時間分為數個時距（例如每 10 分鐘、每一小時）。時距時間可以固定一致（例如皆為每 10 分鐘），也可以依實際狀況採用不同時間長短時距，例如上午行為頻率較高，時距可設定較短（例如以每 10 分鐘為一個時距），下午行為頻率較低，則設定之時距較長（例如以每 20 分鐘

為一個時距）；或者上午與下午的課程，每節課的時間不同，亦可設定上午與下午不同的時距。

觀察時，只需在時距即將結束的時間觀察目標行為是否發生即可，不必如時距記錄法，需注意整個時距內目標行為是否發生。例如以 10 分鐘為一時距，只需在 10 分鐘到達前 10 秒觀察目標行為是否發生即可，若在此一觀察的短暫時間內出現目標行為，則記錄為出現一次或記錄為目標行為已發生。整個觀察結束後，統計目標行為出現的頻率或比率。例如總共有 10 個時距，若其中五個時距出現目標行為，則行為頻率即為 5/10=50%。

時間取樣記錄法的觀察時距長短設定，對於頻率較低的行為，可採每一時距目標行為約出現一次為設定原則，不過，時距也不宜設定太短，否則仍將對教學者兼記錄者產生教學之困擾。此一記錄法適用的情境類似於時距記錄法，但其對教師教學之干擾更低，不過，目標行為頻率數據的準確性也較低。

(四) 排定行為處理的優先順序

多數身心障礙學生皆可能伴隨嚴重情況不一的行為問題，有些行為問題雖與常態社會不符，但對個案與他人的學習及社會適應並未造成負面影響或者只是偶爾出現，並非持續性的行為（例如有時剔牙後喜歡聞一下異味、不吃肉等），則需尊重學生自決，無須加以處理。個別化教育計畫成員需區分個別差異或行為問題之差別，而非任何「不符期待」的行為皆欲改變之；有些行為問題屬於教學問題，只要提供適當的教學或行為訓練，即可改善此一行為問題（例如與人共同用餐不會使用公筷母匙、遇到不會寫的作業就哭泣等），有些行為與環境因素或行為後果之間，具有明確關係，且調整這些環境因素或後果因素的難度不高（例如教室動線安排、改善環境空調設備等），這些行為問題皆在尊重個案、提供教學、改善環境、調整行為後果之後，即可獲得明顯改善，它們雖仍需列入個別化教

育計畫中的教學目標或支持計畫中，但並無須進一步擬定行為功能介入方案。因此，並非所有身心障礙學生的行為問題皆需加以改變，也並非所有行為問題皆需擬定行為功能介入方案。通常需擬定行為功能介入方案者，都是持續性的、明顯影響個案或他人之學習或社會適應的行為問題。

身心障礙學生較嚴重的行為問題通常不僅一項，各項行為問題之間可能相互獨立，也可能互有關係，因此，教師及個別化教育計畫成員需評估行為問題處理的優先順序。評估行為處理的優先順序，可從三個方面思考：對生命或健康的威脅程度、行為的影響程度或嚴重程度、行為屬於原發或續發。

1. 對生命或健康的威脅

不當行為如果對自身或他人的生命或健康造成威脅，需列為優先處理的目標。例如有的學生會爬上高樓企圖跳下；有的會用刀片割腕；有的會在車子行駛中突然跳下；有的會推同學跳下樓；有的會拿剪刀刺他人等，這些行為都可能威脅自身或他人之生命安全，是優先處理的目標行為。一般而言，行為問題若威脅學生自身或他人的生命，或傷害自己或他人身體，通常對學校、教師所造成的壓力最大，也常是學校及教師認為最需優先處理的行為問題。

有些行為則可能對學生本身或他人的健康造成威脅，例如用餐時會吃下過多食物、會將異物放入班級午餐餐桶、會用手摳傷口或戳眼睛、會吞食異物等，這些行為雖不致危及生命，但卻對健康造成威脅，因此，其優先順序也僅次於威脅生命、傷害身體之不當行為。

2. 行為的嚴重程度

行為嚴重程度也是決定處理優先順序的考量要項之一，愈嚴重的行為、對個人及對他人影響愈大的行為，愈需優先處理。例如某生上課時，同時有搶答及跑出教室外的行為，就影響其個人學習而言，前者影響程度較小，後者則影響程度較大；或某生上課時，同時有口頭阻止他人回答與用手拉扯阻止同學回答等兩種問題，就影響同儕學習而言，前者影響

較小，後者則影響較大；又如某生同時有上課離座與用頭撞牆的行為，就對個人影響而言，前者只影響其學習，影響較小，後者則傷害身體，影響較大；或某生同時有上課哭泣與在樓梯推倒同學等兩種行為問題，前者只影響班級同儕之學習，影響較小，後者則可能造成同儕受傷，威脅同儕安全，影響較大。

3. 行為的原發性或續發性

有些行為屬於原發性，有些行為屬於續發性，原發性的行為若獲得有效處理，則續發性的行為也可能因而消失；反之，只針對續發性的行為加以處理，原發性的行為若未處置，則即使續發性的行為暫獲控制，但仍將再起。因此，原發性的行為應列為優先處理之目標。例如某生因不當碰觸同儕身體而被同儕排斥，拒絕他加入遊戲，於是該生即常在午餐餐桶中故意放入石頭。就該生此兩項不當行為而言，前者屬於原發性的行為，後者則屬於續發性的行為。若前一行為未獲處理，則即使該生不再放入異物於餐桶，仍可能採取其他破壞性的行為；反之，若優先處理該生不當碰觸同儕身體的行為，則其與同儕關係即可改善，重新被同儕接納，該生其他破壞性的行為也可能因而消失。

第三節　行為功能評量

行為功能評量是探討目標行為發生的環境因素與後果因素，以及行為所欲達成的目的，以確定行為的因果關係。就行為的 A（antecedents，前置條件）-B（behavior，行為）-C（consequences，行為後果）法則而言，一個不當的目標行為來自不當的環境因素（至少就個案立場而言，環境是不當的），此一環境因素造成個案某一需求受到壓抑或未獲滿足，於是產生目標行為。目標行為產生後，若其後果為承受個案所認為的厭惡刺激，則此一目標行為可能受到抑制，但環境因素並未改變，則目標行為仍將再起或以另一形式再起；如果目標行為出現後，反而獲得對個案而言是正向

的增強，則目標行為將被強化，即使環境因素已被改變，但個案仍可能為獲得正增強而持續出現目標行為。

以下分為行為前置條件評量、行為後果條件評量、行為功能或需求評量、行為功能的評量方法，分別說明之。

一、行為前置條件評量

行為前置條件的評量即評估引發目標行為可能的環境因素。一般而言，行為的環境因素包括物理環境、生理環境、心理環境、管理環境、教學環境、社會環境等。這些環境之確切內容可能隨學者不同而有不同界定，就引發個案目標行為的各種環境而言，可能各自獨立，也可能互有關聯或引發交互作用。例如當物理環境較悶熱時，如果個案怕熱或適逢個案亦想睡覺，則引發「上課打瞌睡」此一目標行為的可能性即更高。

(一) 物理環境

物理環境指個案所處的生活環境與教育環境之空間大小、光線、通風性、溫度、溼度、噪音、氣味、設備與設施、無障礙環境、生活輔具、座位安排、動線安排等。不當的物理環境不但可能引發個案的問題行為，也可能對教學者產生負面影響（McLoughlin & Lewis, 2008）。適當的物理環境則能提升身心障礙者的生活品質，避免行為問題產生，提高學習成效，也是保障身心障礙者基本權益的做法。例如空間擁擠，可能增加學生彼此間的衝突；光線不足，可能造成學生看不清楚上課內容，增加學習挫敗感；教室的音響設備無法滿足聽障生的需求，可能造成其學習困難、難以專注，而產生不當行為。

物理環境是否適當，可能具有普遍性，也可能隨學生身心條件不同而異。例如一般學生適合的照明與黑板字體大小，對弱視學生可能不適合；對一般學生適合的教室布置，對注意力缺陷學生而言，可能因干擾刺激太多而影響其專注。

(二) 生理環境

生理環境指個案之身體感官、行動能力、生理需求、體能、健康或疾病狀況,這些生理因素也可能是引發個案不當行為的因素,若生理條件限制與其他環境因素產生交互作用,則引發不當行為的可能性更高。有些障礙程度較重或表達能力較低的學生,可能無法表達自己的生理困境,而表現出各種的不當行為。例如學生睡眠不足、飢餓、疲勞、病痛等,都可能引發不當行為;如果個案處在這些不利生理條件下,再加物理環境的噪音過大或空間過小,則引發彼此衝突或爆發脾氣等不當行為的可能性即更高。

就障礙學生而言,除一般生理環境,可能尚包括特殊生理條件限制,例如視力障礙、聽力障礙、肢體動作及行動能力障礙、特殊疾病(例如心臟病、癌症)等。若未提供適當輔具、適當之物理環境或復健以因應其限制,則其因生活能力受限,產生不當行為之可能性亦提高。

此外,許多情緒行為障礙學生亦屬於生理或生化因素所致之疾病,若缺乏醫療介入之配合,則行為處理之效果將較受限制,例如精神疾病、注意力缺陷過動症、憂鬱症等。

(三) 心理環境

心理環境指學生的感受、情緒、信念、動機、自我控制、智力、學習能力等,這些心理條件本身即可能引發不當行為,也可能再與其他環境因素交互作用而更易於引發不當行為。例如某生情緒自我控制能力較低,本身即易引發激烈情緒反應或與人衝突,如果再加上教材難度較高而產生學習挫折,則引發不當行為的可能性即更高。又如某生學習動機低,上課較不願專注參與,且認為學業學習並無重要性,若加上物理環境的噪音較大,則離座或產生其他干擾行為的可能性更高。

(四) 管理環境

管理環境指生活及學習環境中,各種相關之管理措施、班級經營、規

定或辦法等。這些管理辦法若不合理或未考量不同學生之特殊需求,則往往也是引發不同目標行為的重要因素。例如規定學生每天需上午 7:00 到校,以致學生經常遲到而受到懲處或剝奪其權益;或規定凡上課鐘響遲進教室者,需罰寫生詞 20 行等,都可能引發學生之不當行為。

如果管理環境再與其他環境產生交互作用,則更易引發不當行為。例如規定需上午 7:00 到校,若學生本身具有動作困難之生理限制;或規定遲到教室者罰寫作業,若學生本身具有書寫困難或速度緩慢的問題,則這些規定引發學生情緒不滿及產生不當行為之可能性皆更高。

(五) 教學環境

教學環境指教材、教法、評量、作業、輔具應用等各種與有效教學或適性教學有關之條件。一般而言,這些教學條件如果符合學生之能力現況或身心條件,則較有利於學生學習,其學習參與度及學習成就感較高,引發不當行為的可能性也較低;反之,則不但不利於學生學習,且易因學習挫折而引發不當行為。

學生的障礙類別、障礙性質、障礙程度不同,其適合的教學環境也可能不同。例如學生如果具有視覺障礙、聽覺障礙、學習障礙等障礙,但教材、教法、評量、作業等未做適性調整,則將增加其學習困難而提高引發不當行為的機率。教學環境也可能再與其他環境產生交互作用,而更易引發不當行為。例如書寫困難的學生,若因評量方式未調整而致其產生挫折,如果再加上悶熱之物理環境或飢餓之生理條件,則引發其與同儕衝突的可能性即更高。

(六) 社會環境

社會環境指學生的人際關係、同儕接納、家人互動、師生關係等社會人際條件社會環境愈不利,學生情緒愈難穩定,引發不當行為的可能性即愈高。例如某生因社會技巧不佳,難獲同儕接納,其破壞同儕遊戲的可能性即較高;又如某生受家人排斥或常被教師責備,其引發激烈情緒反應的

可能性亦較高。社會環境也可能再與其他環境產生交互作用，而更易引發不當行為。例如某生被同儕排斥，若再加上教室座位安排的物理環境不當，未與同儕做適當間隔，則其與某些同儕衝突的可能性即更高。

二、行為後果條件評量

就增強原理而言，行為若獲得正向增強，則行為將被強化；若獲得厭惡刺激，則行為將受抑制。當然，正向或負向乃依個案本身主觀感受而定。例如一個用頭撞牆的學生，其所產生的疼痛感，對一般學生而言是厭惡刺激，但對該生而言卻可能是一種正向刺激。又如聽取熱門音樂，對一般學生可能是正向刺激，但對某些自閉症學生而言，卻可能是一種極欲逃避的厭惡刺激。

單純的行為後果本身即可能是引發不當目標行為的誘因，即使環境條件尚可，個案仍可能為獲取增強而表現出不當行為，如果行為的前置環境條件與行為後果條件產生交互作用，則引發不當行為的可能性即更高。例如學生因上課難以參與而產生撞頭的自我刺激，若此一撞頭行為引來教師或同儕之關注，則此一撞頭行為即可能受到強化，而使其上課時稍未能參與就出現撞頭行為。

三、行為功能或需求評量

行為功能意指不當行為的目的或其所欲表達的需求。理論上，任何行為皆有其特定目的，有時個案透過目標行為表達其需求之主動意識較明顯，有時則可能是被動的或無意識的需求表達。例如某生因肚子痛，表現強烈的哭泣行為傳達其生理病痛之訊息，屬於主動表達行為需求，行為功能明顯；又如某生處於燥熱之室內，以致情緒不穩而不斷與同儕衝突，此種情況下，個案以衝突行為表達其需求的意圖或許較不明顯，但就其目標行為而言，其隱含的行為功能應在於表達逃離不當物理環境的需求。此外，不同個案、不同行為，其行為功能可能不同，例如甲生上課哭泣，可

能是遇到學習挫折，乙生則可能是想睡覺；又如甲生上課的哭泣行為起因於學習挫折，但上課過程中與人爭吵的起因則為被同學碰觸。即使相同個案的相同行為問題，其行為功能也可能不同，例如甲生上數學課時哭泣，可能起因於遇到學習挫折，但上國語課時哭泣卻可能起因於被同學碰觸。即使同一節課的哭泣行為，仍可能受不同環境或行為後果因素所影響。

就行為的增強原理而言，行為功能不外乎為獲取正向增強與為逃避厭惡（或負向）刺激兩個主要功能。如前所述，正向或負向具有個別差異，需以個案主觀認定或感受而定，而非依客觀標準判斷。正增強與厭惡刺激來源又分別可再分為內在與外在兩方面。內在意指增強或刺激源自個體內在，外在則指增強或刺激源自外在環境。因此，就增強的正向、負向及其來源屬於內在或外在等不同向度加以歸類，行為功能或其所表達的需求可歸為四個主要功能：獲取內在正增強、獲取外在正增強、逃避內在厭惡刺激、逃避外在厭惡刺激等。

不管獲取或逃避，基本上都為滿足需求，都是一種追求內在的感受，即使追求外在刺激，其目的仍在於獲取內在需求的滿足。例如獲取外在刺激的遊戲加入，其目的仍在於滿足內在的同儕認同需求。此外，刺激的獲取或逃避，也可能一體兩面，一方面逃避厭惡刺激，另方面則在於獲取正向刺激。例如逃避環境的悶熱刺激，同時也是追求舒適環境的清涼享受。四種行為功能也常彼此間互有關聯而非完全相互獨立，例如個案可能為逃避內在飢餓狀態之厭惡刺激，以致追求外在食物的正增強刺激，而表現出搶奪他人食物的行為。因此，欲嚴格區分內在刺激或外在刺激、區分刺激的逃避或獲取，不但不易，也沒必要。此處所區分內在或外在、逃避或獲取，僅依理論上區分刺激來源是內在心理或外在環境，區分對於某一刺激採取的行為是逃避或追求。所謂正向增強或厭惡刺激，也需依個別對象的主觀感受而定。

(一) 獲取內在正增強

獲取內在正增強意指行為的目的在於表達獲取內在正增強之需求。身心障礙者不當行為所欲獲得之內在正增強，最可能為感官刺激或生理刺激，例如用頭撞牆、吸手指、摳皮膚、擠眼睛、聞異味、攜帶異物、大聲喊叫、旋轉身體、不斷跑跳、不斷搖擺桌椅、吃過多食物等，都可能是為獲得內在的正增強。如果環境條件不當，例如學習遭遇挫折、無所事事、空間擁擠、桌椅穩固性不佳等等，則獲取內在正增強與環境條件產生交互作用，出現不當之目標行為的可能性即更高。

(二) 獲取外在正增強

獲取外在正增強意指行為目的在於表達獲取來自外在的正增強，此一正增強可能會滿足個案之生理需求或心理需求。例如搶奪他人食物或物品、拉下他人自己坐上遊樂設施、從高樓跳下、用手打人、對人吐口水等等不當行為，其目的可能在於獲取源自外在的正增強以滿足自己感官或生理的需求；又如阻止同學回答老師提出的問題、打人後看對方哭泣、同儕不依其意見即打人等，其行為功能或目的可能在於獲得被老師誇讚、勝利感、提高自己地位等源自外在環境的正增強，以滿足其心理需求。獲取外在正增強本身即可誘發目標行為，若與不當之環境條件產生交互作用，例如如果座位安排不當、學習參與度不高，則引發不當行為的可能性即更高。

(三) 逃避內在厭惡刺激

逃避內在厭惡刺激指行為目的在於逃避源自內在之厭惡刺激。例如個案為逃避無聊、孤獨、恐懼、緊張、壓力、挫折、憤怒、飢餓等內在感受，都可能引發不當目標行為。單純的內在厭惡刺激可能引發不當行為，若環境不當，則不當行為出現的可能性更高。例如某生因逃避無聊感而不斷出怪聲，若再加上空間擁擠或悶熱，則出怪聲的可能性更高，甚至除出怪聲之外，可能再結合其他不當行為而使行為問題更形複雜（例如出怪聲

並到處跑或對人吐口水）。

(四) 逃避外在厭惡刺激

逃避外在厭惡刺激指個案為逃避外在之厭惡刺激而表現出不當的目標行為。例如吵鬧或悶熱擁擠等不利的物理環境條件、困難的課程、厭惡的活動、厭惡的物品或人物、不舒服的衣著、懲處、引發疼痛的活動、承受的身體束縛等，個案都可能為逃避之而引發不當行為。這些厭惡刺激本身即可能引發不當行為，若再與不利的環境或其他功能因素結合，則引發不當行為的可能性即更高。例如個案因穿著不適，原本即情緒不佳而破壞物品，如果再加上學習困難或空間悶熱，則引發破壞物品之目標行為的可能性更高，或甚至可能出現更嚴重之行為問題，例如除破壞物品外，並出現用頭撞牆之行為。

四、行為功能的評量方法

理論上，任何行為必起因於環境因素，且受行為後果所控制，而任何行為亦必有其所欲傳達之特定目的或需求。如果能確定這些不利的環境因素、行為後果、行為功能，則不當的目標行為才能有效處理，畢竟有正確的診斷才得以提供有效處方。不過，身心障礙者的不當行為、不利環境、行為後果、行為功能等，通常都非單一的，而是多因素或多因素之交互作用所產生的複雜行為表現，因此，確定行為功能並非易事，除使用適當方法外，也需結合相關專業團隊，才可能獲得較精確的評量結果。事實上，有些不當行為也因難以確定其行為功能，而不易處理或缺乏處理成效。

行為功能評量通常採用直接觀察、相關人員訪談、相關資料檢核、行為功能分析等方法。當然各種方法之間也非相互獨立，彼此間仍具有關聯性，且通常行為功能評量也會依不同行為而採用不同的評量方法，甚至也會綜合採用各種不同的評量方法。以下說明前三項方法，至於「行為功能分析」則列入下一節討論。

(一) 直接觀察

　　直接觀察意指對個案所處環境、個案的目標行為、個案的行為後果等，做直接的觀察，以確定行為功能。特教教師或問題行為處理的相關專業人員，若能採用直接觀察的方法，對各種可能的環境因素、行為後果因素進行觀察，則應有利於行為原因與後果的確認。例如教師觀察學生的住宿環境、教室環境、行為後果，並觀察個案處於這些環境或行為後果的情境下之行為反應。

　　直接觀察具有以下優點：(1) 直接獲取環境與行為的相關資訊，減低間接資料可能的誤差；(2) 對於立即發生的行為、教師所處的事發情境，可進行立即觀察。不過，直接觀察也可能具有以下限制：(1) 可能受限於觀察者的專業能力、主觀因素，而產生觀察疏失或錯誤；(2) 觀察者所認定的行為功能未必與個案或其重要關係人所認定之行為功能一致；(3) 只適用於立即發生之行為及目前情境，對於以往的或非觀察者目前所處的環境、行為後果情境，則無法觀察；(4) 一次只能觀察一項目標行為及其功能，無法同時評估多個行為及其功能。

　　為使直接觀察法更有效的應用，需配合以下原則：(1) 事先對目標行為需明確界定，且取得觀察者間的一致性；(2) 事先擬定觀察的實施計畫，參與觀察者也需相互討論，使參與觀察者具有一致性之做法；(3) 觀察結果也需相互討論，取得觀察者間的一致性；(4) 各種與行為有關的環境條件、後果情境皆需列入觀察，避免漏失可能的行為功能；(5) 結合其他評量方法，提高觀察結果之準確性。例如就觀察結果，再訪談父母，了解觀察者所認定之行為功能與父母的認知或態度是否一致。

(二) 相關人員訪談

　　相關人員訪談即就行為環境因素、後果因素，訪談個案本人、重要關係人等，以判斷目標行為的功能。相關人員訪談具有以下優點：(1) 如果訪談個案本人，有助於獲得直接資訊，避免他人之猜測或其他間接資訊

之錯誤；(2) 對於非即刻正在出現的目標行為、環境條件、行為後果等，仍可藉訪談獲得資訊；(3) 可以針對許多的目標行為、環境條件、後果因素等，同時進行訪談；(4) 訪談過程可以就相關疑問與受訪者進一步釐清確認，避免資訊之錯誤。不過，訪談法也可能具有以下限制：(1) 即使訪談個案本人，個案仍可能因遺忘而難以描述，或為符合社會期待或其他原因而不願說出事實，或甚至故意誤導；(2) 重要關係人的訪談結果與個案本人的實際認知未必符合，且重要關係人也可能因遺忘而難以說明，或為符合社會期待或其他原因，而不願說出事實或甚至誤導；(3) 對於認知功能、口語能力、溝通能力等受到較大限制的個案，難以實施訪談法。

為使訪談法的使用較具成效，可以參考以下使用原則：(1) 讓受訪者了解訪談的積極目的，並請受訪者協助完成訪談，且提醒受訪者需說出實情；(2) 訪談用語需明確，且具體說明行為事實，避免使用隱喻或抽象之形容詞或使用人格批判之用詞，例如直接使用「你會討厭小明嗎？」「你為什麼要打小明？而且把他打到哭？」而非使用「當小明出現時，你會覺得想逃離嗎？」「你為什麼做出讓小明覺得痛苦的事？」或「你為什麼要對小明暴力相向？」(3) 訪談用語需考量個案或重要關係人之理解程度，避免使用專有名詞或較艱澀之用詞；(4) 事先擬定訪談題綱，確認訪談重點，臨場再依情境做適當調整；(5) 避免欺騙或恐嚇個案或其重要關係人；(6) 非與行為功能有關者，尤其涉及個案或其重要關係人隱私的部分，應避免觸及；(7) 綜合受訪者之表情、語氣或其他肢體語言，判斷及釐清受訪者說明內容之真實性；(8) 訪談過程中，遇到疑慮時需立即澄清或進一步追問；(9) 行為發生當下立即訪談，避免延誤過長時間。

(三) 相關資料檢核

相關資料檢核即綜合利用相關的資料，評估個案可能的行為功能。例如利用智力測驗、人格測驗、行為評量表、人際關係或社交計量評量、家長訪談紀錄、個案訪談紀錄、教師訪談紀錄、學校環境或無障礙設施評估

結果、學生成績評量結果、學生家庭及社區狀況、以往行為處理的過程與效果等各種現有或評量結果所得資料,判斷個案目標行為可能之行為功能。相關資料檢核具有以下優點:(1) 可以對行為問題的背景因素做更深入、整體性之了解;(2) 各種相關資料間可以相互驗證,取得一致性;(3) 可與觀察及訪談結果相互驗證,釐清行為功能;(4) 隨時可進行,無須在行為發生之立即情境實施。

相關資料檢核也可能具有以下限制:(1) 各種相關資料若屬於間接資料(例如行為評定量表是依家長意見填答,而非直接觀察個案行為所得),與事實之間可能仍有差距;(2) 無法確保各種評量結果或資料之正確性、可靠性。例如適應行為的評量,難以確定評量過程及結果之有效性及可靠性;(3) 對於資料有疑慮處,缺乏直接追問或釐清的機會;(4) 有些重要事實的資料可能缺乏或遺失(例如教師訪談紀錄,只提到學生上課常哭泣,卻未進一步談及何種情境下會哭泣),造成行為功能評量之困難。

相關資料檢核的應用,宜注意以下原則:(1) 資料之間應相互驗證,以確認資料之正確性與可靠性(例如教師訪談提及該生學習成就低落,即應進一步了解該生之學校考試成績及智力表現);(2) 各項測驗資料需注意評量資料之正確性,及確認個案之測驗結果有否低估或高估之情況;(3) 觀察、訪談等所獲得的資料,需再以相關資料驗證;(4) 相關資料的取得需注意程序的合法性,個案相關資料也需注意保密。

第四節　行為功能的假設與驗證

行為功能評量的主要目的在於確認行為的起因與後果,藉以發展行為功能介入方案。前述各種行為功能評量的方法所獲得的結果,事實上,皆在於形成假設,但假設是否得到支持,尚需驗證。猶如實驗研究般,研究進行之前,需先綜合相關理論、研究文獻、實務經驗等,提出研究假設,接著進行實驗研究,並依研究結果考驗假設是否獲得支持。行為功能的假

設亦然，特殊教育教師及專業團隊成員，利用前述各種方法，提出行為功能的假設，接著亦需進行驗證，確認行為之因果關係。行為功能的假設與驗證，依下列程序進行：

一、依行為功能的評量結果提出假設

行為功能的評量主要目的在於評估引發目標行為的環境因素、行為後果因素、行為所欲達成的目的等。環境因素方面，依前述各種引發目標行為可能的物理環境、生理環境、心理環境、管理環境、教育環境、社會環境等，提出導致目標行為可能的環境因素假設。例如個案晚上不睡覺，可能是房間溫度過高所致。行為後果方面，則亦依評量結果，提出控制行為後果的可能增強作用假設。不當行為出現，如果獲得對個案而言是正向的增強，則此一不當的目標行為將被強化。例如個案在教室內脫去自己所有褲子，引發同學尖叫，此一尖叫聲卻可能是個案此一不當行為難以消除的增強因素。行為所欲達成的目的方面，行為功能或目的不外乎獲取源自個案內在或外在的正增強、逃避源自個案內在或外在的厭惡刺激。特殊教育教師或專業團隊成員，依評量結果提出目標行為所欲表達的目的或需求之假設，例如個案上課過程中，用嘴咬傷鄰座同學，可能在表達其不喜歡與該同學坐在一起，在逃避厭惡之外在刺激。

上述環境、後果、需求表達等三項，可能單獨引發目標行為，也可能互有關係，產生交互作用。例如個案用頭撞牆的行為，有可能是無聊、無所事事所致，也可能因無聊而出現撞頭行為後，再因撞擊產生的規律聲音或皮膚刺激感，對其具有增強作用，而使撞頭行為益形強化。日後在上課過程中，若遇學習困難，個案亦以撞頭行為做為逃避學習工作之手段，另一方面亦由撞頭過程中，獲取皮膚刺激感。

會被列入發展行為功能介入方案的行為問題，大都皆非單一因素所致，因此，要確認行為功能及研擬行為功能假設並非易事。通常需結合各種行為功能評量方法所得資料，且需專業團隊成員共同討論。不過，如同

診斷處方原理般，唯有精確判斷行為原因，才能發展有效的介入方案。許多身心障礙學生之行為問題，也常因難以判斷導致行為的原因，而不易提出有效的介入策略。

二、驗證行為功能的假設

提出行為功能假設後，接著需進行此一假設之驗證。驗證行為功能之假設，亦分別由環境因素、行為後果、需求表達等三方面進行操控，並觀察目標行為之變化，以了解行為功能的假設是否得到支持。較正式及準確的驗證方法，可以參考單一個案實驗研究法所應用之實驗設計（杜正治，2006；鈕文英、吳裕益，2011）；較簡略的方法，則可記錄操控相關變項前，目標行為的次數、時間、百分比等方面的數據，操控相關變項後，再記錄目標行為之數據，並比較兩階段之數據變化。除觀察目標行為的數據變化外，也要注意生態效度（ecological validity），徵詢教師、家長及其他重要關係人對於個案行為變化之態度，若數據變化明顯，相關人員亦認同目標行為確有改善，則較有信心判斷行為功能的假設獲得支持。若經由相關因素操控，目標行為並無明顯變化，則代表行為功能假設未獲支持，需再經由行為功能評量程序，研擬另一行為功能假設。

一般而言，身心障礙者的行為問題皆可能來自多重因素，且多數學生亦難以表達自己的需求，在教學實務現場，行為功能假設的設定本身即已不易，即使已提出假設，但此一假設也可能具有相當誤差，因此，行為功能的評量、行為功能假設的研擬、行為功能假設的驗證通常都是具連續性的，是一個不斷循環與修改調整的過程，也是一個專業團隊不斷集思廣益的持續運作歷程。不過，假設之驗證過程，也需盡量避免倫理爭議。例如為驗證學生嚴重的撞頭行為，是否起因於對黑暗環境的恐懼，而刻意製造黑暗環境以觀察學生有否產生嚴重撞頭行為，即有違反倫理的疑慮，但若在學生出現撞頭行為徵候前，即時將之拉開，則不致違反倫理原則。

以下由環境因素、行為後果因素、行為功能或需求因素等三方面，說

明行為功能假設的驗證。

(一) 環境因素

　　若行為功能的假設為目標行為起因於某一特定環境條件，則在調整此一環境條件後，觀察行為變化以了解假設是否獲得支持。例如某自閉症學生經常用嘴咬鄰座同學手臂，經教師觀察及訪談家長後，研判行為功能假設為該生對鮮艷顏色特別敏感，只要看到此類顏色即會去咬它。提出此一假設後，接著操控鄰座同學衣服顏色，觀察鄰座同學若改穿素色衣服，當天該自閉症學生是否即未咬他手臂，若再換回鮮艷顏色衣服，則咬人行為是否即又發生（但需避免違反倫理，當學生出現咬人行為徵候時，應立即把鄰座同學抽離）。如果此一行為機制確定，則該自閉症學生咬鄰座同學起因於對方衣著顏色的假設才可確定。若改變鄰座同學的衣著顏色，對該生咬人行為並無明顯改變，則行為功能假設未獲支持，需再研擬其他假設。

(二) 行為後果因素

　　若行為功能假設為個案之目標行為起因於受到不當的行為後果所控制，則可操控此一行為後果因素，觀察目標行為的變化，以判斷行為功能假設是否獲得支持。例如某生上課時會躺在地上並發出怪異聲響，直到老師扶他起來坐好，一節課至少有三次。若經由行為功能評量後，研判該生之行為功能為藉躺在地上發出怪聲以獲取老師的注意及將他扶起，則可操控行為後果變項，應用區分性增強原理，消弱該生躺在地上的行為，並增強其對老師提出的問題之回答行為。只要該生躺在地上，教師及同儕立即移開視線，且不對他發出任何聲響，也不給予任何關注，但只要該生能回答老師的問題，則立即給予增強。經由此一行為後果因素調整後，若發現該生躺在地上且發出怪聲的行為確有明顯降低，則表示先前的行為功能假設獲得支持，否則即需另行研擬行為功能假設。

(三) 行為功能或需求因素

若經由行為評量後，研判目標行為起因於個案對某一需求的表達，則可藉由指導個案以正向行為表達其需求，或主動滿足其合理需求後，觀察其目標行為的變化，以判斷行為功能假設是否獲得支持。例如某生近中午時即易與同學衝突及哭泣，若經行為功能評量後，研判其目標行為在於表達肚子餓想吃食物之需求，則可指導該生向老師表示其肚子餓想進食之需求，對於口語功能不佳者，亦可指導其使用溝通圖卡表達需求；或者亦可在近中午時，提早讓該生進食或先食用一些點心，以滿足其進食需求。如果經此正向行為指導，且其需求獲得滿足後，目標行為即明顯降低，則先前行為功能假設獲得支持，否則即需另外研擬行為功能假設。

第五節　發展行為功能介入與支持方案

目標行為界定後，實施行為功能評量，提出行為功能假設，並進行假設驗證後，若假設獲得支持，則可發展行為功能介入與支持方案。行為功能介入與支持方案包括幾個重要內容：環境因素調整、行為後果調整、正向行為指導、相關支持等。隨個案目標行為的嚴重程度、行為功能假設的不同，各項內容的重要性或所佔比例也可能有所不同，不過，完整的方案中，這些內容通常皆需同時整合應用。各項成分之調整或介入也需針對個案目標行為之功能假設而定，而非廣泛納入各種介入內容。此外，各種方案內容也需明確說明，而非僅做原則性規範。例如學生行為問題來自教材難度太高所致之學習挫折，則需明確說明「數學教材—解方程式單元之上課內容，改為正負號加減法與移項等教學內容」，而非僅說明「調整教材難度」；又如學生常有跨越二樓走廊欄杆往下跳之舉動，因此，需將二樓走廊欄杆加高或將該生教室移至一樓，則行為功能介入及支持方案即需做此明確說明，而非僅說明「加強教室安全措施」或「適當調整教室位置」。以下分別說明行為功能介入與支持方案之內容：

一、環境因素的調整

環境因素包括物理、生理、心理、管理、教育、社會等各項環境因素，每一因素皆包括許多不同內容。教育人員首先即依行為功能假設，確認需加以調整之特定內容。一般而言，物理環境包括學習與生活的空間大小、動線與座位安排、學習與上課設施及用品、照明、溫度、氣味、設施安全、無障礙設施等等；生理環境包括健康與疾病、感官功能、飢餓、睡眠、溫暖與寒冷的體感等等；心理環境包括動機、恐懼、壓力、緊張、信心、挫折容忍力、認知信念等等；管理環境包括各種規定、作息、增強制度是否合理等等；教學環境包括教材、教法、評量對學生是否適當；社會環境包括師生關係、親子關係、同儕關係、社會技巧等等。

環境因素調整需注意以下原則：(1) 與個案之生命、健康等有關的環境條件，需納入最優先處理之項目，例如學生之自我傷害、危險動作、傷及同儕等行為；(2) 可藉由醫學治療、輔具應用而改善者，需優先處置，例如注意力缺陷過動症、憂鬱症之醫療配合，或視覺障礙、聽覺障礙、肢體障礙之輔具應用；(3) 需保障個案合理的生活品質，滿足個案合理的需求；(4) 教育人員需經常主動檢討各種環境、設備設施、管理規章之適當性，並主動調整之；(5) 設備設施需符合常態化原則，例如浴廁需注意隱私、教室及生活環境布置需符合個案生理年齡與文化常態；(6) 注意個別差異之因應，不同障礙類別、不同障礙性質，其所需調整之環境因素亦不同；(7) 需團隊合作，各種環境因素需做整體性之調整。

二、行為後果調整

行為後果調整需針對引發個案不當目標行為之正增強或厭惡刺激加以調整。首先需確認引發目標行為之正增強或厭惡刺激，接著再調整增強機制。行為後果的調整需注意幾個原則：(1) 後果來源的全面性控制，包括教育人員、同儕、家人、環境等各種可能的增強來源皆需加以管制或調

整，例如不管在學校或在家，只要學生躺在地上哭鬧，任何人皆刻意避開，但只要停下哭泣且回答他人問題，即給予增強；(2) 優先使用區分性增強，消弱不當的目標行為，增強相互抵制的或其他的正向行為；(3) 正增強的使用方面，優先用以強化正向行為，藉剝奪正增強以抑制不當行為則列為非優先項目；(4) 厭惡刺激的應用方面，優先利用負增強以促使個案表現出正向行為，藉施予厭惡刺激以抑制不當行為則列為非優先項目；(5) 使用之正增強、厭惡刺激，需注意個別差異，對某生為正增強之刺激，對其他學生卻可能是厭惡刺激；(6) 使用之正增強、厭惡刺激，需符合常態化原則、倫理原則，也需避免對個案造成生理或心理之傷害。

三、正向行為指導

正向行為指導最主要的指導項目為功能等值行為訓練，其他尚包括與個案行為管理有關之自我控制能力、問題解決技能、社會技巧，及其他有助於增進正向行為與降低不當行為的相關教導或訓練。這些指導項目彼此互有關係，隨定義寬嚴，也可能互有包含。

個案所表現的不當行為，可能代表一種需求的表達。即使此一需求不合理（例如上課時間想出去外面），但能表達出其意願，教育人員可依此加以處理（例如採區分性增強，消弱此一不當行為，增強上課參與行為；或要求完成一定份量之作業才允許其玩遊樂設施）；如果個案表達之需求合理，只是使用不當的表達方式（例如想加入同儕的遊戲，卻不會等待，直接闖入或破壞），則需指導或訓練其使用功能等值的正向行為，以符合社會期待的適當方法表達其需求（例如先徵求同儕同意後再加入）。對於缺乏口語表達能力的學生，也可利用溝通圖卡或相關輔具，訓練學生表達其合理需求。學生的合理需求可能包括合理之物理環境、生理需求、心理需求，及師生與同儕關係改善、適當的教材教法等。

此外，學生的不當行為也可能與其自我控制能力不佳、社會技巧不佳、問題解決能力不足、缺乏適當之學習與社會適應能力有關，若能指導

學生這些技能,則可增進其社會適應與人際關係,減少行為問題之發生。自我控制能力代表個案對自己憤怒、緊張、壓力等情緒的控制能力,或對自己慾望與需求之延宕滿足的自我控制,或對自己專注力、動機、完成任務、達成目標等態度的自我控制。事實上,許多學生的情緒行為問題,並非不知道何者才是適當行為,也非不知道該如何表現出正當行為,他們只是做不到。在缺乏意志力與自我控制的情況下,不當的目標行為因此一再發生。這些學生需要的,或許並非教他們什麼是對的,而是教他們如何學習自我控制;狹義的社會技巧代表對人際關係的建立、維持與處理,廣義的社會技巧則包括處理自我、處理人際、處理事情、適應環境等各種適應社會人際情境有關的技巧;問題解決能力指有效處理挫折與問題的技能,例如突發狀況處理、求助技巧、做事方法、問題解決方法等。

除上述與個案行為情緒有關之技巧的指導外,許多學生之不當行為常與缺乏適當的學習與社會適應能力有關。學生愈有學習參與感,愈有學習成就感,則上課過程中情緒愈穩定,不當行為產生之可能性愈低;生活適應能力愈佳,獨立生活能力愈強,愈能參與日常生活,則對他人依賴性愈低,遭遇生活挫折的可能即愈低,生活則愈充實,情緒亦愈穩定,不當行為產生的可能性也愈低。

正向行為指導之實施,宜注意以下原則:(1) 與學年目標與學期目標結合,情緒行為的自我控制技能、社會技巧與生活適應能力的訓練等,皆需納入整體教學目標,實施有系統的教學;(2) 除非負向行為危及生命與健康,否則正向行為之建立應較負向行為之處理更為優先。就行為原理而言,正向行為愈多,則負向行為即愈少,尤其是與負向行為相互抵制的正向行為建立(例如建立上課參與的正向行為,即可抵制上課不專注之負向行為),其對負向行為之抑制更為明顯;(3) 行為問題之處理,除抑制不當行為之外,更需明確指導個案應表現之正向行為;(4) 指陳個案任何不當的情緒行為,皆需輔以相對應之正向行為訓練,換言之,負向行為之提示,其目的皆在於正向行為之建立或訓練。

四、相關支持

　　較單純之情緒行為處理，特殊教育教師於平常教學過程中即可有效處理，但列入行為功能介入方案者，通常皆屬較為嚴重且複雜之行為問題，因此，除行為功能介入外，尚需相關支持。除配合第六章所提之相關服務與支持外，行為功能介入方案之支持亦可由以下各種環境條件所需之支持加以考量：物理環境、生理環境、心理環境、管理環境、教學環境、社會環境。這些支持可能涉及相關行政措施、人員、經費等方面的支持。當然障礙類別不同、個案不同、不當行為不同、行為性質與嚴重程度不同，所需支持措施之項目與比重也不同。

　　物理環境方面，可能包括以下：教學與生活空間的物理環境改善，例如空間大小、照明、空氣調節、溫度控制、教學與生活用品備置且質量適當等等；設備設施安全，例如遊戲器材安全、生活與學習環境安全、物品設備安全等等；無障礙環境，例如設備與設施之可及性與可用性、生活輔具購置應用與維修、校園動線之適當性等等。

　　生理環境方面，可能包括以下：醫療介入，例如精神科醫師之介入計畫、醫療措施之執行；學生健康維護與促進，例如體重控制、飲食節制、學校餐飲改善、衛生設備與措施等等；基本生理需求之滿足，例如衣著、食物、睡眠等等。

　　心理環境方面，可能包括以下：正確認知信念建立，例如改變學生負向認知信念、建立正確的信念等等；培養自我控制能力，例如問題行為之自我控制、情緒之自我控制、需求之延宕滿足等等。

　　教學環境方面，可能包括以下：教材調整，例如改變教材內容、教材順序、教材之結構性與統整性等等；教學過程調整，例如相關教師對教學方法、增強方法應用的調整等等；評量調整，例如評量內容調整、評量內容呈現方式調整、學生反應方式調整、評量情境調整、評量調整的人力支援等等；教學器材與設備，例如教具購置應用與維修、電子媒體購置應用

與維護等等;輔具購置應用與維護,例如照明設備、光學輔具、聽能輔具、特製桌椅及其他學習輔具之購置應用與維護等等;班級情境調整,例如教師壓力紓解、教師情緒管理、教師專業能力強化、班級人數減少、教師工作減少、嚴重行為問題處理的相關人力支援等等,適當情況下甚至可能包括調整學生班級或調整教師(換班)。

管理環境方面,可能包括班級經營措施之合理性檢討、校規與班級規定合理性檢討、增強措施的合理性檢討等。管理環境除考慮學生之管理環境外,也需注意學校對教師所制定之各種規章制度的合理性。

社會環境方面,可能包括以下:親子關係,例如家人接納、家事參與、父母管教態度與方法等等;同儕關係,例如同儕接納與支持、學伴制度建立等等;師生關係,例如教師對身心障礙者之態度與接納、相關教師對身心障礙者之積極介入與共同指導等等。

相關支持的實施宜注意以下原則:(1) 行政人員及教育人員對相關支持,在信念及做法上皆需抱持積極態度;(2) 符合個別化原則,相關支持範圍甚廣,但個案不同、行為性質不同,所需之支持內容也可能不同。個別化教育計畫會議需依學生個別差異,明確提出學生所需支持內容;(3) 需明確說明支持項目、內容、負責人、實施時間與地點等,而非僅做原則性規範,例如明確說明「級任教師每天上午 7:30~8:00,指導學生服用利他能藥物」,而非僅規範「注意學生是否按時服藥」;(4) 經常檢討及調整相關支持措施之適當性。

第六節　行為功能介入與支持方案執行與調整

行為功能介入與支持方案經個別化教育計畫會議討論與決議後,即需落實執行,執行後則需評估其成效並調整之,直到介入目標達成。以下分為方案之執行、方案成效評估、方案調整等項目說明之。

一、行為功能介入與支持方案的執行 ✏

行為功能介入與支持方案要能落實執行，需幾項因素之配合：

(一) 明確界定目標行為

行為功能介入與支持方案的實施，首重如前所述目標行為之明確界定，包括依可觀察、可測量之方式，明確說明目標行為之性質。此外，亦需配合相關之量化數據，否則不但難以有效介入，且介入成效也無法評估。

(二) 明確規範方案之執行內容

個別化教育計畫不管是學期目標或行為功能介入，都不是理念或原理原則之陳述，而是具體可行之方案，因此，為有效執行行為功能介入與支持方案，方案內容需明確載明。所謂方案明確，可就執行內容、執行方式、負責人、執行時間、執行地點等方面具體規範。例如「總務主任於2015.03.15前，完成二樓教室欄杆加高至150公分之工程」，而非「相關行政單位完成欄杆安全措施」此種原則性之規範。

(三) 專業團隊整合

嚴重的情緒行為問題通常並非任何單一部門或人員所能有效處理，需結合教育行政、學校行政、特殊教育教師、普通班教師、家長，及精神醫學、職能或物理治療、輔具應用、社會工作等相關專業人員共同配合。不同障礙類別、不同行為問題，所需專業團隊成員及其介入程度，也可能不同。各專業團隊成員所需負責之部分，亦需於方案中明確說明。

(四) 行政支持

專業團隊成員包括行政人員，行政支持程度通常也是影響方案執行成效非常重要的因素。行政支持包括教育行政支持與學校行政支持兩方面，就一般學生之行為功能介入而言，學校行政之支持尤其重要。包括校長、

主任親自參與行為功能介入與支持方案之討論，整合校內資源，督促方案之落實執行等，都是影響方案成效之重要因素。

(五) 確立個案管理員

行為功能介入與支持方案涉及之單位與人員甚多，如果缺乏一個實際負責督導方案的執行者或個案管理員，則各相關單位與人員不易整合，執行成效也將受限。在一般學校情境中，此一個案管理員最好由某一學校行政處室主管人員擔任（例如輔導室主任），畢竟行政人員之時間、行政資源與行政管理權限等方面，皆較有利於方案之整合執行。

(六) 學校團隊之合作

有效執行行為功能介入與支持方案，除納入學校相關教師外，亦需校內團隊充分合作，例如特殊教育教師、普通班級任教師、科任教師、學校護理人員等。每一校內人員實際負責之內容，除明確規範於行為功能介入與支持方案外，學校相關團隊成員之積極介入態度也甚重要。事實上，安置於資源班的身心障礙學生，許多行為問題皆出現於普通班級，甚至更可能出現於科任課程之班級，因此，其行為問題之介入絕非僅賴資源班或情緒障礙巡輔班之特殊教育教師介入處理即可獲得成效。學校行政人員、級任教師、科任教師、特殊教育教師需共同合作，才能有效處理學生之行為問題。即使是集中式特殊教育班的學生，其出現行為問題的情境也可能是在校園中、與普通班的融合課程中、參與學校相關活動的情境中、上下學的交通車上或路程中，因此，行為問題之處理仍賴學校團隊人員充分合作。

(七) 家庭支持與父母參與

許多學生的行為問題雖表現於學校，但其原因卻來自家庭環境或親子關係不佳。因此，若家庭環境未獲改善，則學生行為問題處理的成效即受到較大限制。家庭支持可能需包括以下項目之改善：物理環境（例如房間

安排、環境整潔、讀書環境布置等）、生態環境（例如家庭作息時間、親子關係、家人互動、父母對子女態度等）、親職教育（例如父母對子女教育方法改善、父母與學校教師之配合等）、社會工作（例如經濟支持、輔具支持、避免子女受虐等）。其中尤以父母願意主動參與行為功能介入與支持方案，對增進學生行為問題處理成效最有助益。研究顯示，父母愈能主動參與個別化教育計畫，則學生行為問題之降低愈趨明顯（Shepherd, Giangreco, & Cook, 2013）。

(八) 個案本人之參與

依《特殊教育法施行細則》第 9 條之規定，訂定個別化教育計畫，必要時得邀請學生本人參與。行為功能介入與支持方案的主要目的在於處理學生之行為問題，因此，如果學生本身參與計畫，則更有助於個別化教育計畫成員了解其行為問題的前置因素、後果因素及行為功能，亦代表教育單位視個案為行為處理方案之共同參與者，而非僅是被處理的對象。在尊重個案自我決定與遵守團體規範同時，可共同討論出較佳之介入策略，訂定之行為改變目標將較為合理，亦可取得學生認同；可促其主動參與及共同合作，並加強其建立正確之認知信念及自我管理能力，且於方案執行過程中，隨時了解個案對方案內容之態度及建議。

(九) 與個別化教育計畫充分整合

行為功能介入與支持方案雖主要目標在於處理學生不當之情緒行為問題，但事實上，許多與行為功能有關之環境因素調整、相關支持服務、正向行為教學等，都需明確列入個別化教育計畫中。學生的行為問題，消極而言，固然代表其不當行為需被抑制或改善，但積極而言，更代表需調整其生活與學習環境，滿足其合理需求，提供相關支持措施，並教導學生應有之正向行為與因應技巧。以教育的態度與措施取代約束或懲處，行為處理才易獲得成效及維持。因此，行為功能介入與支持方案是整體個別化教育計畫之主要成分，而非獨立於個別化教育計畫之外的另一計畫內容。學

校在訂定行為功能介入與支持方案時，亦需與個別化教育計畫充分整合。

二、行為功能介入與支持方案成效評估

行為功能介入與支持方案成效評估，最主要即評估目標行為是否改善，及重要關係人對此一成效之態度。成效評估可分量化與質化兩方面。

(一) 量化成效評估

行為功能介入與支持方案成效評估並非採用常模參照之行為評量表，更非採用評估整體情緒行為的評量表（例如情緒障礙量表），而是針對目標行為採用前述的行為評量方法。亦即使用類似單一受試實驗的研究方法，比較行為功能介入前與介入後，目標行為在頻率、百分比、持續時間、延宕時間等量化資料，是否達成介入方案所預定之目標。此一成效評估需採用行為的量化記錄方法，就目標行為可能出現之情境，記錄行為變化。目標行為改善除考量數據變化外，也需注意個案在不同情境，其目標行為的改變數據是否一致。

單一受試的行為記錄方法可能涉及較多專業知識與技能，也可能因記錄行為而影響教師之教學。因此，亦可配合針對目標行為設計之評定量表。雖然評定量表可能受限於評量者之主觀性，不過，若能彙整各重要關係人之評定量表，則亦可做為行為處理成效之重要依據。例如依據個案「上課時咬傷同學」的目標行為，可使用非常同意、同意、不同意、非常不同意之四點量表，要求各相關教師填寫「上課咬傷同學」的行為評定量表（表8-2）。由此一評定量表，亦可了解不同教師對該生行為功能介入與支持方案之成效評估。

(二) 質化成效評估

質化成效評估可利用訪談與文字描述等方式，了解教師及其他重要關係人對行為功能介入成效之意見。利用訪談方法，可以事先擬定題綱再配合臨場情境加以調整及追問，以獲得較深入及全面性資料。例如上述「咬

表 8-2　王小明上課咬同學行為處理成效評定量表

題號	行為評定內容	非常同意	同意	不同意	非常不同意
1.	認知性課程，咬人行為次數減少了				
2.	認知性課程，咬人行為嚴重程度減少了				
3.	活動性課程，咬人行為次數減少了				
4.	活動性課程，咬人行為嚴重程度減少了				
5.	級任教師的課程，咬人行為減少了				
6.	科任教師的課程，咬人行為減少了				
7.	上午的課程，咬人行為減少了				
8.	下午的課程，咬人行為減少了				
9.	上課的參與度增加了				
10.	學習成效變好了				
11.	與同學的關係變好了				

同學行為」，可擬定如表 8-3 之題綱。這些題綱除可利用訪談方式之外，也可利用文字敘述方式，要求相關教師具體說明。此外，在量化成效評定量表中，也可在最後附上一欄，讓量表填答者就行為功能介入與支持方案之實施成效與具體建議，提出質化的文字描述。

(三) 行為處理效果的維持與類化

　　行為處理成效除評估其立即或短期處理成效外，也要評估其維持成效及類化成效。因此，最好能在不同的維持階段，持續蒐集教育人員及其他重要關係人對行為處理維持成效之意見。此外，類化成效方面，也可蒐集學生在類似情境下之行為改善情形，及與目標行為相關之其他行為的變化情形。例如咬同學行為獲得改善後，個案之人際關係、學習成效是否亦有提升。

表 8-3 王小明咬同學行為訪談題綱

題號	題綱內容
1.	你覺得他咬同學的行為次數有變少嗎？你根據什麼下此結論？
2.	你覺得他咬同學的行為嚴重程度有減輕嗎？你根據什麼下此結論？
3.	你覺得他咬同學的行為有改善，是什麼原因造成的？
4.	你覺得他咬同學的行為沒有改善，是什麼原因造成的？
5.	你覺得本校對他的行為處理方法，哪些有成效？為什麼？
6.	你覺得本校對他的行為處理方法，哪些沒有成效？為什麼？
7.	你覺得他對課程的參與度有改善嗎？為什麼？
8.	你覺得他的學習效果有變好嗎？為什麼？
9.	你覺得他與同學的關係有變好嗎？為什麼？
10.	你對本校處理他的行為問題，有什麼建議？為什麼？

(四) 生態效度評量

　　行為問題的處理必須解決個案被推介時的問題，亦即改善其在實際生活及學習情境中的行為問題，因此，行為功能介入與支持方案成效評估，並非了解在特定情境下或實驗情境下之成效，而是要了解個案在實際學習與生活情境中之行為改善情形，及實際生活情境中相關教育人員及其他重要關係人，對於行為處理成效之評估。有些目標行為在特定情境下具有處理成效，但其他情境或實際生活情境，卻未必具有相同效果。例如有些學生之目標行為，在集中式特殊教育班、資源班、特定教師之課程、特定時段、特定人員在場時、特定人員進行評估、特定評量方式等情境，目標行為具有顯著改善效果，但其他情境或學生日常的學習與生活情境中，或其他人員的評估中，目標行為的改善卻不明顯。如果行為功能介入與支持方案成效，僅限於特定情境，則需進一步了解原因並持續調整方案。

三、行為功能介入與支持方案之調整

　　行為功能介入與支持方案是否具有成效、是否需做調整，首先需評估

個案目標行為之改善情況，如果目標行為之改善效果不明顯，則需對整個方案內容加以檢核，探討缺乏成效之確切原因；即使目標行為的改善具有明顯成效，也要檢討成效來源，確定無實質效益之方案內容，及檢討介入之效率。依據《特殊教育法施行細則》之規定，個別化教育計畫至少每學期需檢討一次。不過，學生情緒行為之處理成效，若發現效果不明顯甚至更趨嚴重，則需立即檢討及調整方案內容。

(一) 目標行為改善效果不明顯

當目標行為改善效果不明顯或甚至更嚴重時，首先需檢討處理成效之評量方法是否適當，包括目標行為界定、評量方法、評量內容、評量者、評量情境等項目，有否誤差以致效果難以顯示。例如前述「咬同學行為」處理成效評量，教師評定個案咬同學行為之處理成效不明顯，是否因教師對「次數減少」、「嚴重程度減輕」之界定與專業團隊之界定不同，或教師缺乏資料去比較個案在處理前後之行為變化數據，以致在處理成效之評定量表上，做出處理成效不明顯之評定。除檢討有否評量誤差外，也需比較不同評量方法、不同評量者、不同評量情境下，有否不同之評量結果，以確定個案之行為處理成效是否因特定評量方式而異。

若非評量方面的問題，即需檢討行為功能介入與支持方案內容，探討缺乏成效之確切原因，包括目標行為之界定、引發目標行為之環境因素、行為後果控制、行為功能或需求、正向行為指導、支持措施等。如果行為功能介入與支持方案之成效不但不明顯，反而造成行為問題更趨嚴重，則更需探討其中原因。檢討與調整方案內容，也應盡量做具體明確之檢討與提出改進措施，而非僅做原則之檢討。例如具體說明「當王小明上課出現握拳行為，即表示接續行為將會是動口咬人，但老師並未立即以叫他回答問題並給予增強的方式處理，以致其咬同學行為仍不斷出現」，而非僅做以下原則性檢討「老師並未在王小明出現咬同學的行為徵兆時做出適當處置」。

　　行為處理成效評量之數據通常僅能了解行為處理是否有效，較難確定無效的確切原因。確認行為功能介入無效原因，常用觀察、訪談、專業團隊討論等方式。觀察法，可以就相關專業人員、特殊教育教師、普通班教師、家長、同儕等，依其在行為功能介入過程之實際觀察，提出無效原因之意見；訪談法，則訪問與行為功能介入過程有關人員及學生本人，探討介入方案無效原因；團隊會議，由專業團隊成員就個別專業觀點，綜合相關書面、評量資料與訪談資料，提出問題改善建議。

(二) 目標行為改善效果明顯

　　目標行為改善效果明顯時，仍需持續檢討行為功能介入與支持方案有否持續調整之必要。首先需檢討此一明顯效果是否來自評量誤差所致，而非目標行為確有改善。例如有些學校人員可能為求盡早結束行為功能介入與支持方案，而將目標行為改善效果給予過高之評定；有些個案本身或評定人員則可能因霍桑效應（Hawthorne Effect），而出現自我抑制目標行為或做出目標行為已明顯改善之不實評定。

　　如果處理成效之評量方法並無誤差，則仍需注意以下目標行為改善之檢討：(1) 目標行為改善是否只是暫時效果，而無維持或類化效果；(2) 是否僅限於特定時間、特定情境才具有效果，但在學生實際學習及生活情境中，目標行為的改善效果卻不大；(3) 是否行為功能介入之目標行為已獲明顯改善，但卻產生取代性的另一不當行為或其他新的不當行為。

　　在介入措施的效果檢討方面，也需做以下效力（effectiveness）與效率（efficiency）之檢討：(1) 目標行為改善是否來自非預期或非計畫中之因素所致，而非來自行為功能介入與支持方案之計畫性介入措施，例如學生哭泣行為改善，可能因健康狀況改善所致，而非行為功能介入與支持方案的環境調整措施；(2) 行為功能介入及支持方案的各項措施，有否對目標行為之介入效果不大者，這些措施可否移除；(3) 有效之介入措施項目中，其效率可否再提升，或有效力的措施中，是否可由具有等值效力，但

卻更見效率之措施加以取代；(4) 各項介入措施中，其實施過程是否遭遇困難，相關介入措施之實施可否再更精進。

Chapter *9*
轉銜輔導及服務內容

　　轉銜輔導及服務內容是《特殊教育法施行細則》（2013）第9條所訂個別化教育計畫的必要內容之一。教育部所訂《各教育階段身心障礙學生轉銜輔導及服務辦法》（2010）第3條亦規定：學校辦理學生轉銜輔導及服務工作，高級中等以下學校應將生涯轉銜計畫納入學生個別化教育計畫，專科以上學校應納入學生特殊教育方案，協助學生達成獨立生活、社會適應與參與、升學或就業等轉銜目標。

　　「轉銜」（transition）代表各教育階段或各人生階段的順利轉進與銜接。大多數人在面臨各人生階段之轉換時，或多或少皆可能面臨一些適應的問題，身心障礙者由於生理或心理條件之限制，其所面臨之階段間轉換困難可能較一般人更為明顯，因此，轉銜是特殊教育的重要內涵，也是個別化教育計畫必要的內容。完整之轉銜計畫也稱個別化轉銜計畫（Individualized Transition Plan, ITP）。本章將分為轉銜的意義與重要性、轉銜評量、轉銜計畫的內容與實施等三節。

第一節　轉銜的意義與重要性

　　以下分別說明轉銜之意義及轉銜對身心障礙者之重要性。

一、轉銜的意義

　　轉銜就語意而言，代表轉進與銜接。轉進意指進入下一人生階段，

銜接意指兩個階段間的順利接合或無縫接軌（seamless transition）（Test, 2008）。轉銜也扮演生涯階段間的橋樑（bridge），促使階段間的銜接順利（Zhang, Ivester, Chen, & Katsiyannis, 2005）。就此語意而言，有幾個重要概念可再加以說明：

(一) 人生階段

人生階段可依不同向度加以劃分，就人生縱向跨距（life-span）而言，可分為成長期（出生至 14 歲）、探索期（15～24 歲）、建立期（25～44 歲）、維持期（45～64 歲）、衰退期（65 歲以上）；就人生橫向場域（life-space）而言，可依人生參與度或人生角色分為兒童、子女、學生、休閒者、公民、工作者、照顧者、退休者等（邱滿艷，2013；Super, 1990）；就教育階段而言，可分為嬰幼兒、幼兒園、小學、國中、高中、大學及高等教育、職場等；就生涯階段而言，可分為生涯覺察、生涯試探、生涯準備、生涯安置等階段；就求學與就業而言，可分為入學前、求學階段、就業階段等。

這些階段或角色之劃分，除非以年齡區分，否則其彼此間並非完全相互獨立，常有相互重疊之情況，例如有些人可能先進修再就業，有些人可能先就業再進修，有些人則可能就業與進修同時進行或循環進行。就人生角色而言，許多角色也可能同時並存，多數人可能同時是他人子女，也是照顧子女的父母。此外，每一人生階段或角色歷經時間長短，也可能具有個別差異。

身心障礙者隨其障礙程度不同，人生各生涯階段之發展也可能不同，有些障礙者可以如同一般人，歷經人生各階段及角色，而有些身心障礙者的人生階段與角色會較一般人單純，例如有些身心障礙者可能終其一生只扮演被照顧者之角色，而未扮演照顧他人之角色；有些身心障礙者可能無高中、大學之就學經驗；另有些身心障礙者可能無就業領薪之經驗。整體而言，多數身心障礙者之生涯發展階段與人生角色，可能皆較一般人少或

單純。

(二) 轉進

　　人生是一連串的連續過程，隨年齡增加及前一階段之結束，需轉進另一階段或轉換為另一人生角色。雖然並非每一個人都可能歷經前述之人生各階段或各角色，但亦不可能永遠停滯。有些身心障礙者即使人生階段較一般人單純，但除了極少數之外，多數身心障礙者仍將面臨人生各生涯階段與角色之轉換。

　　就身心障礙者轉銜教育與服務而言，廣義方面，指各人生階段之轉進，包括各教育階段間、各安置類型間、就學與就業間、就學與就養間等各種可能之轉進。教育階段間，即未入學階段轉進學前幼兒園、學前轉進小學、小學轉進國中、國中轉進高中職、高中職轉進大學及高等教育；安置類型間，即普通教育轉進特殊教育、特殊教育轉進普通教育、不同特殊教育安置類型轉換；教育與就業間，即學校教育階段後轉進就業場所；就學與就養間，則指接受學校教育後，學生難以進入職場而需轉安置於其他就養機構或社區安置。

　　狹義方面，則通常指由高中職的就學階段轉進就業階段，藉由各種就業能力之培養及就業前輔導措施，使身心障礙學生能順利獲取就業機會及穩定就業；或完成高中職就學階段後順利轉入高等教育或職業教育，並順利適應成人生活與角色任務。例如美國 IDEA 法案即將轉銜服務（transition services）界定為：是一項為身心障礙兒童實施的整合性措施，也是一種以結果為導向的歷程（results-oriented process）（意即以具體轉銜目標為導向），其目的在於增進身心障礙兒童學業與功能之成就，以促進其由學校轉進學校後的生活，包括中學後教育、職業教育、整合性就業（包括支持性就業）、繼續教育與成人教育、成人服務、獨立生活、社區參與等。

　　事實上，由就學階段轉入就業階段與成人生活，確實是轉銜最重要的

任務，不過，身心障礙學生各生涯階段皆可能面臨轉進之適應困難，因此，轉銜概念不應局限於就業準備，而應擴及人生各生涯階段之順利轉進。教育部（2008b）所編《身心障礙學生轉銜服務資源手冊》，亦將轉銜服務概念擴及零歲至老年的全人生各階段。

(三) 銜接

銜接意指決定適當的下一生涯階段，及順利轉進此一生涯階段，轉進後也能適應此一階段之生涯發展。為使轉進過程及轉進後，皆能順利及適應，教育單位在教育內容上，即需協助學生盡早選擇及確定下一轉進之階段或生涯，並培養學生適應下一階段所需具備之能力與態度，且採取相關措施，協助學生順利轉進及適應轉進後之生涯階段。因此，轉銜是一連續過程，為使階段間能順利銜接，教育單位需結合專業團隊完成以下四項轉銜任務：協助學生選擇及確定下一轉進階段、培養轉進下一階段所需之能力與態度、採取相關措施協助學生順利轉進、轉進後需持續追蹤以確保轉進後能順利且穩定的適應。

此外，轉銜涉及轉進與銜接，因此，原階段所屬單位（轉出單位）與擬轉進之下一階段所屬單位（銜接單位），亦需共同合作，各自採取適當措施，使身心障礙者能順利完成轉進過程，且轉入後亦能適應新的生涯階段。

綜合上述，轉銜即協助身心障礙者選擇及決定下一轉進的生涯階段，培養其適應下一階段所需知能，並採取適當措施，使身心障礙者能順利完成轉進任務，且適應下一階段的連續性教育與服務歷程。例如一位中學身心障礙者，學校在學生入學後，需透過個別化教育計畫會議，與學生、家長及其他重要關係人，依學生能力現況、興趣與家長期望，討論該生下一階段是升學或就業，若選擇升學則適性之科系為何，若選擇就業則適性之職種或工作為何，決定後即需盡早培養學生適應下一階段所需具備之能力，學校並需結合下一階段所屬機構或場所，共同採取適當措施，使學生

能順利轉進下一就學階段或就業，或進入下一安置環境，並能適應下一教育階段、就業職場或安置場所。

二、轉銜的重要性

不管任何人，在面臨人生各生涯階段之轉變時，皆或多或少會產生難以抉擇、懼於轉變、轉進後適應不佳等相關問題，而身心障礙者本身受限於生理或心理條件，在生涯轉變過程中，可能面臨比一般人更多更大之困難，學校若未提供適當輔導措施，則往往使學生難以轉進適當生涯階段，轉進後也可能遭遇相當之困難。此外，身心障礙者面臨人生階段轉換時，其家長往往也比一般學生家長更為焦慮，他們的焦慮可能來自對自己子女之不了解、缺乏信心、對未來階段之不了解或不放心等。因此，轉銜對身心障礙者本人及對家長而言，具有以下重要意義：

(一) 促進身心障礙者生涯階段間順利轉換

當面臨生涯階段轉變時，身心障礙者本身及家長，可能比一般學生及其家長更充滿不確定感，更易焦慮，也可能更不想改變。此種情況或許與幾個因素有關：(1) 學生能力、社會適應力不足，擔心難以適應下一階段，或擔心在下一階段遭受排斥或歧視；(2) 資訊不足，無法充分了解可供選擇之生涯選項；(3) 難以判斷能力現況與生涯選項是否適配。

身心障礙者轉銜輔導的目的，即在於提供相關教育與服務措施，協助學生及家長能順利轉進下一生涯階段，最終亦能更順利轉入職場與成人生涯。在生涯階段的轉換過程中，身心障礙者的需求與服務皆得以順利衔接。

為使身心障礙者能順利轉入下一生涯發展階段，原安置單位需評估學生能力現況，決定其適合之下一生涯發展，並積極培養學生適應下一生涯階段所需能力，且採取適當措施，協助學生順利完成階段間之轉移。

(二) 提高身心障礙者之就業率與收入

　　特殊教育的最終目標在於培養身心障礙者成為獨立個體，即為可承擔成人任務者，而工作或就業是達成獨立生活、承擔成人任務與產生自我價值感的重要途徑。不過，身心障礙者的就業率明顯低於一般人。Heward（2013）引用美國相關統計資料指出以下身心障礙者的相關就業數據：高中畢業後四年內，身心障礙者從事有薪工作的比例為 57%，一般人為 66%；身心障礙者只有 58% 從事的工作屬於全時工作（full-time jobs）；符合勞動年齡的身心障礙者就業率只有 18%，一般人則有 64%，認知功能障礙或障礙程度嚴重者，就業率更低。18～64 歲之身心障礙者屬於貧窮之比例為 26%，一般人則為 9%。身心障礙者從事的工作以食品服務、工人、收銀員為最多。

　　臺灣地區方面，內政部（2011）調查發現，2011 年 8 月身心障礙者之失業率為 12.35%，而同一時期一般民眾之失業率為 4.45%。身心障礙者從事的工作，以基層技術工作及體力工作佔最大比例（佔 35.84%），其次為服務及銷售工作人員（佔 19.32%）。有能力及有意願之身心障礙者，未就業的原因以「找不到合意的工作」最多，佔 34.45%，「無法勝任」或「未被錄用」次之，各佔 20.29% 及 18.88%。未就業的身心障礙者最希望政府提供的就業服務措施（複選）依序為提供就業資訊（佔 54%），提供就業媒合（佔 47%）、提供職業訓練（佔 47%）。身心障礙者收入最主要來源為政府補助或津貼。

　　由上述數據顯示，身心障礙者就業率、從事工作之專業性、生活收入等，皆低於一般人。而有意願與能力但卻未就業之身心障礙者，其未就業最主要原因為找不到合意工作。因此，如何在身心障礙者就學期間，培訓其未來就業應有之知能，及協助身心障礙者認識自己、認識適合之職種，並提供輔導措施，使其在就學與就業之間得以順利銜接，正是轉銜輔導與服務非常重要的目的。

(三) 協助身心障礙者適性升學

　　接受大學教育及中學後職業方案之身心障礙者，對其就業率、成功扮演成人角色與增加收入等，都具有明顯助益（Marcotte, Bailey, Borkoski, & Kienzel, 2005）。雖然能就讀大學的身心障礙學生本身即代表障礙程度較輕，自然亦較有利於未來就業，但無論如何，協助身心障礙者選擇適合的大專校院升學，增進其未來就業率、自我價值感及社會地位，仍是中學後特殊教育重要之目標。事實上，近年來臺灣地區在少子化衝擊下，高中職畢業生升學大專校院已呈現供過於求的情況，因此，身心障礙者只要具有升學能力與意願者，大都能如願升學。不過，協助學生自我認識、科系認識、各種入學管道認識、選擇適性學校類型與科系等，仍是中學階段轉銜服務的重要工作重點。反之，如果身心障礙學生確實不適合在完成高中職教育後繼續升學，則及早促使學生與家長做升學之外的其他轉銜準備，也是轉銜服務的重要目標。

(四) 以協助學生就業及獨立生活為目標導向

　　不管普通教育或特殊教育，皆在為學生的未來生活做準備。各教育階段特殊教育的目的，即為學生的未來就業、獨立生活與社區參與做準備，如果身心障礙學生在接受各教育階段一系列特殊教育服務，畢業離校後，只能回到家庭接受家人照顧，或終老於教養機構，而無法就業或從事有給工作，並獨立生活且有效參與社區生活，則先前所接受之特殊教育無異於資源之虛耗。因此，各階段之特殊教育，除非學生障礙程度確實嚴重，否則皆應將教育目標明確定位於學生離校後，能順利走入職場及獨立生活。此一目標導向的、結果導向的教育歷程，亦即轉銜歷程。為達成此一目標，自學前教育開始，即需進行一連串的生涯安排，讓身心障礙者歷經生涯覺察、生涯試探、生涯準備之後，終能進入生涯安置。

(五) 整合特殊教育資源

　　成功的轉銜，縱向方面，需各教育階段或生涯階段之整合，橫向方

面，需結合各專業領域。因此，由嬰幼兒轉至學前幼兒園，國小轉至國中，國中轉至高中職，高中職轉至大專校院，以至大專校院畢業後轉入職場等一系列教育階段，不但其教育內容需注意統整與相互銜接，且需採取相關措施協助身心障礙者在階段間順利轉進與銜接。此外，各階段之資源亦需整合，以協助學生順利轉銜。例如嬰幼兒轉至學前教育或學前教育轉至國民教育階段，除特殊教育外，較需社會工作、輔具、物理治療或職能治療之介入；高中職或高等教育階段轉至職場，則除特殊教育外，尚需職訓單位、職業輔導員、社區資源之介入。

第二節 轉銜評量

為了解學生目前的能力、社會適應、態度與意願及適合的轉銜目標，需先進行轉銜評量。轉銜評量主要目的在於評估學生之障礙性質、能力、需求、優弱勢、興趣、家庭生態環境、家長態度等，做為決定學生下一生涯階段發展之參考資料。學生下一生涯階段決定後，才能發展適應下一階段所需之能力及支持服務。依學生的身心特質、障礙類型與程度、能力等條件不同，其下一生涯發展階段、進程或轉進方式也可能不同。例如視覺障礙與聽覺障礙，或不同障礙程度的智能障礙者，其下一生涯發展階段即可能不同。

事實上，評量一直是特殊教育的重要過程，整個特殊教育計畫為訂定學生之學年目標、學期目標、支持服務，皆需實施評量。轉銜評量與一般特殊教育之評量，也可能互有關係、資料相互整合應用，不過，轉銜評量的重點在於評估學生現況，以做為決定下一生涯階段及培養學生轉銜能力之參考。

轉銜評量之內容應特別針對學生轉銜下一生涯階段，該階段所需具備之能力為何、該階段之環境支持程度、學生是否具備轉銜下一階段所需之能力、如何協助學生順利轉銜下一階段，因此，轉銜評量內容應個別化，

且具有特定性，不宜採用廣泛能力現況之評量工具或常模參照之標準化評量工具。以下說明轉銜評量應包括之重點。

一、轉銜評量的內容

轉銜評量包括以下幾項互有關係之重要內容：

(一) 學生之障礙性質、能力現況

學生的障礙類別、性質、程度及其能力現況之資料除屬於一般性資料外，尤需評估學生之障礙和能力現況與下一生涯階段之配合程度，並依其能力現況評估轉進下一生涯階段，所需培養之能力指標、所需提供之支持服務。較重要的能力包括學科能力與社會適應能力等兩方面，例如一個學前聽覺障礙幼兒，如果缺乏口語能力，則其轉進小學資源班，多數課程仍在普通班學習，可能仍有適應之困難，因此，如果該生獨立性佳、具有適當之學習能力，家長亦期待該生能轉銜安置於國小資源班，則學前教育階段即需加強其口語溝通能力及學前基本學科技能，以協助其幼兒園畢業後，能順利轉銜至國小資源班安置。

(二) 學生之優勢、興趣、偏好

美國 IDEA 法案規定轉銜服務需基於學生之需求，考量其優勢、偏好與興趣。當然除此之外，也需考量其弱勢、缺乏興趣之事物，以做為決定學生下一轉銜階段之參考。考量學生優勢、興趣、偏好也是對學生自決之尊重。尤其對年齡較大、認知功能無缺陷者，在做生涯轉銜時，更需充分考量學生之意願。例如有些國中學生對於餐飲料理極具興趣，對機械工具應用則甚排斥，若能協助其順利轉銜高職餐飲科就讀，則符合其自我決定，學生亦可能在未來生涯階段有較佳之適應。

(三) 學生所需支持服務

學生所需支持服務不但是目前生涯階段所需考量重點，也是決定下一

轉銜階段之重要參考指標。消極方面,需考量下一生涯階段能否提供學生所需支持服務;積極方面,則需協調下一生涯階段提供學生所需支持服務或替代性措施,或者培養學生在缺乏支持服務情況下所需之替代性能力。支持服務方面的轉銜評量,內容可能包括輔具應用、無障礙環境、人力支援、交通服務、經濟支持、相關專業團隊介入等。例如某位智能障礙學生上學需學校提供交通服務,則交通服務即需列入轉進下一生涯階段之參考;如果適合之下一生涯階段難以提供交通服務,則目前的安置場所即需積極培養學生搭乘大眾交通工具之能力。

(四) 家長態度與期望

家長是個別化教育計畫會議的重要參與者,因此,了解家長對其子女之態度與期望,是決定下一轉銜階段需考量的重要因素。除非家長之期望不合理,否則通常在與家長討論溝通之後,亦需尊重家長之抉擇。畢竟符合家長期望之轉銜將可獲得家長及家庭之支持,而家長之支持也是成功轉銜的重要因素之一。例如有些家長傾向其子女安置於融合教育環境,有些則傾向安置於較具限制性之教育環境;有些家長希望其子女就讀普通高中,並繼續就讀大學,有些則希望其子女就讀職業學校,高職畢業後能就業。

(五) 下一轉銜階段所需能力及其資源

了解下一生涯階段所需之能力與資源,具有幾個目的:(1) 評估轉入該安置所需具備之能力與學生之能力現況是否符合,做為評估轉銜安置適當性之參考;(2) 若學生尚未具備轉入該安置所需能力,則需列入學年目標與學期目標積極培養之;(3) 轉銜過程中,目前安置與未來安置之間需做協調,一方面讓下一安置單位了解學生需求及所需支持服務,另一方面亦促使下一安置單位提供學生所需支持服務。

二、不同教育階段之評量重點 🖊

　　轉銜評量除考量不同障礙類別、障礙程度之外，不同教育階段其轉銜評量之重點也可能不同。

(一) 嬰幼兒轉銜學前教育

　　我國《特殊教育法》（2014）規定，二歲之身心障礙幼兒即享有接受特殊教育之權利，因此，嬰幼兒轉銜學前教育將是第一階段之生涯轉銜。此一轉銜主要責任應該屬於各縣市之早期療育通報轉介中心，轉銜之評估可能包括以下重點：

- 嬰幼兒之能力、生活自理、溝通、情緒行為、健康狀況與身心現況。
- 輔具需求、無障礙環境需求、醫療需求、健康照護需求、人力支援需求等各項需求。
- 各項安置所需之基本能力或條件。
- 嬰幼兒各項能力現況與擬轉銜安置類型之適配性。
- 嬰幼兒轉銜各項安置所需培養的基本認知能力與適應能力。
- 家庭功能、家庭支持、家庭資源之現況。
- 父母對嬰幼兒接受學前特殊教育之擔心、意願、態度與期望。
- 社區內有否適合之安置，例如學前之特殊教育方案、巡迴輔導、資源班、集中式特殊教育班、特殊教育學校。
- 社區內有否適合之療育中心，例如醫療院所、學術單位或社會福利機構等所設置之療育中心。
- 安置環境之遠近、交通接送服務、上課時段與時間、上課次數等與家長之配合性。
- 學校之無障礙環境與嬰幼兒之適配性。
- 可以提供轉銜服務的專業團隊資源。

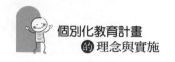
(二) 學前教育轉銜國民小學

學前教育轉銜國民小學，轉銜評量可能包括以下重點：

- 幼兒之認知、溝通、自理、社會適應、情緒行為等現況。
- 輔具需求、無障礙環境需求、醫療需求、健康照護需求、人力支援需求等各項需求。
- 各項安置所需之基本能力或條件。
- 幼兒各項能力現況與擬轉銜安置類型之適配性。
- 幼兒轉入國民小學前所需培養之認知能力與社會適應能力。
- 家庭功能、家庭支持、家庭資源之現況。
- 父母對幼兒接受國民小學各類特殊教育安置類型之迷思、擔心、意願、態度與期望。
- 學區內適合之安置，例如特殊教育方案、巡迴輔導、資源班、集中式特殊教育班、特殊教育學校。
- 社區內其他相關之特殊教育資源，例如醫療院所、學術單位或社會福利機構等所設置之訓練中心。
- 安置環境之遠近、交通接送與服務。
- 可以提供轉銜服務的專業團隊資源。
- 學校之無障礙環境與幼兒之適配性。
- 是否適合依《強迫入學條例》（2011），申請暫緩入學；暫緩入學期間，有否有助於未來轉銜之相關資源。

(三) 國民小學轉銜國民中學

國民小學轉銜國民中學，轉銜評量可能包括以下重點：

- 兒童之認知、溝通、自理、社會適應、情緒行為等現況。
- 輔具需求、無障礙環境需求、醫療需求、健康照護需求、人力支援需求等各項需求。
- 各項安置所需之基本能力或條件。

- 兒童各項能力現況與擬轉銜安置類型之適配性。
- 兒童轉入國民中學前所需培養之基本學科能力與社會適應能力。
- 家庭功能、家庭支持、家庭資源之現況。
- 父母對兒童接受國民中學各類特殊教育安置類型之迷思、擔心、意願、態度與期望。
- 學區內適合之安置，例如特殊教育方案、巡迴輔導、資源班、集中式特殊教育班、特殊教育學校。
- 安置環境之遠近、交通接送與服務。
- 學校及社區內其他相關之特殊教育資源，例如學校之補救教學措施、課後留校措施、社會福利機構之課後照顧服務等。
- 可以提供轉銜服務的專業團隊資源。
- 學校之無障礙環境、支持服務與兒童之適配性。
- 是否適合依《特殊教育學生調整入學年齡及修業年限實施辦法》（2014）申請延長修業。

(四) 國民中學轉銜高中職

雖然我國 2014 年正式實施十二年國民基本教育，但近年來受少子化影響，升學高中職已幾乎無名額限制，加上教育部訂定《身心障礙學生升學輔導辦法》（2013），身心障礙學生升學高中職的管道已極多元，包括特殊教育學校、高中職特殊教育班或資源班、普通高中職等，皆有各種升學機會，因此，如何協助國民中學畢業之身心障礙學生轉銜高中職，即是轉銜評量之重點。此階段之轉銜評量，重點包括以下項目：

- 學生之認知能力、學科能力、工作或職業能力、社會適應、情緒行為等現況。
- 各種升學安置類型所需之基本能力或條件。
- 各項升學安置類型的具體教育目標，例如擬轉進之高職，其教育目標是職業教育或升學導向。

- 各項職業類科具體的教育目標,例如食品營養科與餐飲科,其教育內容與教育目標之內容及其差異。
- 學生各項能力現況與擬轉銜安置類型之適配性,例如特殊教育學校或普通學校、特殊教育班或資源班、普通高中或職業學校、公立學校或私立學校;若為職業學校,哪些科系。
- 學生之興趣、偏好或生涯選擇。
- 家長對學生升學之擔心、態度與意願,及對其未來生涯發展之期望。
- 各項升學管道的入學資格、入學方式、甄試期程、甄試內容等。
- 轉入下一生涯階段前所需培養之基本學科能力與社會適應能力。
- 父母對學生接受高中職各類特殊教育安置類型之意願、態度與期望。
- 學區內適合之安置,例如特殊教育方案、巡迴輔導、資源班、集中式特殊教育班、特殊教育學校。
- 安置環境之遠近、學生自行上下學、學校交通服務。
- 可以提供轉銜服務的專業團隊資源。
- 學校之無障礙環境、支持服務與學生之適配性。
- 是否適合依《特殊教育學生調整入學年齡及修業年限實施辦法》申請延長修業。

(五) 高中職轉銜職場

有些身心障礙學生基於其能力、意願或家長期望,高中職畢業後選擇進入職場,針對這些學生其轉銜評量應包括以下重點:

- 學生的能力、社會適應、情緒行為、職業能力、就業態度、適合從事之就業類型(競爭性就業、支持性就業、庇護性就業)、就業職種(例如門市服務、餐飲製作,或其他技術性、服務性就業職種)、工作內容(技術性工作、助理性工作、非技術性工作)。

- 轉銜職場需培養學生哪些認知能力、學科能力、社會適應能力、情緒行為管理能力。
- 學生本身的意願、偏好、興趣，與轉銜之就業的適配性。
- 家長對其子女就業之擔心、態度、期望與支持度。
- 輔導學生考取職業相關證照（例如乙級、丙級技術士），需培養學生哪些能力、採取哪些措施。
- 培養學生轉銜職場需具有之相關技能（例如機車考照、汽車考照），需採取哪些輔導措施。
- 各種證照考試之評量調整或考試服務與學生之適配性。
- 職業教育、職能評估、職場實習、就業輔導等需如何整合。
- 職場支持性措施與學生障礙之適配性。
- 就業者就業狀況之追蹤與輔導。
- 職場之無障礙設施、職務再設計與學生障礙之適配性。
- 就業場所雇主、員工對身心障礙者是否了解、接納與支持。
- 學生是否具備休閒、社會參與、自我倡導、公民參與、婚姻等成人角色與功能。
- 社會教育、繼續教育、社區資源等與學生需求之適配性。
- 社政或勞政單位之職業輔導及其他相關資源與學生需求之適配性。

(六) 高中職轉銜大學

目前臺灣地區之高等教育亦呈現供過於求之現象，加上教育部也提供各種身心障礙學生升學大專校院的管道，因此，如何輔導身心障礙學生轉銜適當大學及科系就讀，即成為轉銜評量之重點。此階段轉銜評量之重點如下：

- 學生之認知能力、學科能力、社會適應等，是否適合升學大學，及其適合就讀之大學類型（普通大學、技職大學）、大學科系。
- 各種入學管道（身心障礙學生升學甄試、各大學之身心障礙學生獨

立招生、各大學推薦甄試或聯考）與學生之適配性。

- 參加各種大學入學管道，所需採取之輔導措施（例如備審資料製作、口試技巧、應考技巧等）。
- 為促使學生順利入學適合之大學類型及科系，尚需培養學生哪些學科能力、社會適應能力及其他相關能力。
- 各種入學管道所提供之評量調整或考試服務與學生之適配性。
- 各大學所提供之輔導與支持服務與學生之適配性。

(七) 大學轉銜職場與成人社會

　　雖然《特殊教育法》並未規定大學需為身心障礙學生訂定個別化教育計畫，但該法亦規定大學需為身心障礙學生訂定個別化支持計畫，且《特殊教育法施行細則》亦將學生之轉銜輔導及服務內容，列為個別化支持計畫的內容之一，因此，各大學校院亦需負責身心障礙學生之轉銜輔導。此階段之轉銜評量應包括以下重點：

- 依學生之認知能力、學科能力、社會適應等，其適合從事之就業職種。
- 學生適合之就業職種，其是否已具備所需能力；尚需培養之就業技能與態度為何。
- 學生是否具備各種求職技能；如何輔導。
- 適合學生參加之證照考試、公職人員考試、公私立機關招考，與學生之適配性。
- 各種證照考試及相關考試所提供之考試服務措施與學生之適配性。
- 學生是否具備參加各種就業考試，所需具備之考試技巧；如何輔導。
- 各就業職場所提供之無障礙及支持服務與學生之適配性。
- 就業場所雇主、員工對身心障礙者是否了解、接納與支持。
- 學生是否具備休閒、社會參與、自我倡導、公民參與、婚姻等成人

角色與功能。

- 社會教育、繼續教育、社區資源等與學生需求之適配性。
- 社政或勞政單位之職業輔導及其他相關資源與學生需求之適配性。
- 學生之能力現況、興趣與意願，是否適合繼續做更高階之學位進修，及更高階之學位進修的管道、學校類型、科系等與學生現況之適配性。

三、不同安置類型間的轉銜 🖉

　　不同安置類型間的轉銜，包括由普通教育安置轉銜至特殊教育安置、由限制較少或較大的特殊教育安置轉銜至限制較大或較小的特殊教育安置（例如由資源班轉安置集中式特殊教育班，或由集中式特殊教育班轉安置資源班）、由特殊教育安置轉銜至普通教育安置等。

　　由普通教育或限制較小安置，轉至特殊教育安置或限制較大安置，轉銜評量包括以下重點：

- 此一轉銜是基於專業評估，或基於學生、家長、教育人員之主觀意願。若為主觀意願，則需評估造成此一主觀意願的原因及因應方式（例如家長堅持將其輕度智能障礙子女安置於集中式特殊教育班）。
- 學生與家長之意願、對未來安置場所之疑慮。
- 學生與家長對新安置場所的了解及配合。例如是否部分時段回歸普通班、資源班每週上課節數、上課時段、補救教學科目與內容等。
- 學生與家長對新安置場所之生活作息、班級經營的了解與配合。例如每天到校時間、班級規範等。
- 學生與家長對新安置場所教材、教法、評量等方式之了解與配合。例如教材、評量方式調整等，與原安置場所之差異、對學生之適配性。
- 學生與家長對新安置場所支持服務之了解及其與學生之適配性。例

　　如對人力支援、輔具應用、交通服務等支持服務的了解，及其對學生之適配性。

・轉銜過程中，同儕關係、師生關係之改變與調適。

　　由限制較大的安置轉至限制較小安置，或由特殊教育安置完全回歸普通教育安置，則轉銜評量包括以下重點：

・此一轉銜是基於專業評估，或基於學生、家長、教育人員之主觀意願。若為主觀意願，則需評估造成此一主觀意願的原因及因應方式（例如家長申請放棄其子女之身心障礙學生資格或特殊教育安置）。

・新安置場所之支持系統是否充分、與學生需求是否配合。例如教師與同儕之接納與協助、班級人數是否太多、有否人力支援、交通服務是否適當等。

・新安置場所教學環境與學生之適配性。例如課程調整、評量調整、作業調整、環境調整、教師接納、同儕接納等，是否符學生之需求。

・新安置場所、普通班教師、特殊教育教師，所能提供的支持、諮詢合作。

・新安置場所之教師對身心障礙學生的了解是否足夠、專業知識是否足夠、期望是否合適。

・轉銜過程是否需採漸進式，讓學生、家長、普通班教師逐漸適應。

四、轉銜評量的實施方法

　　轉銜評量的實施方法，可分為量化方法與質化方法。這些評量方法通常都會考量其對評量項目之適用性，並綜合應用適當評量方法，而非只單獨採用特定的評量方法。

(一) 量化方法

量化方法可以採用教師自編之評定量表，對學生本人、特殊教育教師、普通教育教師、專業團隊成員、重要關係人等進行評量。評定量表內容依不同轉銜階段、不同安置類型、不同障礙類型與程度等，具有相當程度之個別差異，因此，一般皆需教師針對各項特定內容自編，較不適合採用評量學生一般性之智力、社會適應能力、職業能力、語言能力、興趣或態度等常模參照之標準化評量工具。例如針對國小輕度智能障礙學生轉銜國中資源班，教師可自編以下四等評定量表（表 9-1），對特教教師、普通教育教師、其他專業團隊成員進行評量，了解相關人員對學生轉銜至國中資源班適合性的評估。此外，也可針對學生對下一轉銜階段之意願、態度、所需具備之能力等編製評定量表進行評量，做為轉銜計畫訂定之參考。

除採用評定量表外，也可針對轉銜至下一階段所需具備之能力，進行

表 9-1　王小明轉銜國中資源班評定量表

題號	題目內容	非常同意	同意	不同意	非常不同意
1.	他的語文學習能力，適合安置國中資源班				
2.	他的數學學習能力，適合安置國中資源班				
3.	他的英文學習能力，適合安置國中資源班				
4.	他的人際互動能力，適合安置國中資源班				
5.	他的社會適應能力，適合安置國中資源班				
6.	他的情緒行為表現，適合安置國中資源班				
7.	他自己期望安置國中資源班				
8.	他的家長期望他安置國中資源班				
9.	國中資源班現有的課程調整，符合他的需求				
10.	國中資源班現有的支持服務，符合他的需求				

檢核或直接之測驗，以評估學生是否適合進行此一轉銜，或是否仍有轉安置前所需培養之能力。許多職能評估、實作評量、真實評量、工作樣本評量等，即針對特定工作情境（例如餐廳、大賣場等）、特定工作項目（例如操作影印機、洗衣機等），直接評量學生從事相關工作所需能力之具備程度。

(二) 質化方法

　　質化方法則可採用訪談及相關資料檢視等方法進行轉銜評量。訪談方法可以針對轉銜下一階段所需具備之認知能力、學科能力、工作能力、社會適應、生活自理、情緒行為及學生之意願、興趣、偏好等，訪談相關人員及學生本人，以評估及選擇適當的轉銜目標，及了解轉銜前所需培養之能力及態度。訪談方法最好能事先擬定訪談大綱，並於訪談過程依當時情境，配合進行追問、澄清、引申、擴充等，以對評量項目有更深入之了解。例如針對前述國小輕度智能障礙學生轉銜國中資源班之適當性，可以擬定如表 9-2 之訪談大綱，對相關人員進行訪談。

表 9-2　王小明轉銜國中資源班訪談大綱

題號	題綱內容
1.	他的語文學習能力，適合安置國中資源班嗎？為什麼？
2.	他的數學學習能力，適合安置國中資源班嗎？為什麼？
3.	他的英文學習能力，適合安置國中資源班嗎？為什麼？
4.	他的人際互動能力，適合安置國中資源班嗎？為什麼？
5.	他的社會適應能力，適合安置國中資源班嗎？為什麼？
6.	他的情緒行為表現，適合安置國中資源班嗎？為什麼？
7.	他自己期望安置國中資源班嗎？為什麼？
8.	他的家長期望他安置國中資源班嗎？為什麼？
9.	國中資源班現有的課程調整，符合他的需求嗎？為什麼？
10.	國中資源班現有的支持服務，符合他的需求嗎？為什麼？

採用相關資料檢核的方式，則可檢視學生現有的各種測驗、紀錄、成果、作品、競賽、證照等相關資料，評估及選擇學生適合的轉銜目標、目前尚需積極培養的能力指標及所需採取的轉銜輔導措施。例如某高職三年級學生，個別化教育計畫成員會依其就讀餐飲科期間，在學校的普通學科成績、餐飲術科成績、餐飲證照、參加各種相關廚藝競賽成績，及教師、家長對其社會適應、情緒管理等方面的輔導紀錄，與家長、學生對未來生涯發展的訪談紀錄等相關資料，評估該生高職畢業後，適合轉銜大學餐飲學系繼續升學，或轉銜餐飲職場就業。此外，並評估轉銜大學餐飲學系繼續升學，在參加大學入學甄試及未來就讀大學方面，該生尚有哪些能力或資歷待加強，學校需採取哪些轉銜輔導措施；如果轉銜餐飲職場，則在就業能力、工作態度、工作資歷、相關證照等方面，該生尚有哪些能力或資歷待加強，學校尚需採取哪些輔導措施，協助該生畢業後能順利進入符合其能力、興趣且具有適當支持系統之職場。

第三節　轉銜計畫的內容與實施

　　轉銜的目的在於協助身心障礙學生順利轉進下一生涯階段，且使階段間學生之需求與服務得以銜接。為達成此一目標，教育單位需由兩方面著手，其一為培養學生適應下一階段所需之能力與態度，此部分屬於教育或輔導之內容，需由個別化教育計畫專業團隊評估學生能力現況與未來生涯發展所需能力後，擬定適應未來生涯發展尚需培養之能力，並納入學年目標與學期目標中進行教學；其二為採取相關服務措施，協助學生在階段間的轉換更為順利、更趨緊密。此部分屬於服務之內容，除依個別化教育計畫會議所決議之服務內容外，亦需符合教育部所訂《各教育階段身心障礙學生轉銜輔導及服務辦法》之規定。教育部所訂《特殊教育法施行細則》第9條規定，轉銜輔導與服務，包括升學輔導、生活、就業、心理輔導、福利服務及其他相關專業服務等項目。

因此，一般而言，轉銜計畫之內容包含輔導或教育內容、轉銜服務內容等兩部分。

一、轉銜教育內容

為使學生能順利轉銜下一教育階段或生涯階段，首先需確定轉銜下一階段所需之能力，接著評估學生目前所不足的能力，並將這些能力列入個別化教育計畫的學年目標與學期目標中，因此，轉銜計畫與個別化教育計畫需充分結合，而非各自獨立。

廣義而言，前一階段之教育目標皆在為下一階段做準備，求學階段也在為學生未來進入職場、承擔成人社會責任與參與社會做準備，換言之，特殊教育是以生涯轉銜目標為導向的教育歷程，為達成此一目標，除整個特殊教育的課程設計需以生涯發展為導向外，個別化教育計畫會議亦需於學生入學之初即開始規劃該生未來之轉銜目標，並盡早協助學生及家長了解及確定未來的生涯抉擇，以利盡早將轉銜下一階段所需之能力指標納入個別化教育計畫的教學目標中。因此，完整的轉銜應始於學生入學之初，而非始於即將畢業離校之時。狹義而言，尤其在學生即將畢業的最後一年，個別化教育計畫會議在討論學生的教學目標時，即需特別評估及檢討學生轉銜下一階段尚缺乏的能力，並納入學年與學期目標中。

不同個案、不同轉銜階段、不同轉銜目標，學年目標與學期目標所需列入與轉銜有關的能力也可能不同。就普通學校的特殊教育安置而言，學前轉銜國小，需重視就讀小學所必要之生活自理、社會適應、情緒管理、溝通能力、人際關係、生活作息、基本學科能力等；國小轉銜國中，需重視就讀國中所必要之社會適應、情緒管理、人際關係、基本學科能力、上下學之交通能力等；國中轉銜高中職，需重視就讀高中職所必要之社會適應、人際關係、情緒管理、學科能力、上下學之交通能力等；高中職轉銜大學，需重視就讀大學所必要之社會適應、學科能力；就學階段轉銜職場及成人生活，則需重視進入職場所必要之工作能力、工作態度、社會適

應、人際關係、社區參與、公民參與、自我權益維護等能力與態度。

二、轉銜服務內容

　　轉銜服務內容即指學校為使學生能順利轉銜下一教育階段，所採取的行政措施與輔導措施，這些行政與輔導措施也需符合教育部所訂《各教育階段身心障礙學生轉銜輔導及服務辦法》之規定，並列入個別化教育計畫中落實執行。一般而言，可以採行以下行政與輔導措施：

(一) 轉銜會議

　　依《各教育階段身心障礙學生轉銜輔導及服務辦法》第4條之規定，跨教育階段及離開學校教育階段之轉銜，學生原安置場所或就讀學校應召開轉銜會議，討論訂定生涯轉銜計畫與依個案需求建議提供學習、生活必要之教育輔助器材及相關支持服務。依此辦法，嬰幼兒轉銜學前教育、學前教育轉銜國小、國小轉銜國中等，皆需於安置前一個月召開轉銜會議，邀請擬安置學校、家長及相關人員參加；國中轉銜高中職、高中職轉銜大專校院，或國中以上學校學生，表達畢業後無升學意願者，則需於畢業前一學期召開轉銜會議。

　　此一轉銜會議之主要目的在於使原安置場所與未來安置場所或擬安置場所之教育與相關人員，對學生之能力現況、教學策略、需求、輔具、福利、交通及其他相關服務等，相互討論與銜接。雙方並需決議，原安置場在個案畢業前應提供之輔導措施，及未來安置場所在個案安置時，應提供之教育、服務與支持。以此而言，轉銜會議如果能夠在學生下一安置場所已確定的情況下召開，最有利於原安置與未來安置場所之間具體討論。如果轉銜會議召開時，學生下一安置場所尚未確定，則轉銜會議較難就學生之需求與服務，與下一安置場所達成明確決議。因此，原安置場所若依《各教育階段身心障礙學生轉銜輔導及服務辦法》之規定，於學生畢業前一個月或前一學期召開之轉銜會議，最好亦能於學生下一安置場所確定

後，邀請擬安置場所相關人員，再召開一次轉銜會議，雙方就轉銜輔導相關內容，做更明確之討論與決議。

不同轉銜階段、不同障礙類型的學生，轉銜會議邀請出席的相關人員也可能不同。轉銜會議需考量學生的個別現況與需求，因此，最好以針對個別學生需求的方式召開，若因需轉銜的人數較多，則可依學生需求分組召開，並至少保留一些個別時間，討論個別學生之轉銜服務內容。除學生、家長、特殊教育教師、普通班教師外，邀請出席會議的相關人員也需依學生需求不同而調整，例如學生若有醫療或輔具需求者，則需邀請醫師或相關專業團隊人員出席；學生若擬轉銜至職訓單位、就業場所者，則需邀請職業訓練單位、業界代表出席；學生若擬升學大學校院，則需邀請大學資源教室及相關科系教師出席。

轉銜會議除報告個案之現況與需求外，會議亦需對教師、家長及學生對未來轉銜的擔心顧慮與其因應措施，及學生所需的轉銜服務內容，做出明確之決議，以求落實執行。例如學生若需評量調整服務，則需明確決議：「王小明參加學校考試時，需要有專人為他報讀試題」，而非僅做「考試時建議給予適度調整」之原則性規範。

此外，依《各教育階段身心障礙學生轉銜輔導及服務辦法》第4條之規定，轉銜會議需依決議，訂定轉銜服務資料，包括學生基本資料、目前能力分析、學生學習紀錄摘要、評量資料、學生與家庭輔導紀錄、專業服務紀錄、福利服務紀錄及未來進路所需協助與輔導建議等項；轉銜服務資料得依家長需求提供家長參考。轉銜服務資料並需至教育部特殊教育通報網填寫及上傳。

(二) 編製書面參考資料

許多身心障礙者及其家長，往往對下一教育階段或生涯階段，有哪些適當的轉銜安置不了解或存有疑慮，因此，如果學校能在學生入學之初即提供與轉銜相關的書面資料，讓學生及家長參考，則對於學生的轉銜抉擇

應有助益。例如下一階段可供選擇的安置類型、不同安置場所需具備的身心條件、不同安置場所提供之教育內容與資源、不同升學方案所需具備的資格、相關法規的規定等等，皆可納入書面資料中。當然若能將相關資料亦置於學校網站中，則有利於家長可隨時下載及查閱。

(三) 參訪活動

學生及家長若能實際參訪下一可能的安置場所，並聽取相關人員之簡報及相互討論，則對於學生及家長的轉銜抉擇應有助益。例如擬轉銜進入學前教育階段者，可以安排家長參訪相關之學前特殊教育機構或場所；其他各不同教育階段之轉銜，皆可安排學生及家長，參訪社區或學區內下一轉銜階段各類特殊教育安置場所；擬轉銜職場者，則可參訪適當之職業訓練單位、就業場所等；擬轉銜社區安置者，則可參訪適當之社區安置機構或場所。

(四) 生涯與升學講座

生涯講座可以邀請與下一生涯轉銜有關的人員，說明各類轉銜的性質及選擇時應注意的原則，並與學生及家長相互討論，讓學生及家長做為未來生涯選擇時之參考。例如邀請餐旅從業人員或餐旅學系教師，說明選擇餐旅為職業應注意之事項、應具備之條件；或辦理大學甄試備審資料、面試等講座，讓有意參加大學甄試的學生及家長參考。

(五) 升學輔導措施

對於即將升學高中職或大學校院的身心障礙學生，訂定具體的升學輔導措施，有助於提高學生之升學率及選擇適性之升學科系。升學輔導措施除包括前述參觀、書面資料提供、講座之外，尚可提供興趣或性向量表測驗、升學科系面談與諮詢、備審資料製作輔導、面談與口試演練、考前複習。各校可列出各項輔導措施之日程、負責人員、辦理地點、辦理內容等具體做法。

(六) 整合職業課程、職能評量與職場實習

對於畢業後擬就業的學生而言，職業課程、職能評量、職場實習三者的整合非常重要。依《各教育階段身心障礙學生轉銜輔導及服務辦法》第 10 條之規定，設有職業類科之高級中等學校及特殊教育學校高職部，應於學生就讀第一年辦理職能評估。畢業前二年，學校應結合勞工主管機關，加強其職業教育、就業技能養成及未來擬就業職場實習。

了解學生職業能力與興趣、培養學生就業能力及促進學生獲得職場經驗，三者整合才有利於學生畢業後順利就業。事實上，職場實習經驗也是實際觀察學生是否適合從事此一職種或工作的重要方法，且有些學生藉由職場實習後，也可能因而獲得雇主雇用。

(七) 就業媒合、職場輔導與追蹤輔導

畢業後即將就業的學生，在經由職場實習後，學校需主動結合就業輔導單位，評估適合學生就業之職種與場所，提供學生就業媒合機會，搭起學生與就業場所之間的橋樑。學校若能落實此一就業媒合工作，則對於提高學生之就業率應具有明顯促進作用。實際做法方面，學校與就業輔導單位需充分合作，主動開發或尋求學生就業機會，事先了解各職場所需具備之能力與條件，並評估學生之適合程度，接著主動與雇主接洽，並讓雇主對學生有進一步之認識與試用機會，以評估學生對其職場之適合度。學生進入職場後，亦需提供職場之實際觀察與輔導。此一輔導措施不僅需針對身心障礙學生進行輔導，尚需針對雇主及職場同事進行輔導，讓職場相關人員亦能了解、接納及協助身心障礙者。一般而言，雇主及同事對身心障礙者的了解與接納態度，是影響已就業之身心障礙者能否長期穩定就業之重要因素。學生若能較穩定就業，固然可以漸漸撤除外在協助，但仍需持續給予追蹤輔導，了解學生、家長、雇主、工作同事及職場環境有否遇到相關困難，並即時提供必要之諮詢或解決方法。因此，轉銜輔導本身也需轉銜，亦即由密集協助到逐漸放手，但放手過程仍需避免學生再遇險阻。

(八) 社區資源整合

對於轉銜下一教育階段的學生，學校對社區中適合學生轉銜之場所及社區可用資源需充分了解；對於擬轉銜就業場所或社區安置者，則需了解社區中適合的職場、社區安置場所，及各職場、安置場所需具備之能力與條件限制。學校需主動整合這些社區資源，以利學生未來轉銜所需。

(九) 訂定轉銜輔導計畫

個別化教育計畫會議需討論及訂定轉銜輔導計畫，此一計畫包括轉銜輔導或教育、轉銜服務等兩部分，前者即為協助學生順利轉銜下一生涯階段，對其需培養或訓練的相關能力；後者即為協助學生順利轉銜下一生涯階段，學校所應採取之行政及輔導措施。在輔導或教育內容方面，例如學前階段轉銜國小，需培養幼兒基本溝通能力、基本認知能力、生活自理、情緒控制等，並將這些有利於學生順利轉銜的能力，列入學年目標與學期目標之中。在轉銜服務內容方面，例如召開轉銜會議、辦理轉銜參訪、辦理轉銜講座、辦理證照考試輔導、職能評量、職場實習、轉介就業、編製轉銜輔導資料、輔導或協助學生取得各種適性升學所需之報考資格、辦理升學高中職或大學甄試輔導等等。

此一轉銜輔導計畫之訂定需注意幾個原則：(1) 針對不同轉銜階段、不同障礙性質、不同能力現況，與家長及學生之意願及擔心事項，訂定符合學生個別需求之計畫內容；(2) 輔導措施之內容需明確、具可執行性，例如詳細列出辦理項目、內容、日程、負責人員、經費預算等，不應只是一些原則性、概念性的計畫內容，或只列出辦理項目名稱（例如只列出「辦理參訪活動」此一項目名稱）；(3) 需培養的能力應列入學期目標，並需具體陳述這些目標，使其符合可觀察與可測量之性質，並如其他學期目標般，訂有實施日期、評量方法、評量標準、負責人員等；(4) 如果學生適合參與，盡量邀請其本人參加討論，且尊重學生對其生涯之自我抉擇；(5) 參與訂定者需依學生之障礙性質、未來轉銜需求，以團隊合作

方式共同討論訂定；(6) 如同整體個別化教育計畫般，每學期至少檢討一次。

Chapter *10*
個別化教育計畫的
實施原則

美國 IDEA 法案歷經多次修訂，不過，自 1975 年制定《全體身心障礙兒童教育法案》（Public Law 94-142）起，即規定需為 3～21 歲之身心障礙學生擬定個別化教育計畫。我國《特殊教育法》於 1984 年首度正式立法，但法案只於第 6 條規定「特殊教育之設施，以適合個別化教學為原則」，並未明確規定需訂定個別化教育計畫，依此一法案制定之《特殊教育法施行細則》亦未對個別化教育計畫進一步加以規定或說明。至 1997 年《特殊教育法》全文修訂，始首度於第 27 條規定「各級學校應對每位身心障礙學生擬定個別化教育計畫，並應邀請身心障礙學生家長參與其擬定與教育安置」，從此個別化教育計畫正式成為我國身心障礙學生接受特殊教育之必要法定文件。1998 年依此法案訂定之《特殊教育法施行細則》，於第 18 條亦明確規定個別化教育計畫所應包含之內容，並於第 21 條規定，主管機關對各階段特殊教育，應至少每二年評鑑一次。至此個別化教育計畫在我國不但是法定文件，其實施方式也有明確規範，更是特殊教育評鑑必備且是最重要之評鑑項目。本章先說明臺灣地區個別化教育計畫之相關研究結果，接著說明個別化教育計畫之實施原則。

 第一節 臺灣地區個別化教育計畫之研究結果

以臺灣地區個別化教育計畫實施狀況為主題之相關研究甚多，不過，每一研究之焦點、教育階段、班別、對象、研究時期及相關變項皆不同，

很難直接比較。以下就相關研究結果說明之。

一、採用個別化教育計畫之比例

1997 年之前，雖也有部分學校或學者（林幸台，1994）推動個別化教育計畫，但畢竟缺乏法令之強制規定，因此，各校訂定及落實個別化教育計畫之情況不一。林幸台（1994）之調查即發現，臺灣地區國小、國中、特殊教育學校、社福機構等特殊教育機構，對於個別化教育計畫曾使用過且目前仍繼續使用者佔 52.9%，曾使用過但目前已不使用者佔 16.0%，從沒使用過者佔 31.1%，可見調查當時，全臺約僅一半之特殊教育機構使用個別化教育計畫，且因缺乏法令明確規定，各機構對個別化教育計畫之包含內容及實施方式，也有落差。例如應用於國語文科者佔 68.6%，應用於數學科者佔 66.5%，應用於生活教育科者佔 64.2%，可見就主要學科之應用而言，即使已使用個別化教育計畫之學校或機構，仍有約 30%～40% 未將主要學科納入個別化教育計畫之訂定；個別化教育計畫所包含的內容方面，則以學生基本資料（佔 87.4%）、長程目標（佔 78.9%）、短程目標（佔 89.8%）之比例最高，但包含參與人員資料（佔 13.4%）、相關服務措施（佔 10.5%）之比例則不高。

不過，在 1998 年之後的研究中，個別化教育計畫之實施情況明顯提升，例如胡永崇（2002）以臺灣地區國小及國中啟智班教師為對象的研究顯示，92.5% 的教師表示已為每一位學生擬定個別化教育計畫，5.2% 表示已為多數學生擬定個別化教育計畫，1.7% 表示已為少數學生擬定個別化教育計畫，僅 0.5% 表示皆未擬定個別化教育計畫；蕭朱亮（2003）以高雄市國小啟智班教師為調查對象之研究，亦顯示 100% 接受調查之教師皆曾使用且目前持續使用個別化教育計畫。因此，近年在《特殊教育法》明確規定及特殊教育評鑑將個別化教育計畫列為重要評鑑項目的雙重規範下，臺灣地區特殊教育實施個別化教育計畫，應已達到完全實施之狀況。

二、使用電腦編製個別化教育計畫

在使用電腦編製個別化教育計畫方面，胡永崇（2002）之研究顯示，一直使用的老師佔 41.9%，經常使用的老師佔 20.3%，偶爾使用的老師佔 16.4%，從未使用者佔 21.4%，可見約 80% 的老師曾使用或一直使用電腦編製個別化教育計畫。蕭朱亮（2003）的研究亦顯示，87% 的老師使用電腦編製個別化教育計畫。不過，近年來依特殊教育評鑑之現場觀察，幾乎所有學校皆已採用電腦編製個別化教育計畫，已無教師使用手寫方式編寫了。事實上，以目前個別化教育計畫內容之複雜度及電腦文書處理之方便性，就編輯、儲存、修改、格式內容複製、列印、傳送、遠端查閱等各層面而言，使用電腦文書作業軟體編製個別化教育計畫之相關文件，已成必要且無可取代之方式。至於使用資料庫之電腦化個別化教育計畫編製系統方面，張貽琇（2005）以國小資源班教師為調查對象的研究顯示，使用資料庫之電腦化個別化教育計畫編製系統者僅佔 10.1%，可見臺灣地區特殊教育教師使用資料庫之電腦化個別化教育計畫系統編製者，仍佔較少比例。此一研究亦顯示，國小資源班教師對資料庫電腦化編製系統，較不滿意之項目為對於系統疑問較難很快獲得解答、資料庫之學年與學期目標較難確實在教學現場執行、對專業團隊的整合參與較無助益、對增進與家長的溝通互動較無助益、較缺乏具體規劃家長需負擔之任務等。

目前臺灣地區使用網路資料庫方式編寫個別化教育計畫，以「國教署特教網路中心」網站（http://www.aide.edu.tw/）及「有愛無礙」網站（https://webiep.dale.nthu.edu.tw/）較具系統性。使用資料庫之電腦化個別化教育計畫編製系統，具有以下優點：(1) 系統建置之各項內容符合法定規範；(2) 各項內容有許多項目可供點選，可以節省教師編寫之時間；(3) 有豐富之學年目標與學期目標可供點選；(4) 每一學年目標有豐富之相對應學期目標可供點選；(5) 使用超連結方式，可使各項目相互連結使用；(6) 透過網路，教師可於任何有網路處或行動網路裝置，查閱個別化教育

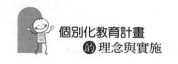
計畫內容；(7) 家長及個別化教育計畫相關成員，只要擁有密碼，皆可於網路可達處或透過行動網路裝置查閱。

不過，使用資料庫建置之電腦化系統也可能具有以下限制：(1) 難以完全符合每個學生個別化之需求。事實上，每位學生之個別化教育計畫內容、教學目標，皆可能有所差異，資料庫不易完全符合每個學生之需求；(2) 龐大之資料庫或表格、文件內容繁複，往往使得教師在各項目間相互查閱對照較為困難；(3) 未能如書面資料般，容易翻閱、隨時參考、隨時進行評量；(4) 透過項目點選方式固然方便，但卻可能使教師對每一目標或服務內容是否適合學生需求，缺乏足夠的思考；(5) 雖然點選之外，教師也可加入親自編寫，但多數教師可能仍以點選方式完成，較少親自撰寫內容；(6) 點選項目方式若未配合文字說明，較難深入了解實際狀況，例如點選學生現況為「記憶力不佳」，若無文字說明，則難以了解學生記憶力缺陷的實際情況；(7) 以項目點選方式，若缺乏執行之明確說明，較不易落實執行。例如在相關服務方面，只點選「評量方式調整」或即使再點選調整方式為「延長考試時間」，若缺乏負責人、調整科目、實施場所、成績採計、確切之調整方式等具體說明，仍難以執行。

三、編寫個別化教育計畫所需時間

編寫個別化教育計畫，需考量法定內容、學生個別需求、完整敘述內容等，因此，常需花費大量時間。胡永崇（2002）的研究顯示，編寫一份個別化教育計畫所需時間，53.6% 的教師表示需六小時（含）以上，僅 4.1% 教師表示一小時以內可完成。蕭朱亮（2003）的研究顯示，完成一份個別化教育計畫所需時間，72.7% 的教師表示需四小時以上，14.3% 表示三至四小時，無教師表示可在一小時以內完成。孫孝儀（2006）調查國小智能障礙學生之個別化教育計畫擬定，研究結果顯示，集中式特殊教育班教師，一學期中完成一份個別化教育計畫之擬定及評量，平均需 8.45 小時，資源班教師需 6.35 小時，研究亦發現，不同縣市的教師完成一份

個別化教育計畫之擬定及評量，所需時間亦有明顯差異。

　　張貽琇（2005）調查使用電腦化個別化教育計畫系統的教師，則顯示不計建立基本資料時間，完成一份個別化教育計畫所需時間，35.2% 表示可在 31～60 分鐘內完成，44.5% 表示需 61～120 分鐘，12.6% 表示需 120 分鐘以上。此外，楊佩貞（1996）的研究發現，國小啟智班的個別化教育計畫，每份平均頁數為 16 頁。

　　就以上研究顯示，使用資料庫之電腦化編製系統，對節省個別化教育計畫編製時間具有明顯助益。不過，資料庫式電腦化編製系統也可能具有上述限制，加上實際應用電腦化編製系統之教師比例不高，因此在教學現場中，教師編製個別化教育計畫所費時間確實不少，如果再加上籌備會議時間、準備會議相關文件、召開會議、相關聯繫工作、完成行政作業等，特殊教育教師完成一份個別化教育計畫所需時間，將比單純編寫計畫內容所費時間更多。

四、個別化教育計畫會議召開

　　擬定個別化教育計畫之前，需召開個別化教育計畫會議。胡永崇（2002）的研究顯示，50.5% 的教師表示每學期召開一次，26.2% 表示每學年召開一次，23.3% 表示未曾召開；檢討會議方面，38.4% 表示每學期召開一次，20.6% 表示每學年召開一次，40.9% 表示未曾召開；主管是否重視個別化教育計畫會議，25.5% 表示很重視，40.6% 表示有些重視，26.9% 表示不太重視，7% 表示很不重視；參加會議人員方面，54.6% 表示校長有參加，63.2% 表示主任有參加，20.6% 表示相關專業人員有參加，64.1% 表示家長有參加。就家長出席率方面，表示家長幾乎皆出席者佔 25.1%，表示約半數家長出席者佔 24.6%，表示少數家長出席者佔 32.3%，表示家長皆未出席者佔 7.3%，表示未邀請家長出席者佔 10.8%。家長未出席會議的原因，63.1% 老師表示推測是因沒有時間。不過，有 31.8% 的老師表示，個別化教育計畫會議對於擬定個別化教育計畫幫助不

大。此外，54.1%的老師表示，個別化教育計畫會議事先有與家長協商，22.2%的老師表示，會讓家長擁有一份其子女之個別化教育計畫。

蕭朱亮（2003）的研究顯示，個別化教育計畫會議召開方面，表示有召開會議者佔77.9%，表示相關人員只做書面資料參閱審核者佔19.5%；參加會議人員方面，表示相關專業人員參加者佔15.6%，表示運用專業團隊合作方式擬定者佔37.7%；家長參與方面，表示家長有參與會議擬定者佔57.1%，表示家長只做書面資料參閱審核者佔33.8%，表示家長無參與擬定者佔9.1%。楊佩貞（1996）的研究亦顯示，50%表示個別化教育計畫是由啟智班級之兩位教師負責設計，並非召開個別化教育計畫會議後所擬定。

就上述研究結果而言，行政人員與家長參加個別化教育計畫會議之比例皆約達60%。家長出席方面，表示幾乎所有家長皆能出席者僅佔約四分之一，約三分之一表示僅少數家長出席，甚至有約十分之一的老師表示並未邀請家長參加。表示會讓家長擁有其子女之個別化教育計畫者僅約五分之一。相關專業人員參加個別化教育計畫會議之比例則不超過20%，且約一半之個別化教育計畫是由特殊教育班教師共同擬定完成，而非召開個別化教育計畫會議討論後之決議。

五、個別化教育計畫對教學的助益

個別化教育計畫對教學的助益方面，胡永崇（2002）的研究顯示，78.6%的教師表示對教學具有助益，77.6%表示有助於顯示教學成效，87.8%表示有助於顯示學生進步情形，71%表示自己的教學與個別化教育計畫具有密切關係，82.7%表示有助於保障學生之權益，78.1%表示有助於保障家長權益。不過，也有59.6%的老師表示，個別化教育計畫應付檢查的性質大於教學實質助益，31.5%表示擬定個別化教育計畫會影響其教學，41.3%表示擬定個別化教育計畫與教師之專業能力關係不大。此外，蕭朱亮（2003）的研究顯示，就個別化教育計畫與教學結合而言，

94.8% 表示與教學結合；對教學的助益方面，54.5% 表示對教學有幫助，31.2% 表示稍有助益。

就上述研究結果而言，多數教師肯定個別化教育計畫對教學之助益，亦會使自己之教學與個別化教育計畫結合，也肯定個別化教育計畫對學生及家長權益之保障，但仍有約六成的教師表示，個別化教育計畫應付檢查之成份大於教學助益，且約僅一半之教師表示個別化教育計畫對教學具有較明顯之助益。

六、個別化教育計畫的內容

個別化教育計畫的內容除需符合法定項目外，也應注意內容是否符合學生需求、是否合理適當、是否一致與一貫。依相關學者之論述、研究及特殊教育評鑑過程所見，臺灣地區各校之個別化教育計畫內容可能或多或少具有以下相關問題（李翠玲，2006，2007；張英鵬，2010；鈕文英，2013）。

- 未依學生個別需求訂定，多人之個別化教育計畫雷同。
- 個別化教育計畫所訂之教學目標與服務措施，與教師實際教學、學校提供之服務措施不一致，使個別化教育計畫只是符合格式之形式上文件，而非教學服務之管理及執行文件。
- 學生現況之評量偏重常模參照測驗，而非課程本位評量。
- 學生現況偏好使用項目勾選方式，未以文字具體說明，難以了解學生之實際能力現況。
- 相關服務項目偏好使用項目勾選方式，未具體說明執行方式，難以落實執行。
- 教育目標、相關支持服務未與學生之能力現況充分配合。
- 學習目標以教師之立場敘寫，而非陳述學生應習得之目標，例如「指導學生使用筷子」。
- 學習目標寫成教學單元，例如「認識直角三角形」。

- 學期目標過於廣泛（例如學會加法計算），不夠具體，難以測量，也不易評估目標是否達成。

- 學習目標以能力指標方式敘寫，未配合教材說明，難以評估目標是否達成，例如只陳述「具有短文閱讀理解能力」，但未指出配合之短文教材。

- 學期目標是經工作分析之步驟，而非完整之活動，例如「右手能穿入衣袖」。

- 學年目標與學期目標未充分配合，即每一學年目標未舉出相對應之學期目標。

- 學年目標之教學起訖時間設定為整學期，難以在學期中評估目標是否達成。

- 學期目標只做一次評量，未設定形成性評量，難以看出學生隨教學之進步情況。

- 評量標準設定過低（例如精熟程度 70%），即使通過此一標準，學生之精熟水準仍不足。

- 評量方式未符合該項教學目標之評量效度，例如上廁所的能力採用學習單之紙筆評量方式，或閱讀理解採用教師報讀題目方式評量。

- 教學目標與提供之服務、教學內容不盡契合，例如列出許多數學科之教學目標，但學生每週卻只接受資源班一節數學補救教學；或訂有指導學生閱讀理解之教學目標，但卻未見符合教學目標之教材或教學內容。

- 具有行為問題的學生，未將正向行為支持所需培養的能力設定為學期目標。

- 轉銜下一階段所需培養的能力，未設定為學期目標。

- 有些屬於普通班教師應執行之學期目標（例如在普通班應表現之社會技巧）或非特殊教育教師應負責之教學目標，未明確列出普通班負責教師姓名或其他應負責執行者之姓名。

・只有教學目標，未包括學生所需之支持服務。

・上學年或上學期未達成之目標，未列入下學年或下學年繼續教學，
或未檢討該目標是否繼續教學或調整之。

・同一學校或同一班級，不同教師使用個別化教育計畫表格不同、撰
寫方式不同。同校教師、同班教師，未充分討論出可共用之表格。

發展適當之個別化教育計畫，除符合法令規定、符合學生個別需求
外，也可參考學者（盧台華、張靖卿，2003）所發展之評鑑檢核表，做為
檢視個別化教育計畫內容完整及合適性之參考指標。

七、個別化教育計畫實施之困難 ✏

個別化教育計畫雖是保障學生及家長權益的措施，但對教學現場之特
殊教育教師而言，卻也是工作壓力、工作負荷來源之一。加上相關條件之
配合不足，常使個別化教育計畫之實施更增困難。一般而言，個別化教育
計畫在臺灣地區之實施，可能具有以下困難（王馨怡，2007；胡永崇，
2002；蕭朱亮，2003）。

・個別化教育計畫編寫費時，影響教師之教學。尤其資源班往往學生
人數達 20 人或更多，編寫個別化教育計畫將佔去教師不少教學時
間。

・不同學者對個別化教育計畫所應包含之格式、內容、敘寫方式、繁
簡程度，常有不同見解，造成教學現場之教師無所適從。尤其個別
化教育計畫已是特殊教育評鑑之重要內容，評鑑委員對個別化教育
計畫之不同見解，更易造成教師之困擾。

・有些學校視個別化教育計畫擬定為特殊教育教師之任務，因而未提
供完成計畫所需之學校行政支援。

・有些學校視身心障礙學生之教育完全為特殊教育教師之職責，因
此，普通班教師應負職責或應完成之教學目標，並未明確規範於個
別化教育計畫中。

- 有些教學目標，因缺乏相關行政支援而難以達成，例如社區生活適應、轉銜所需能力培養，未獲行政支援；或資源班之排課未獲教務處優先處理等。

- 相關專業人員與特殊教育之整合不易，使得有些學生之相關服務難以落實，例如腦性麻痺學生之復健、輔具應用等，若相關專業人員與特殊教育教師未充分整合，則不易發揮相關專業服務成效。

- 家長出席個別化教育計畫會議及參與討論之意願不高，常使個別化教育計畫會議在缺乏家長參與情況下召開，或即使家長出席會議，但亦未充分參與討論。

- 家長配合度不高，有些需要家長配合之教學目標較難達成。例如在家之如廁訓練、口語溝通訓練等。

- 集中式特殊教育班、資源班、巡迴輔導班之班級人數較多，教學時數不足或缺乏個別教學時間，使得教學目標較難達成。

- 有些情緒行為障礙學生因家長拒絕配合相關之醫療介入，使得行為功能介入與支持方案執行成效較受限制，並可能因而影響教師之班級經營與教學實施。

- 特殊教育教師之行政事務或教學以外之事務過多，影響教學投入時間，使教學目標較難達成。

- 教師兼任行政職務，減授之時數聘請鐘點代課教師，影響班級經營與教學成效。部分學校甚至未補足兼行政職務者之減授節數，對特殊教育班之班級經營及教學成效的影響更大。

- 缺乏個案管理員之制度，使得個別化教育計畫難以整合。例如會議召開、相關專業人員介入、不同學科領域教學、相關服務等，都需個案管理員負責整合。尤其個別化教育計畫會議成員對教學目標及服務內容出現不同意見時，若缺乏個案管理員負責協調，則將造成個別化教育計畫執行之困難。

- 巡迴輔導教師並非校內編制教師，往往較難獲得學校行政人員及普

通班教師的充分支持或配合。

· 學校若缺乏專任之特殊教育教師，且校內教育人員對個別化教育計
的專業知識不足，則個別化教育計畫之實施易產生困難。

第二節 個別化教育計畫之實施原則

　　個別化教育計畫之「計畫」既是名詞、動名詞，也是動詞，當名詞代
表一項整合身心障礙學生教育與服務之文件；當動名詞代表完成此一文件
所需歷程，例如召開會議、行政支持與專業整合歷程；當動詞代表計畫需
確實規劃、實際執行及檢討調整。換言之，個別化教育計畫需依據身心障
礙學生之特殊需求，結合相關資源，確實規劃並發展出具體可行的計畫，
且落實執行之，並對執行過程進行監控與調適。

　　為有效執行個別化教育計畫，除參照前面各章所述外，仍需注意以下
原則之應用。

一、確定個別化教育計畫為依法定程序完成之法定文件

　　《特殊教育法》（2014）第 28 條明確規定：高級中等以下各教育階
段學校，應以團隊合作方式對身心障礙學生訂定個別化教育計畫，訂定時
應邀請身心障礙學生家長參與，必要時家長得邀請相關人員陪同參與。
《特殊教育法施行細則》（2013）第 9 條、第 10 條對個別化教育計畫所
應包含之內容及訂定之日程亦加以規範。因此，個別化教育計畫是具有法
定地位之法定文件，學校若未依《特殊教育法》及《特殊教育法施行細
則》所訂法定程序，為身心障礙學生完成個別化教育計畫即屬違法，可視
為對學生教育權益與家長權益之傷害，家長自有權依法提起相關訴訟。訴
訟期間，學校完成個別化教育計畫之過程及文件，即成為訴訟之主要依
據。不過，個別化教育計畫所訂目標未達成或提供之支持服務未盡完善，
則皆屬於教育層面而非法律層面，家長可與學校討論目標或教學之調整，

亦有權要求舉行個別化教育計畫會議檢討。除非目標未達成或支持服務不完善已明顯傷害學生權益，或學校未依法定程序完成個別化教育計畫，及未依法定程序處理家長所提出之申訴，否則目標未達成，學校及教育人員應不負法律責任（McLoughlin & Lewis, 2008）。

事實上，許多身心障礙學生未能接受適性教育或未獲符合其需求之支持服務，皆可能因家長未積極參與個別化教育計畫會議，提出自己子女之教育權益主張，及教育人員未落實個別化教育計畫之法定程序所致。保障身心障礙學生及其家長相關之教育權益，或許確定個別化教育計畫為依法定程序完成之法定文件，是最直接與適當之途徑。

二、法案規定應力求明確與完整

個別化教育計畫既為需依法定程序完成之法定文件，因此，明確規範不但有助於保障學生及家長之權益，且有助於學校之實施，也可避免相關爭議。現行的《特殊教育法》及《特殊教育法施行細則》，在以下幾方面或許可再做較明確之規範：(1)《特殊教育法》及《特殊教育法施行細則》，僅規定學校需為身心障礙學生「訂定」個別化教育計畫，但卻未同時規定需「執行」此一計畫。固然廣義而言，計畫即包含執行的成分在內，不過，法規上若改為「需訂定及執行」，則或許更有助於確定個別化教育計畫不僅是項法定文件，更是需付諸執行的行動方案；(2)《特殊教育法》及《特殊教育法施行細則》皆僅規定「應以團隊合作方式對身心障礙學生訂定個別化教育計畫」，並規定參與人員，但未明確規定需召開個別化教育計畫會議及會議召開方式，亦未規範如何應用「團隊合作方式」發展個別化教育計畫；(3)《特殊教育法》及《特殊教育法施行細則》，不但未規範個別化教育計畫會議，且未規定此一會議之召開方式與召開頻率。《特殊教育法施行細則》第10條亦僅規定個別化教育計畫「每學期應至少檢討一次」，但並未規範檢討方式，亦未規定需召開個別化教育計畫檢討會議、會議成員及其召開頻率，且對家長是否有權，及何種情況下

可要求召開個別化教育計畫檢討會議，亦未規範；(4) 家長若未出席或不願出席參與，則個別化教育計畫會議是否有效？有否變通方式？安置於普通班及資源班之學生，普通班教師未出席會議，個別化教育計畫是否有效？是否有變通方式；(5) 家長與學校人員或個別化教育計畫會議成員對教學目標或支持服務意見不同時，法定處理程序為何；(6) 家長對經決議後之個別化教育計畫所訂教學目標及支持服務內容，若仍不滿意時，法定處理程序為何；(7)《特殊教育法施行細則》第 9 條規定：必要時，得邀請相關專業人員及學生本人參與，學生家長亦得邀請相關人員陪同。此一條文之「必要」的決定權是學校或家長？學生參與方面，其「必要」的決定權是學生、家長或學校？受邀參與者，其權責為何；(8)《特殊教育法施行細則》第 10 條規定：學校應於新生及轉學生入學後一個月內訂定個別化教育計畫。此處之「新生」、「轉學生」、「入學」、「訂定」的定義為何；學期中完成鑑定的學生，其個別化教育計畫完成之期限為何；(9) 需規定學校應無償提供家長其子女之個別化教育計畫；(10) 對於個案管理員的制度，應加以規範；(11)《特殊教育法》第 28 條規定：高級中等以下學校需為身心障礙學生訂定個別化教育計畫，第 30-1 條規定：高等教育階段需為身心障礙學生訂定個別化支持計畫。事實上，兩項計畫之性質並無差別，為保障各教育階段身心障礙學生權益，建議各教育階段皆應為身心障礙學生訂定個別化教育計畫；(12)《特殊教育法施行細則》第 9 條所規定之個別化教育計畫成分，其較明確之定義為何。

三、相關人員對個別化教育計畫需有正向與正確態度

個別化教育計畫雖非萬靈丹，但確實是對身心障礙學生及家長教育權益之重要保障。以往有些特殊教育教師常視個別化教育計畫為應付上級檢查，或應付評鑑之形式上文件，未能以正向態度面對。如果教師未能以正向態度面對個別化教育計畫，則通常不易認真思考如何讓個別化教育計畫與自己之平日教學、支持服務緊密結合，常使個別化教育計畫只是一份書

面文件,而非一份教學與服務的執行及管理文件。此外,教師對個別化教育計畫若採取消極態度,則在整個個別化教育計畫執行過程中,亦較可能產生壓力、逃避、放棄等態度。因此,師資培育過程中,即需培養職前學生對個別化教育計畫之正向與正確態度。唯有教師以正向態度面對個別化教育計畫,才能使此一文件與教學結合,教師即使在過程中遇到挫折,仍能堅持並盡力解決困難。

學校之行政人員、校內相關教師、相關專業人員,也需對個別化教育計畫保持正向積極態度。如果相關人員對個別化教育計畫皆能保持正向與正確態度,則參與規劃即會更為投入,也會更思考如何讓計畫符合身心障礙學生之需求,並能確實執行,以保障學生接受適性教育之權益。

家長及學生本人對個別化教育計畫也需保持積極態度。就整個特殊教育實施過程而言,個別化教育計畫是保障家長及學生接受適性教育權益最具體之措施,只要家長及身心障礙學生能積極參與個別化教育計畫會議,爭取合法與合理之適性教育與相關服務,相信其權益皆能獲得最大保障。

四、需要行政之適當支持

依《特殊教育法》第 28 條之規定:高級中等以下各教育階段「學校」,應以團隊合作方式對身心障礙學生訂定個別化教育計畫,因此,個別化教育計畫之訂定屬於學校之職責,而非全屬於特殊教育教師之職責。有些學校往往以個別化教育計畫屬於特殊教育範疇,加上一般學校行政人員對特殊教育之專業知能不夠,常將個別化教育計畫之訂定及執行完全委由特殊教育教師獨立完成,或未提供適當之行政支持。事實上,特殊教育教師固然應對個別化教育計畫負擔較大之職責,但有效的個別化教育計畫需要適當之行政支持,例如個別化教育計畫會議召開、相關人員參與及邀請、團隊成員的溝通與意見整合、教學人力支援、教師行政工作減量、評量調整之人力支援、輔具購置、無障礙環境、校外或社區教學、資源班之課表優先排定、親師溝通與衝突調解、情緒行為障礙學生輔導之行政支持

等等，皆需學校適當之行政支持。

五、需要團隊合作與專業整合 🖉

　　依《特殊教育法》第 28 條規定，個別化教育計畫需以團隊合作方式完成。有效實施個別化教育計畫確實需團隊合作，包括家長之積極參與、學校行政人員之參與、學校相關教師與教育人員之參與、相關專業人員之參與。團隊合作方式，則需依學生個別需求以決定參與之團隊成員、各成員參與方式及其範圍、各成員需負責執行之部分。此外，亦需重視團隊成員之合作方式，盡量採取跨專業整合方式，而非僅強調各相關專業人員之介入。例如一個資源班之聽覺障礙學生，可能需學校行政人員、特殊教育教師、普通班相關教師、家長、學生本人、聽力師、語言治療師、輔具專業人員、職業評估與輔導人員等共同介入及專業整合，才可能有效擬定及執行該生之個別化教育計畫。

六、促進家長與學生之參與 🖉

　　依《特殊教育法》及《特殊教育法施行細則》之規定，家長及學生本人雖皆為參與個別化教育計畫的成員，不過，以往許多研究顯示，家長參與個別化教育計畫之意願與參與程度皆不足（胡永崇，2002；紀瓊如，1996；曾睡蓮，2004），事實上，相關研究亦顯示，家長愈能參與個別化教育計畫，則學生之學業表現與行為問題處理效果愈佳（Shepherd, Giangreco, & Cook, 2013）。因此，學校可以經由適當之親職教育讓家長了解參與此一會議之重要性，並解決其參與會議可能之阻礙因素，提升家長參與之意願與程度。

　　學生本人參與方面，年級較高的學生與認知功能損傷較輕微的學生，皆應盡量促進其本人參與個別化教育計畫。學生本人對個別化教育計畫之參與，不但是其權益，也有助於培養其自我決策之能力，更有助於使個別化教育計畫更符合其需求，其本人也更願意配合執行。學校亦可對學生實

施個別化教育計畫之相關研習，增進其參與個別化教育計畫之意願與技能。研究顯示，這些研習計畫對促進身心障礙學生參與個別化教育計畫具有明顯之正向作用（黃雅祺、江俊漢，2009；Martin, et al., 2006）。

七、確立個案管理員制度

《特殊教育法》及《特殊教育法施行細則》僅規範完成個別化教育計畫需以團隊合作方式，但並未規範「個案管理員」之制度。事實上，整個個別化教育計畫之訂定及執行過程，若缺乏個案管理員制度，將造成團隊整合之困難，也難以即時解決執行過程中所遭遇之問題。個案管理員對個別化教育計畫具有幾個重要之角色：(1) 負責協調與邀請相關人員出席個別化教育計畫會議；(2) 籌備個別化教育計畫會議，分配相關人員在會議召開過程及計畫擬定所負職責；(3) 擔任個別化教育計畫會議主席或主要協調者；(4) 協調與整合會議過程中之相關意見及對立意見；(5) 團隊成員對個別化教育計畫各成分的負擔職責及其整合之分配與執行；(6) 督促個別化教育計畫各教學目標與支持服務之執行；(7) 負責評估個別化教育計畫是否有效執行，是否達成預期目標，是否需即時檢討與調整；(8) 計畫執行過程中，相關問題的即時解決。

一般而言，此一個案管理員應具有適當之行政職權，以利教師與行政人員之協調，及扮演團隊成員整合之角色。就目前臺灣學校行政現況而言，應以校內特殊教育歸屬的行政單位之輔導室主任或教務處主任擔任最為適宜。

八、需符合學生個別需求

個別化教育計畫主要目的即在符合學生個別需求，不過，此一理想在實際教學現場往往不易完全達成。個別化教育計畫要能符合學生個別需求，至少需以下條件之配合：(1) 教育人員對個別化教育計畫採取正向態度，認真思考如何使個別化教育計畫符合學生需求，而非只是完成一份

符合規定的文件；(2) 家長、學生本人、相關團隊成員皆積極參與；(3) 應用適當之評量方式，了解學生之能力現況與需求；(4) 設定之教學目標與支持服務，符合學生能力現況與需求；(5) 具體說明教學目標與支持服務內容，使其得以落實執行；(6) 執行過程中，隨時評估實施成效，並能即時檢討調整；(7) 獲得行政之適當支持，提供符合學生需求的相關支援措施；(8) 參與之團隊成員其專業背景符合學生需求，且成員間充分整合。

九、教學目標及支持服務需符合明確、可觀察、可執行、可測量之特質 ✏

　　個別化教育計畫是保障學生與家長權益的法定文件，也是教育過程的管理工具，因此，個別化教育計畫之「計畫」，是需具體執行並評估成效的歷程，而非只是理論、理想或原則。因此，各項教學目標及相關支持服務若未做明確敘述，則不但無法執行，也無法評估成效。教育人員在設定各項教學目標及支持服務時，皆需考量其可執行性。在教學目標方面，例如「對短文具有閱讀理解能力」，若未具體規範短文之定義、閱讀材料內容、教學起訖、負責教學人員、評量方式與內容、評量標準等，則此一教學目標即難以落實執行，也不易評估學生是否達成教學目標。對家長而言，也難以確切了解其子女之學習內容及評估其成效。

　　相關支持服務方面，例如「提供交通服務」，若只於表格中勾選「交通服務」選項，未明確說明所提供之交通工具為何、如何因應學生需求（例如乘坐輪椅者搭交通車之因應方式）、接送地點、接送時間、負責人員等，則此一服務措施亦不易執行。

　　有些學校對於相關支持服務，在個別化教育計畫表格中常採用服務項目點選或勾選方式，此一做法固然節省敘寫時間、保持彈性，但若未具體說明實施方式，則將產生執行上之困難。為使服務內容能夠具體執行，仍應盡量採用文字敘述方式，就執行過程涉及之實施方式、內容、頻率、起訖日期、時間、場所、負責人等具體說明，或採用實施計畫表方式，將前

述各相關執行要件，明確列入實施計畫表中。

十、格式與敘寫方式的整合與尊重差異

　　《特殊教育法》及《特殊教育法施行細則》雖規定個別化教育計畫之實施原則及其所應包含之內容，不過，由於法案僅做原則性之規定，因此，不同學者、不同縣市、不同專業領域者、同專業之不同個人，常對個別化教育計畫之表格形式、各項成分所應包含之確切內容及其敘寫方式，存有不同見解，甚至意見相左。例如有些教育人員認為個別化教育計畫只是管理工具而非整個課程、教學與服務內容，因此，無須敘寫過於詳盡，亦無須花費太多時間；有的教育人員則認為若未詳盡敘寫、具體說明，則難以達成其為教育管理工具之目的。甚至具體程度的界定，不同教育人員仍有不同見解。此外，基本資料、現況描述、評量方式、支持服務等，其表格形式及內容敘寫方式，不同教育人員也常有不同見解。

　　教學現場之特殊教育教師也常因特殊教育評鑑委員不同，而對該校之個別化教育計畫有不同評鑑標準或提出不同之改進建議，有時這些不同建議甚至相互對立，造成教師教學及完成個別化教育計畫之困擾。事實上，個別化教育計畫可能隨不同教育階段、不同安置形式、不同障礙類別、不同障礙性質、不同需求，而有不同之表格形式及包含內容，因此，不但沒必要完全統一，也不可能完全統一，不過，各縣市或各校，也可就區域內或校內之應用，集合相關特殊教育人員共同討論，確定一個共同適用、不同班別適用、不同障礙類別適用之基本格式、包含內容、敘寫原則，各校在此架構下再依不同學生之需求進行調整。

　　擔任特殊教育評鑑之委員，固然可以有個人見解，但只要各校之表格內容符合法定要求，則應以尊重、相互討論之態度，與教學現場之教師共同探討，不宜過於強勢或不合己意即批判或責難。畢竟許多特殊教育之措施，並無絕對之對錯，只要符合法令規定、家長與學生之權益獲得保障，在做法上宜尊重不同地區或學校之專業自主。當然在評鑑之前，若委員之

間能相互討論，取得個別化教育計畫評鑑標準之共識，則更有助於減少學校之困擾。

此外，個別化教育計畫表格及內容相當繁複，因此，使用電腦文書處理或資料庫電腦化處理已成必然。教師完成一份個別化教育計畫往往需費時數小時，若能由教育行政單位或各校發展出電腦化之個別化教育計畫系統，則應有助於節省教師編製之時間。近年教育部國教署及教育部支持之「有愛無礙」網站，皆建置此類電腦化個別化教育計畫系統，但似乎仍未獲普遍使用。其中主要原因可能在於一套系統很難符合所有學校之身心障礙學生的需求，加上使用之親和度、方便性、可調整性等，仍有改善空間。未來資料庫之電腦化個別化教育計畫系統建置及改善，仍可持續努力。

在使用電腦文書軟體編製方面，若各縣市或學校事先集思廣益建置表格形式，並方便各校或各教師做必要之調整修改，則對於教學現場之教師應可減少許多自行構思與繪製表格之時間。

不過，使用電腦化處理個別化教育計畫，仍需注意各項表格內容及其敘述，需充分考量符合學生之需求。避免在點選、複製、貼上的過程中，只求快速完成編製，卻忽略了仔細思考學生能力現況及構思符合學生需求之教學目標與支持服務內容。

十一、重視實施績效

個別化教育計畫除考量符合學生需求外，另一重點則在於教學績效或學生之進步表現。完成一份個別化教育計畫需費時數小時，評鑑一份個別化教育計畫也可有相當多的指標（盧台華、張靖卿，2003），但無論個別化教育計畫如何完整、如何符合法令規定，其目的皆在於達成教學績效，提升學生之學習表現與生活適應能力，改善學生之情緒行為問題，因此，評鑑一個學生之個別化教育計畫，固然需注意其是否符合法令規定、是否符合評鑑指標，但更重要的仍是評鑑學生之進步情形，亦即評鑑特殊教育

之績效，而非偏重個別化教育計畫之形式完整。如果學生確實具有明顯進步，教學績效明顯，則即使個別化教育計畫未臻完整，都無須苛責。

　　確保教學績效之達成，在個別化教育計畫的執行歷程中需重視以下因素之配合：(1) 教育人員需將教學績效視為保障學生權益之重要指標，任何教學與服務措施亦皆需思考其效力與效率，並隨時進行檢討與調整；(2) 訂定之目標及服務內容、採用之教學材料與評量方式，需符合學生能力現況與需求；(3) 教師具有學業教學、生活適應教學、行為處理、班級經營等專業能力，及積極之教學態度；(4) 提供可讓教師全心投入教學之物理環境、社會環境與教學時間；(5) 獲得相關行政支持、人力支援、家長配合等；(6) 個別化教育計畫之評量方式與評量內容，需能反應學生之進步情況或教學績效。

參考文獻

內政部（2011）。中華民國 100 年身心障礙者生活狀況及各項需求評估調查報告。臺北市：內政部。

王天苗（1987）。生活適應能力檢核手冊。臺北市：心理出版社。

王馨怡（2007）。臺灣北區國民中學身心障礙資源班教師執行個別化教育計畫現況之研究。銘傳大學教育研究所碩士論文（未出版）。

各教育階段身心障礙學生轉銜輔導及服務辦法（2010）。

李翠玲（2006）。啟智班個別化教育計畫內容偵錯與修正分析研究。載於東臺灣特殊教育學術研討論文集（1-12 頁）。臺東縣：國立臺東大學特殊教育中心。

李翠玲（2007）。個別化教育計畫（IEP）理念與實施。臺北市：心理出版社。

李翠玲（2014a）。我國新頒特殊教育法之個別化教育計畫內容變革與特殊教育實務之因應。桃竹區特殊教育，23，18-23。

李翠玲（2014b）。個別化教育計畫中之行為介入方案發展與應用。特殊教育發展期刊，57，13-22。

杜正治（2006）。單一受試研究法。臺北市：心理出版社。

身心障礙及資賦優異學生鑑定辦法（2013）。

身心障礙者個人照顧服務辦法（2015）。

身心障礙者家庭照顧者服務辦法（2015）。

身心障礙者權益保障法（2015）。

身心障礙學生升學輔導辦法（2013）。

身心障礙學生支持服務辦法（2013）。

身心障礙學生考試服務辦法（2012）。

身心障礙學生無法自行上下學交通服務實施辦法（2013）。

林幸台（1994）。**我國實施特殊兒童個別化教育方案之策略研究**。臺北市：國立臺灣師範大學特殊教育研究所。

林素貞（2007）。**個別化教育計畫之實施**。臺北市：五南圖書公司。

林惠芬（2008）。如何執行正向行為支持。**特教園丁，24**（1），42-47。

林麗英（2009）。**早期療育課程評量**。臺北市：心理出版社。

邱滿艷（2013）。生涯與轉銜。載於林寶貴（主編），**特殊教育理論與實務**（623-657 頁）。臺北市：心理出版社。

紀瓊如（1996）。**臺南縣市身障學生家長參加 IEP 會議及 ITP 會議之調查研究**。國立臺南大學特殊教育學系碩士論文（未出版）。

胡永崇（2002）。啟智班 IEP 實施狀況及啟智班教師對 IEP 態度之研究。**屏東師院學報，16**，135-174。

胡永崇（2013）。告知後同意的理念及其在特殊教育之應用。**特教論壇，15**，10-19。

孫孝儀（2006）。**三縣市國小智能障礙學生個別化教育計畫執行困難之調查研究**。臺北市立教育大學身心障礙教育研究所碩士論文（未出版）。

特殊教育支援服務與專業團隊設置及實施辦法（2015）。

特殊教育法（2014）。

特殊教育法施行細則（2003）。

特殊教育法施行細則（2013）。

特殊教育課程教材教法及評量方式實施辦法（2010）。

特殊教育學生調整入學年齡及修業年限實施辦法（2014）。

特殊教育學校設立變更停辦合併及人員編制標準（2014）。

財團法人育成社會福利基金會（2014）。身心障礙福利服務機構使用者能

力檢核評估表。臺北市：心理出版社。

高級中等以下學校身心障礙學生就讀普通班減少班級人數或提供人力資源與協助辦法（2015）。

高級中等以下學校特殊教育班班級及專責單位設置與人員進用辦法（2017）。

高級中等以下學校特殊教育推行委員會設置辦法（2013）。

高級中等教育法（2016）。

國民中小學九年一貫課程綱要總綱（2008）。

國民教育法（2016）。

國民教育階段身心障礙資源班實施原則（2011）。

張英鵬（2010）。個別化教育計畫設計的趨勢與互動之實務建議。南屏特殊教育，1，35-43。

張貽琇（2005）。國小資源班教師對電腦化個別化教育計畫（IEP）系統使用滿意度與功能性調查研究。國立新竹教育大學特殊教育學系碩士論文（未出版）。

強迫入學條例（2011）。

教育基本法（2013）。

教育部（1999a）。國民教育階段各障別課程綱要。臺北市：教育部。

教育部（1999b）。特殊教育學校（班）國民教育階段智能障礙類課程綱要。臺北市：教育部。

教育部（2000a）。學前特殊教育課程。臺北市：教育部。

教育部（2000b）。高中職各障別課程綱要。臺北市：教育部。

教育部（2008a）。高級中等以下特殊教育課程發展共同原則及課程綱要總綱。臺北市：教育部。

教育部（2008b）。身心障礙學生轉銜服務資源手冊。臺北市：教育部特殊教育小組。

教育部（2011）。特殊需求領域課程。取自教育部優質特教發展網站。

教育部（2013）。高中職以下階段之認知功能輕微缺損學生實施普通教育課程領域之調整應用手冊。取自 http://www.ntnu.edu.tw/spc/drlusp_1/high.html

第一兒童文教基金會（1993）。中重度智障者功能性課程綱要。臺北市：第一兒童文教基金會。

郭生玉（2004）。教育測驗與評量。臺北市：精華書局。

郭靜姿、劉貞宜（2011）。資優生個別化教育計畫設計。資優教育，81，18-27。

陳榮華（2013）。行為改變技術。臺北市：五南圖書公司。

曾睡蓮（2004）。家長參與個別化教育計畫之現況及其問題之探討—以高雄市立成功啟智學校為例。國立高雄師範大學特殊教育學系碩士論文（未出版）。

鈕文英（2010）。自我決策在個別化教育計畫中之實踐。載於中華民國特殊教育學會 99 年度年刊（95-120 頁）。臺北市：中華民國特殊教育學會。

鈕文英（2013）。邁向優質、個別化的特殊教育服務。臺北市：心理出版社。

鈕文英（2016）。身心障礙者的正向行為支持。臺北市：心理出版社。

鈕文英、吳裕益（2011）。單一個案研究方法與論文寫作。臺北市：洪葉文化出版公司。

黃惠玲（2008）。注意力缺陷過動疾患研究回顧。應用心理學，40，197-219。

黃雅祺、江俊漢（2009）。提升身心障礙學生自我決策能力—以學生主導個別化教育計畫（IEP）會議為例。載於特殊教育叢書：特殊教育現在與未來（113-125 頁）。臺中市：國立臺中教育大學特殊教育中心。

楊佩貞（1996）。國民小學啟智班個別化教育方案內容分析之研究。國立

彰化師範大學特殊教育學系碩士論文（未出版）。

詹沛珊（2005）。**國小啟智班家長參與個別化教育計畫會議之研究**。國立
　　彰化師範大學特殊教育學系碩士論文（未出版）。

蔡明富（2010）。有無伴隨品行疾患之注意力缺陷過動症學生與普通學生
　　行為問題之比較。**東臺灣特殊教育學報，12**，109-126。

盧台華、張靖卿（2003）。個別化教育計畫評鑑檢核表之建構研究。**特殊
　　教育學刊，24**，15-38。

蕭朱亮（2003）。**高雄市國小啟智班個別化教育計畫實施現況調查及內容
　　檢核之研究**。國立花蓮師範學院特殊教育教學碩士班碩士論文（未出
　　版）。

英文部分

Artiles, A. J., Harris-Murri, N., & Rostenberg, D. (2006). Inclusion as social
　　justice: Critical notes on discourse, assumptions, and the road ahead.
　　Theory into Practice, 45, 260-268.

Gartin, B. C., & Murdick, N. L. (2005). IDEA 2004: The IEP. *Remedial and
　　Special Education, 16*(6), 327-331.

Hallahan, D. P., Kauffman, J. M., & Pullen, P. C. (2012). *Exceptional learners:
　　An introduction to special education.* Boston: Allyn and Bacon.

Heward, W. L. (2013). *Exceptional children: An introduction to special
　　education.* Upper Saddle River, NJ: Pearson Education.

Marcotte, D. E., Bailey, T., Borkoski, C., & Kienzel, G. S. (2005). The returns
　　of a community college education: Evidence from the national education
　　longitudinal survey. *Educational Evaluation and Policy Analysis, 27*(2),
　　157-175.

Martin, J. E., Van Dycke, J. L., Christensen, W. R., Greene, B. A., Gardner, J. E., & Lovett, D. L. (2006). Increasing student participation in IEP meetings: Establishing the self-directed IEP as an evidenced-based practice. *Exceptional Children, 72*(3), 299-316.

McConnell, M. E., Hilvitz, P. B., & Cox, C. J. (1998). Functional assessment: A systematic process for assessment and intervention in general and special education classrooms. *Intervention in School and Clinic, 34*(1), 10-20.

McLoughlin, J. A., & Lewis, R. B. (2008). *Assessing students with special needs.* Upper Saddle River, NJ: Pearson Education.

Rassheed, S. A., Fore, C., & Miller, S. (2006). Person-centered planning: Practice, promises, and provisos. *The Journal of Vocational Special Needs Education, 18*(3), 47-59.

Reiman, J. W., Beck, L., Coppola, & Engiles, A. (2010). *Parents' experiences with the IEP process considerations for improving practice.* ERIC number: ED512611.

Schwarz, P. A. (2007). Special education: A service, not a sentence. *Educational Leadership, 64*(5), 39-42.

Shepherd, K. G., Giangreco, M. F., & Cook, B. G. (2013). Parent participation in assessment and in development of Individualized Education Programs. In B. G. Cook & M. Tankersley (Eds.), *Research-based practices in special education* (pp. 260-272). Upper Saddle River, NJ: Pearson Education.

Siegel, L. M. (2014). *The complete IEP guide: How to advocate for your special Ed child.* Berkeley, CA: NOLO.

Super, D. E. (1990). A life-span, life-space approach to careers. In D. Brown & L. Brooks (Eds.), *Careers choice and development: Applying contemporary theories to practice* (2nd ed.) (pp.167-261). San Francisco,

CA: Jossey-Bass.

Test, D. W. (2008). Seamless transition for all. *Research & Practice for Persons with Severe Disabilities*, *33*(3), 98-99.

Zhang, D., Ivester, J. G., Chen, Li-Ju, & Katsiyannis, A. (2005). Perspectives on transition practices. *Development for Exceptional Individuals*, *28*(1),15-25.

附錄 1
個別化教育計畫相關法規

(一) 特殊教育法

1. 中華民國七十三年十二月十七日總統（73）華總（一）義字第 6692 號令制定公布全文 25 條

2. 中華民國八十六年五月十四日總統（86）華總（一）義字第 8600112820 號令修正公布全文 33 條；並自公布日施行

3. 中華民國九十年十二月二十六日總統（90）華總一義字第 9000254110 號令修正發布第 2～4、8、9、14～17、19、20、28、31 條條文

4. 中華民國九十三年六月二十三日總統華總一義字第 09300117551 號令增訂公布第 31-1 條條文

5. 中華民國九十八年十一月十八日總統華總一義字第 09800289381 號令修正公布全文 51 條；並自公布日施行

6. 中華民國一百零二年一月二十三日總統華總一義字第 10200012441 號令修正公布第 3、14、23、24、30、33、45 條條文；並增訂第 30-1 條條文

7. 中華民國一百零三年六月四日總統華總一義字第 10300085151 號令修正公布第 24 條條文

8. 中華民國一百零三年六月十八日總統華總一義字第 10300093311 號令修正公布第 10、17、32 條條文

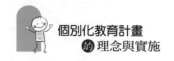
第一章　總則

第 1 條

　　為使身心障礙及資賦優異之國民，均有接受適性教育之權利，充分發展身心潛能，培養健全人格，增進服務社會能力，特制定本法。

第 2 條

　　本法所稱主管機關：在中央為教育部；在直轄市為直轄市政府；在縣（市）為縣（市）政府。

　　本法所定事項涉及各目的事業主管機關業務時，各該機關應配合辦理。

第 3 條

　　本法所稱身心障礙，指因生理或心理之障礙，經專業評估及鑑定具學習特殊需求，須特殊教育及相關服務措施之協助者；其分類如下：

　　一、智能障礙。

　　二、視覺障礙。

　　三、聽覺障礙。

　　四、語言障礙。

　　五、肢體障礙。

　　六、腦性麻痺。

　　七、身體病弱。

　　八、情緒行為障礙。

　　九、學習障礙。

　　十、多重障礙。

　　十一、自閉症。

　　十二、發展遲緩。

　　十三、其他障礙。

第 4 條

本法所稱資賦優異,指有卓越潛能或傑出表現,經專業評估及鑑定具學習特殊需求,須特殊教育及相關服務措施之協助者;其分類如下:

一、一般智能資賦優異。

二、學術性向資賦優異。

三、藝術才能資賦優異。

四、創造能力資賦優異。

五、領導能力資賦優異。

六、其他特殊才能資賦優異。

第 5 條

各級主管機關為促進特殊教育發展,應設立特殊教育諮詢會。遴聘學者專家、教育行政人員、學校行政人員、同級教師組織代表、家長代表、特殊教育相關專業人員(以下簡稱專業人員)、相關機關(構)及團體代表,參與諮詢、規劃及推動特殊教育相關事宜。

前項諮詢會成員中,教育行政人員及學校行政人員代表人數合計不得超過半數,單一性別人數不得少於三分之一。

第一項參與諮詢、規劃、推動特殊教育與其他相關事項之辦法及自治法規,由各主管機關定之。

第 6 條

各級主管機關應設特殊教育學生鑑定及就學輔導會(以下簡稱鑑輔會),遴聘學者專家、教育行政人員、學校行政人員、同級教師組織代表、家長代表、專業人員、相關機關(構)及團體代表,辦理特殊教育學生鑑定、安置、重新安置、輔導等事宜;其實施方法、程序、期程、相關資源配置,與運作方式之辦法及自治法規,由各級主管機關定之。

前項鑑輔會成員中,教育行政人員及學校行政人員代表人數合計不得超過半數,單一性別人數不得少於三分之一。

各該主管機關辦理身心障礙學生鑑定及安置工作召開會議時,應通知

有關之學生家長列席，該家長並得邀請相關專業人員列席。

第 7 條

　　各級主管機關為執行特殊教育工作，應設專責單位。

　　特殊教育學校及設有特殊教育班之各級學校，其承辦特殊教育業務人員及特殊教育學校之主管人員，應進用具特殊教育相關專業者。

　　前項具特殊教育相關專業，指修習特殊教育學分三學分以上者。

第 8 條

　　各級主管機關應每年定期舉辦特殊教育學生狀況調查及教育安置需求人口通報，出版統計年報，依據實際現況及需求，妥善分配相關資源，並規劃各項特殊教育措施。

第 9 條

　　各級政府應從寬編列特殊教育預算，在中央政府不得低於當年度教育主管預算百分之四‧五；在地方政府不得低於當年度教育主管預算百分之五。

　　地方政府編列預算時，應優先辦理身心障礙教育。

　　中央政府為均衡地方身心障礙教育之發展，應補助地方辦理身心障礙教育之人事及業務經費；其補助辦法，由中央主管機關會商直轄市、縣（市）主管機關後定之。

第二章　特殊教育之實施

第一節　通則

第 10 條

　　特殊教育之實施，分下列四階段：

　　一、學前教育階段：在醫院、家庭、幼兒園、社會福利機構、特殊教育學校幼兒部或其他適當場所辦理。

　　二、國民教育階段：在國民小學、國民中學、特殊教育學校或其他適當場所辦理。

三、高級中等教育階段：在高級中等學校、特殊教育學校或其他適當場所辦理。

四、高等教育及成人教育階段：在專科以上學校或其他成人教育機構辦理。

前項第一款學前教育階段及第二款國民教育階段，特殊教育學生以就近入學為原則。但國民教育階段學區學校無適當場所提供特殊教育者，得經主管機關安置於其他適當特殊教育場所。

第 11 條

高級中等以下各教育階段學校得設特殊教育班，其辦理方式如下：

一、集中式特殊教育班。

二、分散式資源班。

三、巡迴輔導班。

前項特殊教育班之設置，應由各級主管機關核定；其班級之設施及人員設置標準，由中央主管機關定之。

高級中等以下各教育階段學生，未依第一項規定安置於特殊教育班者，其所屬學校得擬具特殊教育方案向各主管機關申請；其申請內容與程序之辦法及自治法規，由各主管機關定之。

第 12 條

為因應特殊教育學生之教育需求，其教育階段、年級安排、教育場所及實施方式，應保持彈性。

特殊教育學生得視實際狀況，調整其入學年齡及修業年限；其降低或提高入學年齡、縮短或延長修業年限及其他相關事項之辦法，由中央主管機關定之。但法律另有規定者，從其規定。

第 13 條

各教育階段之特殊教育，由各主管機關辦理為原則，並得獎助民間辦理，對民間辦理身心障礙教育者，應優先獎助。

前項獎助對象、條件、方式、違反規定時之處理與其他應遵行事項之

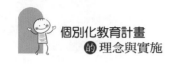
辦法及自治法規，由各級主管機關定之。

第 14 條

　　高級中等以下各教育階段學校為辦理特殊教育應設置專責單位，依實際需要遴聘及進用特殊教育教師、特殊教育相關專業人員、教師助理員及特教學生助理人員。

　　前項專責單位之設置與人員之遴聘、進用及其他相關事項之辦法，由中央主管機關定之。

第 15 條

　　為提升特殊教育及相關服務措施之服務品質，各級主管機關應加強辦理特殊教育教師及相關人員之培訓及在職進修。

第 16 條

　　各級主管機關為實施特殊教育，應依鑑定基準辦理身心障礙學生及資賦優異學生之鑑定。

　　前項學生之鑑定基準、程序、期程、教育需求評估、重新評估程序及其他應遵行事項之辦法，由中央主管機關定之。

第 17 條

　　幼兒園及各級學校應主動或依申請發掘具特殊教育需求之學生，經監護人或法定代理人同意者，依前條規定鑑定後予以安置，並提供特殊教育及相關服務措施。

　　各主管機關應每年重新評估前項安置之適當性。

　　監護人或法定代理人不同意進行鑑定安置程序時，幼兒園及高級中等以下學校應通報主管機關。

　　主管機關為保障身心障礙學生權益，必要時得要求監護人或法定代理人配合鑑定後安置及特殊教育相關服務。

第 18 條

　　特殊教育與相關服務措施之提供及設施之設置，應符合適性化、個別化、社區化、無障礙及融合之精神。

第 19 條

特殊教育之課程、教材、教法及評量方式,應保持彈性,適合特殊教育學生身心特性及需求;其辦法,由中央主管機關定之。

第 20 條

為充分發揮特殊教育學生潛能,各級學校對於特殊教育之教學應結合相關資源,並得聘任具特殊專才者協助教學。

前項特殊專才者聘任辦法,由中央主管機關定之。

第 21 條

對學生鑑定、安置及輔導如有爭議,學生或其監護人、法定代理人,得向主管機關提起申訴,主管機關應提供申訴服務。

學生學習、輔導、支持服務及其他學習權益事項受損時,學生或其監護人、法定代理人,得向學校提出申訴,學校應提供申訴服務。

前二項申訴服務事項之辦法,由中央主管機關定之。

第二節　身心障礙教育

第 22 條

各級學校及試務單位不得以身心障礙為由,拒絕學生入學或應試。

各級學校及試務單位應提供考試適當服務措施,並由各試務單位公告之;其身心障礙學生考試服務辦法,由中央主管機關定之。

第 23 條

身心障礙教育之實施,各級主管機關應依專業評估之結果,結合醫療相關資源,對身心障礙學生進行有關復健、訓練治療。

為推展身心障礙兒童之早期療育,其特殊教育之實施,應自二歲開始。

第 24 條

各級主管機關應提供學校輔導身心障礙學生有關評量、教學及行政等支援服務,並適用於經主管機關許可在家及機構實施非學校型態實驗教育之身心障礙學生。

　　各級學校對於身心障礙學生之評量、教學及輔導工作，應以專業團隊合作進行為原則，並得視需要結合衛生醫療、教育、社會工作、獨立生活、職業重建相關等專業人員，共同提供學習、生活、心理、復健訓練、職業輔導評量及轉銜輔導與服務等協助。

　　前二項之支援服務與專業團隊設置及實施辦法，由中央主管機關定之。

第 25 條

　　各級主管機關或私人為辦理高級中等以下各教育階段之身心障礙學生教育，得設立特殊教育學校；特殊教育學校之設立，應以小班、小校為原則，並以招收重度及多重障礙學生為優先，各直轄市、縣（市）應至少設有一所特殊教育學校（分校或班），每校並得設置多個校區；特殊教育班之設立，應力求普及，符合社區化之精神。

　　啟聰學校以招收聽覺障礙學生為主；啟明學校以招收視覺障礙學生為主。

　　特殊教育學校依其設立之主體為中央政府、直轄市政府、縣（市）政府或私人，分為國立、直轄市立、縣（市）立或私立；其設立、變更及停辦，依下列規定辦理：

　　一、國立：由中央主管機關核定。

　　二、直轄市立：由直轄市主管機關核定後，報請中央主管機關備查。

　　三、縣（市）立：由縣（市）主管機關核定後，報請中央主管機關備查。

　　四、私立：依私立學校法相關規定辦理。

　　特殊教育學校設立所需之校地、校舍、設備、師資、變更、停辦或合併之要件、核准程序、組織之設置及人員編制標準，由中央主管機關定之。

第 26 條

　　特殊教育學校置校長一人，其聘任資格依教育人員任用條例之規定，

並應具備特殊教育之專業知能，聘任程序比照其所設最高教育階段之學校法規之規定。

第 27 條

高級中等以下各教育階段學校，對於就讀普通班之身心障礙學生，應予適當教學及輔導；其教學原則及輔導方式之辦法，由各級主管機關定之。

為使普通班教師得以兼顧身心障礙學生及其他學生之需要，前項學校應減少身心障礙學生就讀之普通班學生人數，或提供所需人力資源及協助；其減少班級學生人數之條件、核算方式、提供所需人力資源與協助之辦法，由中央主管機關定之。

第 28 條

高級中等以下各教育階段學校，應以團隊合作方式對身心障礙學生訂定個別化教育計畫，訂定時應邀請身心障礙學生家長參與，必要時家長得邀請相關人員陪同參與。

第 29 條

高級中等以下各教育階段學校，應考量身心障礙學生之優勢能力、性向及特殊教育需求及生涯規劃，提供適當之升學輔導。

身心障礙學生完成國民義務教育後之升學輔導辦法，由中央主管機關定之。

第 30 條

政府應實施身心障礙成人教育，並鼓勵身心障礙者參與終身學習活動；其辦理機關、方式、內容及其他相關事項之辦法，由中央主管機關定之。

第 30-1 條

高等教育階段學校為協助身心障礙學生學習及發展，應訂定特殊教育方案實施，並得設置專責單位及專責人員，依實際需要遴聘及進用相關專責人員；其專責單位之職責、設置與人員編制、進用及其他相關事項之辦

法，由中央主管機關定之。

　　高等教育階段之身心障礙教育，應符合學生需求，訂定個別化支持計畫，協助學生學習及發展；訂定時應邀請相關教學人員、身心障礙學生或家長參與。

第 31 條

　　為使各教育階段身心障礙學生服務需求得以銜接，各級學校應提供整體性與持續性轉銜輔導及服務；其轉銜輔導及服務之辦法，由中央主管機關定之。

第 32 條

　　各級主管機關應依身心障礙學生之家庭經濟條件，減免其就學費用；對於就讀學前私立幼兒園或社會福利機構之身心障礙幼兒，得發給教育補助費，並獎助其招收單位。

　　前項減免、獎補助之對象、條件、金額、名額、次數及其他應遵行事項之辦法，由中央主管機關定之。

　　身心障礙學生品學兼優或有特殊表現者，各級主管機關應給予獎補助；其辦法及自治法規，由各級主管機關定之。

第 33 條

　　學校、幼兒園及社會福利機構應依身心障礙學生在校（園）學習及生活需求，提供下列支持服務：

一、教育輔助器材。

二、適性教材。

三、學習及生活人力協助。

四、復健服務。

五、家庭支持服務。

六、校園無障礙環境。

七、其他支持服務。

經主管機關許可在家實施非學校型態實驗教育之身心障礙學生，適用

前項第一款至第五款服務。

前二項辦法由中央主管機關定之。

身心障礙學生無法自行上下學者,由各主管機關免費提供交通工具;確有困難提供者,補助其交通費;其實施辦法及自治法規,由各主管機關定之。

各主管機關應優先編列預算,推動第一項、第四項之服務。

第 34 條

各主管機關得依申請核准或委託社會福利機構、醫療機構及少年矯正學校,辦理身心障礙教育。

第三節　資賦優異教育

第 35 條

學前教育階段及高級中等以下各教育階段學校資賦優異教育之實施,依下列方式辦理:

一、學前教育階段:採特殊教育方案辦理。

二、國民教育階段:採分散式資源班、巡迴輔導班、特殊教育方案辦理。

三、高級中等教育階段:依第十一條第一項及第三項規定方式辦理。

第 36 條

高級中等以下各教育階段學校應以協同教學方式,考量資賦優異學生性向、優勢能力、學習特質及特殊教育需求,訂定資賦優異學生個別輔導計畫,必要時得邀請資賦優異學生家長參與。

第 37 條

高等教育階段資賦優異教育之實施,應考量資賦優異學生之性向及優勢能力,得以特殊教育方案辦理。

第 38 條

資賦優異學生之入學、升學,應依各該教育階段法規所定入學、升學方式辦理;高級中等以上教育階段學校,並得參採資賦優異學生在學表現

及潛在優勢能力，以多元入學方式辦理。

第 39 條

　　資賦優異學生得提早選修較高一級以上教育階段課程，其選修之課程及格者，得於入學後抵免。

第 40 條

　　高級中等以下各教育階段主管機關，應補助學校辦理多元資優教育方案，並對辦理成效優良者予以獎勵。

　　資賦優異學生具特殊表現者，各級主管機關應給予獎助。

　　前二項之獎補助辦法及自治法規，由各主管機關定之。

第 41 條

　　各級主管機關及學校對於身心障礙及社經文化地位不利之資賦優異學生，應加強鑑定與輔導，並視需要調整評量工具及程序。

第三章　特殊教育支持系統

第 42 條

　　各級主管機關為改進特殊教育課程、教材教法及評量方式，應進行相關研究，並將研究成果公開及推廣使用。

第 43 條

　　為鼓勵大學校院設有特殊教育系、所者設置特殊教育中心，協助特殊教育學生之鑑定、教學及輔導工作，中央主管機關應編列經費補助之。

　　為辦理特殊教育各項實驗研究並提供教學實習，設有特殊教育系之大學校院，得附設特殊教育學校（班）。

第 44 條

　　各級主管機關為有效推動特殊教育、整合相關資源、協助各級學校特殊教育之執行及提供諮詢、輔導與服務，應建立特殊教育行政支持網絡；其支持網絡之聯繫與運作方式之辦法及自治法規，由各級主管機關定之。

第 45 條

　　高級中等以下各教育階段學校，為處理校內特殊教育學生之學習輔導等事宜，應成立特殊教育推行委員會，並應有身心障礙學生家長代表；其組成與運作方式之辦法及自治法規，由各級主管機關定之。

　　高等教育階段學校，為處理校內特殊教育學生之學習輔導等事宜，得成立特殊教育推行委員會，並應有身心障礙學生或家長代表參與。

第 46 條

　　各級學校應提供特殊教育學生家庭諮詢、輔導、親職教育及轉介等支持服務。

　　前項所定支持服務，其經費及資源由各級主管機關編列預算辦理。

　　身心障礙學生家長至少應有一人為該校家長會常務委員或委員，參與學校特殊教育相關事務之推動。

第 47 條

　　高級中等以下各教育階段學校辦理特殊教育之成效，主管機關應至少每三年辦理一次評鑑。

　　直轄市及縣（市）主管機關辦理特殊教育之績效，中央主管機關應至少每三年辦理一次評鑑。

　　前二項之評鑑項目及結果應予公布，並對評鑑成績優良者予以獎勵，未達標準者應予追蹤輔導；其相關評鑑辦法及自治法規，由各主管機關定之。

第四章　　附則

第 48 條

　　公立特殊教育學校之場地、設施與設備提供他人使用、委託經營、獎勵民間參與，與學生重補修、辦理招生、甄選、實習、實施推廣教育等所獲之收入及其相關支出，應設置專帳以代收代付方式執行，其賸餘款並得滾存作為改善學校基本設施或充實教學設備之用，不受預算法第十三條、

國有財產法第七條及地方公有財產管理相關規定之限制。

前項收支管理作業規定,由中央主管機關定之。

第 49 條

本法授權各級主管機關訂定之法規,應邀請同級教師組織及家長團體參與訂定之。

第 50 條

本法施行細則,由中央主管機關定之。

第 51 條

本法自公布日施行。

(二) 特殊教育法施行細則

1. 中華民國七十六年三月二十五日教育部(76)台參字第 12619 號令訂定發布全文 30 條

2. 中華民國八十七年五月二十九日教育部(87)台參字第 87057266 號令修正發布全文 22 條

3. 中華民國八十八年八月十日教育部(88)台參字第 88097551 號令修正發布第 4 條條文

4. 中華民國九十一年四月十五日教育部(91)台參字第 91049522 號令修正發布第 21 條條文;並刪除第 2 條條文

5. 中華民國九十二年八月七日教育部台參字第 0920117583A 號令修正發布第 13 條條文

6. 中華民國一百零一年十一月二十六日教育部臺參字第 1010214785C 號令修正發布全文 17 條;並自發布日施行

7. 中華民國一百零二年七月十二日教育部臺教學(四)字第 1020097264B 號令修正發布第 6、11 條條文

第 1 條

　本細則依特殊教育法（以下簡稱本法）第五十條規定訂定之。

第 2 條

　本法第七條第一項所稱專責單位，指各級主管機關所設具有專責人員及預算，負責辦理特殊教育業務之單位。

　本法第七條第三項所稱修習特殊教育學分三學分以上，指修畢由大學開設之特殊教育學分三學分以上，或參加由各級主管機關辦理之特殊教育專業研習五十四小時以上。

第 3 條

　各級主管機關依本法第八條每年定期辦理特殊教育學生狀況調查及教育安置需求人口通報後，應建立及運用各階段特殊教育通報系統，並與衛生、社政主管機關所建立之通報系統互相協調妥善結合。

　各級主管機關依本法第八條規定出版之統計年報，應包括特殊教育學生與師資人數及比率、安置與經費狀況及其他特殊教育通報之項目。

　第一項特殊教育通報系統之建置及運用，得委託或委辦學校或機關（構）辦理。

第 4 條

　依本法第十一條第一項規定，於高級中等以下各教育階段學校設立之特殊教育班，包括在幼兒（稚）園、國民小學、國民中學及高級中等學校專為身心障礙或資賦優異學生設置之特殊教育班。

　依本法第二十五條第一項規定，於高級中等以下各教育階段設立之特殊教育學校，包括幼兒部、國民小學部、國民中學部、高級中學部及高級職業學校部專為身心障礙學生設置之學校。

第 5 條

　本法第十一條第一項第一款所定集中式特殊教育班，指學生全部時間於特殊教育班接受特殊教育及相關服務；其經課程設計，部分學科（領域）得實施跨班教學。

　　本法第十一條第一項第二款所定分散式資源班，指學生在普通班就讀，部分時間接受特殊教育及相關服務。

　　本法第十一條第一項第三款所定巡迴輔導班，指學生在家庭、機構或學校，由巡迴輔導教師提供部分時間之特殊教育及相關服務。

　　本法第十一條第三項所定特殊教育方案，必要時，得採跨校方式辦理。

第 6 條

　　本法第十五條所定特殊教育相關人員，包括各教育階段學校普通班教師、行政人員、特殊教育相關專業人員、教師助理員及特教學生助理人員。

第 7 條

　　本法第二十三條第一項所稱結合醫療相關資源，指各級主管機關應主動協調醫療機構，針對身心障礙學生提供有關復健、訓練治療、評量及教學輔導諮詢。

　　為推展本法第二十三條第二項身心障礙兒童早期療育，直轄市、縣（市）政府應普設學前特殊教育設施，提供適當之相關服務。

第 8 條

　　本法第二十六條所定特殊教育學校校長應具備特殊教育之專業知能，指應修習第二條第二項所定特殊教育學分三學分以上。

第 9 條

　　本法第二十八條所稱個別化教育計畫，指運用團隊合作方式，針對身心障礙學生個別特性所訂定之特殊教育及相關服務計畫；其內容包括下列事項：

　　一、學生能力現況、家庭狀況及需求評估。

　　二、學生所需特殊教育、相關服務及支持策略。

　　三、學年與學期教育目標、達成學期教育目標之評量方式、日期及標　　　準。

四、具情緒與行為問題學生所需之行為功能介入方案及行政支援。

五、學生之轉銜輔導及服務內容。

前項第五款所定轉銜輔導及服務，包括升學輔導、生活、就業、心理輔導、福利服務及其他相關專業服務等項目。

參與訂定個別化教育計畫之人員，應包括學校行政人員、特殊教育及相關教師、學生家長；必要時，得邀請相關專業人員及學生本人參與，學生家長亦得邀請相關人員陪同。

第 10 條

前條身心障礙學生個別化教育計畫，學校應於新生及轉學生入學後一個月內訂定；其餘在學學生之個別化教育計畫，應於開學前訂定。

前項計畫，每學期應至少檢討一次。

第 11 條

本法第三十條之一所稱高等教育階段特殊教育方案，指學校應依特殊教育學生特性及學習需求，規劃辦理在校學習、生活輔導及支持服務等；其內容應載明下列事項：

一、依據。

二、目的。

三、實施對象及其特殊教育與支持服務。

四、人力支援及行政支持。

五、空間及環境規劃。

六、辦理期程。

七、經費概算及來源。

八、預期成效。

前項第三款特殊教育與支持服務，包括學習輔導、生活輔導、支持協助及諮詢服務等。

第 12 條

前條特殊教育方案，學校應運用團隊合作方式，整合相關資源，針對

身心障礙學生個別特性及需求，訂定個別化支持計畫；其內容包括下列事項：

一、學生能力現況、家庭狀況及需求評估。

二、學生所需特殊教育、支持服務及策略。

三、學生之轉銜輔導及服務內容。

第 13 條

依本法第四十一條對於身心障礙之資賦優異學生或社經文化地位不利之資賦優異學生加強輔導，應依其身心狀況，保持最大彈性，予以特殊設計及支援，並得跨校實施。

第 14 條

特殊教育學生已重新安置於其他學校，原就讀學校應將個案資料隨同移轉，以利持續輔導。

第 15 條

本法第四十三條第二項所定設有特殊教育學系之大學校院得附設特殊教育學校（班），包括附設或附屬二種情形，其設立應經專案評估後，報主管機關核定。

前項附設或附屬特殊教育學校（班），其設立規模及人員編制，準用特殊教育學校設立變更停辦合併及人員編制標準之規定。

第 16 條

各級主管機關依本法第四十四條規定所建立之特殊教育行政支持網絡，包括為協助辦理特殊教育相關事項所設特殊教育資源中心；其成員由主管機關就學校教師、學者專家或相關專業人員聘任（兼）之。

第 17 條

本細則自發布日施行。

(三) 高級中等以下學校特殊教育推行委員會設置辦法

1. 中華民國一百年二月八日教育部臺參字第 1000010689C 號令訂定發布全文 6 條；並自發布日施行
2. 中華民國一百零二年十二月四日教育部臺教授國部字第 1020107715B 號令修正發布第 1、2 條條文

第 1 條

本辦法依特殊教育法第四十五條第一項規定訂定之。

第 2 條

本辦法所定高級中等以下學校（以下簡稱學校），其範圍如下：

一、國立高級中等學校及特殊教育學校。

二、教育部主管之私立高級中等學校。

三、國立大學附設國民中學及國民小學。

第 3 條

學校為辦理特殊教育學生學習輔導等事宜，應成立特殊教育推行委員會（以下簡稱本會），其任務如下：

一、審議及推動學校年度特殊教育工作計畫。

二、召開安置及輔導會議，協助特殊教育學生適應教育環境及重新安置服務。

三、研訂疑似特殊教育需求學生之提報及轉介作業流程。

四、審議分散式資源班計畫、個別化教育計畫、個別輔導計畫、特殊教育方案、修業年限調整及升學、就業輔導等相關事項。

五、審議特殊教育學生申請獎勵、獎補助學金、交通費補助、學習輔具、專業服務及相關支持服務等事宜。

六、審議特殊個案之課程、評量調整，並協調各單位提供必要之行政支援。

七、整合特殊教育資源及社區特殊教育支援體系。

八、推動無障礙環境及特殊教育宣導工作。

九、審議教師及家長特殊教育專業知能研習計畫。

十、推動特殊教育自我評鑑、定期追蹤及建立獎懲機制。

十一、其他特殊教育相關業務。

第4條

本會置委員十三人至二十一人，其中一人為召集人，由校長兼任之，其餘委員，由校長就處室（科）主任代表、普通班教師代表、特殊教育教師代表、身心障礙及資賦優異學生家長代表、教師會代表及家長會代表等遴聘之。委員任期一年，期滿得續聘之。

前項委員之組成，任一性別委員應占委員總數三分之一以上。

委員於任期中因故出缺無法執行職務或有不適當之行為者，由校長依前二項規定遴聘適當人員補足其任期。

本會置執行秘書一人，由校長指派具特殊教育專長之主管兼任。

第5條

本會每學期應召開會議一次，必要時，得召開臨時會，均由召集人擔任主席；召集人不能出席會議時，由其指派委員或由委員互推一人擔任主席。

本會之決議，以過半數委員出席，出席委員過半數之同意行之。

本會必要時，得邀請專家學者出席指導。

本會委員均為無給職。

第6條

本辦法自發布日施行。

（四）身心障礙學生支持服務辦法

1. 中華民國八十八年九月二十九日教育部（88）台參字第 88116584 號令

訂定發布全文 8 條；並自發布日起施行

2. 中華民國一百零一年七月十日教育部臺參字第 1010123192C 號令修正
發布名稱及全文 12 條；並自發布日施行

（原名稱：高級中等以上學校提供身心障礙學生教育輔助器材及相關支
持服務實施辦法）

3. 中華民國一百零二年九月二十七日教育部臺教學（四）字第
1020139818B 號令修正發布名稱及全文 15 條；並自發布日施行

（原名稱：身心障礙學生教育輔助器材及相關支持服務辦法；新名稱：
身心障礙學生支持服務辦法）

第 1 條

本辦法依特殊教育法（以下簡稱本法）第三十三條第三項規定訂定
之。

第 2 條

各級學校、幼兒園及社會福利機構（以下簡稱學校（園）及機構），
對身心障礙學生支持服務之提供，依本辦法之規定辦理。

第 3 條

學校（園）及機構應依本法第三十三條第一項第一款規定，視身心障
礙學生教育需求，提供可改善其學習能力之教育輔助器材，包括視覺輔
具、聽覺輔具、行動移位與擺位輔具、閱讀與書寫輔具、溝通輔具、電腦
輔具及其他輔具。

第 4 條

前條教育輔助器材，學校（園）及機構應優先運用或調整校內既有教
育輔助器材，或向各該管主管機關申請提供教育輔助器材，並負保管之
責。

各級主管機關應依學校（園）及機構之需求，辦理教育輔助器材購
置、流通及管理相關事宜，必要時，得委託學校或專業團體、機關（構）

辦理。

第 5 條

　　學校（園）及機構與各級主管機關應定期辦理教育輔助器材之相關專業進修活動。

　　教師、教師助理員、特教學生助理人員、住宿生管理員及教保服務人員應參與教育輔助器材之操作與應用之專業進修、教學觀摩及交流相關研習。

第 6 條

　　學校（園）及機構應依本法第三十三條第一項第二款規定，提供身心障礙學生使用之適性教材，包括點字、放大字體、有聲書籍與其他點字、觸覺式、色彩強化、手語、影音加註文字、數位及電子化格式等學習教材。

第 7 條

　　學校（園）及機構應依本法第三十三條第一項第三款規定，運用教師助理員、特教學生助理人員、住宿生管理員、教保服務人員、協助同學及相關人員，提供身心障礙學生學習及生活人力協助，包括錄音與報讀服務、掃描校對、提醒服務、手語翻譯、同步聽打、代抄筆記、心理、社會適應、行為輔導、日常生活所需能力訓練與協助及其他必要支持服務。

第 8 條

　　學校（園）及機構應依本法第三十三條第一項第四款規定，視身心障礙學生需求，提供相關專業人員進行評估、訓練、諮詢、輔具設計選用或協助轉介至相關機構等復健服務。

第 9 條

　　學校（園）及機構應依本法第三十三條第一項第五款規定，視身心障礙學生家庭需求，提供家庭支持服務，包括家長諮詢、親職教育與特殊教育相關研習及資訊，並協助家長申請相關機關（構）或團體之服務。

第 10 條

　　學校（園）及機構應依本法第三十三條第一項第六款及相關法規規定，配合身心障礙學生之需求，建立或改善整體性之設施設備，營造校園無障礙環境。

　　學校（園）及機構辦理相關活動，應考量身心障礙學生參與之需求，營造最少限制環境，包括調整活動內容與進行方式、規劃適當動線、提供輔具、人力支援及危機處理方案等相關措施，以支持身心障礙學生參與各項活動。

第 11 條

　　學校（園）及機構應依本法第三十三條第一項第七款規定，視身心障礙學生需求，提供其他協助在學校（園）及機構學習及生活必要之支持服務。

第 12 條

　　學校（園）及機構提供本法第三十三條第一項各款之支持服務，應於身心障礙學生個別化教育計畫或個別化支持計畫中載明。

　　學校（園）及機構得向特殊教育資源中心申請提供支持服務，或向各該管主管機關申請補助經費。

　　經主管機關許可在家實施非學校型態實驗教育之身心障礙學生，適用本法第三十三條第一項各款之支持服務前，應將所需服務於實驗教育計畫中載明。

第 13 條

　　學校（園）及機構應每年辦理相關特殊教育宣導活動，鼓勵全體教職員工與學生認識、關懷、接納及協助身心障礙學生，以支持其順利學習及生活。

　　前項所定特殊教育宣導活動，包括研習、體驗、演講、競賽、表演、參觀、觀摩及其他相關活動；其活動之設計，應兼顧身心障礙學生之尊嚴。

第 14 條

　　學校（園）及機構應整合各單位相關人力、物力、空間資源，以團隊合作方式，辦理本辦法所定事項，並於每年定期自行評估實施成效。

　　各主管機關應對學校（園）及機構辦理本辦法所定事項之實施成效，列入評鑑或考核之項目。

第 15 條

　　本辦法自發布日施行。

（五）高級中等以下學校身心障礙學生就讀普通班減少班級人數或提供人力資源與協助辦法

1. 中華民國一百年九月二十二日教育部臺參字第 1000162704 令訂定發布全文 7 條；並自發布日施行
2. 中華民國一百零四年八月十日教育部臺教授國部字第 1040075698B 號令修正發布第 3 條條文

第 1 條

　　本辦法依特殊教育法第二十七條第二項規定訂定之。

第 2 條

　　本辦法所定高級中等以下學校（以下簡稱學校），其範圍如下：

一、國民小學。

二、國民中學。

三、高級中等學校。

　　本辦法之適用對象，指以部分時間或全部時間就讀普通班之身心障礙學生（以下簡稱身障學生）。

第 3 條

　　學校對身障學生就讀之普通班，應由各級主管機關特殊教育學生鑑定

及就學輔導會（以下簡稱鑑輔會）評估身障學生之需求後，提供下列人力資源及協助：

　　一、身障學生有特殊教育需求者：由資源班教師或巡迴輔導教師進行特殊教育教學服務。

　　二、身障學生有生活自理或情緒行為問題者：依其需求程度提供教師助理員或特教學生助理人員協助。

　　三、身障學生有專業團隊服務需求者：依其需求安排特殊教育相關專業人員提供諮詢、治療或訓練服務。

　　四、身障學生有教育輔具需求者：依其需求提供教育輔助器具。

　　五、身障學生有調整考試評量服務需求者：依其需求提供相關人力協助進行報讀、製作特殊試卷、手語翻譯、重填答案等協助。

第 4 條

　　身障學生就讀之普通班，經鑑輔會就前條各款人力資源及協助之提供綜合評估後，認仍應減少班級人數者，每安置身障學生一人，減少該班級人數一人至三人。但有特殊情形者，不在此限。

第 5 條

　　身障學生就讀之普通班，其班級安排應由學校召開特殊教育推行委員會決議，依學生個別學習適應需要及校內資源狀況，選擇適當教師擔任班級導師，並以適性原則均衡編入各班，不受常態編班相關規定之限制。

　　前項班級導師，有優先參加特殊教育相關研習權利與義務。

第 6 條

　　直轄市、縣（市）主管機關就身障學生就讀之普通班減少班級人數，或提供人力資源與協助之措施優於本辦法規定者，從其規定。

第 7 條

　　本辦法自發布日施行。

(六) 身心障礙學生考試服務辦法

1. 中華民國一百零一年七月二十四日教育部臺參字第 1010133145C 號令
訂定發布全文 12 條;並自發布日施行

第 1 條

本辦法依特殊教育法第二十二條第二項規定訂定之。

第 2 條

各級學校及試務單位公開辦理各教育階段入學相關之各種考試,應依
本辦法之規定提供身心障礙學生考試服務(以下簡稱考試服務)。

第 3 條

本辦法所稱身心障礙學生,指符合下列規定之一者:

一、經各級主管機關特殊教育學生鑑定及就學輔導會鑑定為身心障
礙。

二、領有身心障礙手冊或證明。

第 4 條

考試服務之提供,應以達成該項考試目的為原則。各級學校及試務單
位應依身心障礙考生(以下簡稱考生)障礙類別、程度及需求,提供考試
服務。

前項考試服務,應由考生向各級學校及試務單位提出申請,經審查後
通知考生審查結果,考生對審查結果不服得提出申訴。

各級學校及試務單位,應邀集身心障礙相關領域之學者專家、特殊教
育相關專業人員及其他相關人員審查前項申請案。

前三項考試服務內容、申請程序及應檢附之相關資料、審查方式及原
則、審查結果通知及申訴程序等事項,應於簡章中載明。

第 5 條

考試服務應衡酌考生之考試科目特性、學習優勢管道及個別需求,提

供適當之試場服務、輔具服務、試題（卷）調整服務、作答方式調整服務
及其他必要之服務。

第 6 條

前條所定試場服務如下：

一、調整考試時間：包括提早入場或延長作答時間。

二、提供無障礙試場環境：包括無障礙環境、地面樓層或設有昇降設
　　備之試場。

三、提供提醒服務：包括視覺或聽覺提醒、手語翻譯或板書注意事項
　　說明。

四、提供特殊試場：包括單人、少數人或設有空調設備等試場。

　　專為身心障礙學生辦理之考試，於安排試場考生人數時，應考量考生
所需之適當空間，一般試場考生人數不得超過三十人。考生對試場空間有
特殊需求者，應另依第四條規定提出申請。

第 7 條

　　第五條所定輔具服務，包括提供擴視機、放大鏡、點字機、盲用算
盤、盲用電腦及印表機、檯燈、特殊桌椅或其他相關輔具等服務。

　　前項輔具經各級學校及試務單位公布得由考生自備者，考生得申請使
用自備輔具；自備輔具需託管者，應送各級學校及試務單位檢查及託管；
自備輔具功能簡單無須託管者，於考試開始前經試務人員檢查後，始得使
用。

第 8 條

　　第五條所定試題（卷）調整服務，包括調整試題與考生之適配性、題
數或比例計分、提供放大試卷、點字試卷、電子試題、有聲試題、觸摸圖
形試題、提供試卷並報讀等服務。

　　前項調整試題與考生之適配性，包括試題之信度、效度、鑑別度，及
命題後因應試題與身心障礙類別明顯衝突時所需之調整。

第 9 條

　　第五條所定作答方式調整服務，包括提供電腦輸入法作答、盲用電腦作答、放大答案卡（卷）、電腦打字代謄、口語（錄音）作答及代謄答案卡等服務。

第 10 條

　　身心障礙學生參加校內學習評量，學校提供本辦法之各項服務，應載明於個別化教育計畫或個別化支持計畫。

第 11 條

　　本辦法發布施行前，各項考試服務已納入簡章並公告者，依簡章規定辦理。

第 12 條

　　本辦法自發布日施行。

(七) 身心障礙學生無法自行上下學交通服務實施辦法

1. 中華民國一百零一年八月九日教育部臺參字第 1010143279C 號令訂定發布全文 8 條；並自發布日施行

2. 中華民國一百零二年六月二十七日教育部臺教學（四）字第 1020087176B 號令修正發布第 1 條條文

第 1 條

　　本辦法依特殊教育法第三十三條第四項規定訂定之。

第 2 條

　　本辦法所定學校，其範圍如下：

　　一、國立大專校院。

　　二、國立高級中等學校及特殊教育學校。

　　三、教育部（以下簡稱本部）主管之私立高級中等以上學校。

就讀國立附屬（設）國民小學或國民中學身心障礙學生申請交通服務，另依直轄市、縣（市）政府所定自治法規規定辦理。

第 3 條

身心障礙學生經專業評估確認無法自行上下學者，由本部參酌身心障礙學生實際需求、學校設施環境及年度預算等因素，補助學校購置無障礙交通車、增設無障礙上下車設備或其他提供交通工具等方式，協助其上下學。

依前項規定提供交通服務確有困難者，補助身心障礙學生交通費。

第一項所稱專業評估，指經學校組成專業團隊，參酌學生個別化教育計畫、特殊教育方案或其他相關資料，召開會議綜合評估，必要時得邀請身心障礙學生及其法定代理人參加。

第 4 條

前條第二項之交通費補助基準如下：

一、就讀國、私立高級中等學校及特殊教育學校，每學年補助新臺幣八千元。

二、就讀國、私立大專校院，每學年補助新臺幣七千二百元。

本辦法施行前已入學之國立及本部主管之私立高級中等學校低收入戶身心障礙學生，其交通費補助基準，仍適用施行前之規定。

第 5 條

身心障礙學生申請交通服務，應符合下列條件：

一、具學籍，並領有身心障礙證明文件。

二、未於學校住宿。

三、身心障礙類別及程度達無法自行上下學。

身心障礙學生已搭乘免費上下學交通車、無正當理由不利用第三條第一項所提供之交通工具或已領有其他交通補助費者，不予補助交通費。

第 6 條

身心障礙學生申請交通服務，應由學生或其法定代理人向學校提出。

　　國、私立高級中等學校及特殊教育學校身心障礙學生，經專業評估確認無法自行上下學者，應經學校特殊教育推行委員會審議通過後，將名單造冊並備齊相關資料報本部核定。

　　國、私立大專校院身心障礙學生，經專業評估確認無法自行上下學者，應將名單造冊並備齊相關資料報本部核定。

　　學校申請本部補助購置無障礙交通車、增設無障礙上下車設備或其他提供交通工具等方式，除依前二項規定辦理外，應依本部補助無障礙設施規定，備妥計畫書及相關文件，一併報本部核定。

　　本部為審查前三項所定事項，得邀集相關領域學者專家召開會議為之。

第 7 條

　　新入學身心障礙學生申請交通服務，應於各學期開學後二星期內向學校提出申請，學校應於受理申請截止後二星期內，完成專業評估及召開審查會議，並將審查結果造冊報本部。本部分別於上學期十月三十一日前及下學期三月三十一日前，完成審核並辦理撥款補助交通費或其他交通服務。

　　身心障礙學生經核定補助交通費者，除第五條所定資格條件有異動者應重新申請外，於原校就讀期間，應由學校註明審核通過日期文號併同審查結果造冊報本部審核後撥款，免再重新申請。

　　本部交通補助費未撥付前，由學校先行墊付。

第 8 條

　　本辦法自發布日施行。

(八) 特殊教育支援服務與專業團隊設置及實施辦法

1. 中華民國一百零一年八月一日教育部臺參字第 1010139441C 號令訂定
　發布全文 9 條；並自發布日施行

2. 中華民國一百零二年九月二十四日教育部臺教學（四）字第
1020139576B 號令修正發布第 2、3 條條文

3. 中華民國一百零四年七月三日教育部臺教學（四）字第 1040082923B
號令修正發布第 2、3 條條文

第 1 條

　　本辦法依特殊教育法（以下簡稱本法）第二十四條第三項規定訂定
之。

第 2 條

　　各級主管機關應提供學校輔導身心障礙學生下列支援服務，並適用於
經主管機關許可在家及機構實施非學校型態實驗教育之身心障礙學生：

　　一、評量支援服務：學生篩選、鑑定評量及評估安置適切性等。

　　二、教學支援服務：特殊教育課程、教材、教法、教具、輔導及學習
　　　　評量等。

　　三、行政支援服務：提供專業人力、特殊教育諮詢或資訊、特殊教育
　　　　知能研習、評量工具、輔具、相關設備或社區資源等。

第 3 條

　　各級主管機關應結合特殊教育行政支持網絡及專業人員，提供前條所
定各項支援服務。

　　前條所定各項支援服務得依下列規定申請提供：

　　一、由學校依相關規定申請所需之服務。

　　二、經主管機關許可在家及機構實施非學校型態實驗教育之身心障礙
　　　　學生，其所需之各項支援服務，應於申請辦理實驗教育計畫中載
　　　　明。

第 4 條

　　各級學校對於身心障礙學生之評量、教學及輔導工作，應以專業團隊
合作進行為原則，並得視需要結合衛生醫療、教育、社會工作、獨立生

活、職業重建相關等專業人員，共同提供學習、生活、心理、復健訓練、職業輔導評量及轉銜輔導與服務等協助。

前項專業團隊，以由特殊教育教師、普通教育教師、特殊教育相關專業人員及學校行政人員等共同參與為原則，並得依學生之需要彈性調整之。

前項所稱特殊教育相關專業人員，指醫師、物理治療師、職能治療師、臨床心理師、諮商心理師、語言治療師、聽力師、社會工作師及職業輔導、定向行動等專業人員。

各級主管機關應督導所屬學校設置專業團隊，並提供專業團隊運作所需之人力、經費等資源，且定期考核執行成果。

第 5 條

專業團隊之合作方式及運作程序如下：

一、由專業團隊成員共同先就個案討論後再進行個案評估，或由各專業團隊成員分別實施個案評估後再共同進行個案討論，做成評估結果。

二、專業團隊依前款評估結果，確定教育及相關支持服務之重點及目標，完成個別化教育計畫之擬訂。

三、個別化教育計畫經核定後，由專業團隊執行及追蹤。

第 6 條

專業團隊提供身心障礙學生專業服務前，應告知學生或其法定代理人提供服務之目的、預期成果及配合措施，並徵詢其同意；實施專業服務時，應主動邀請其參與；服務後並應通知其結果，且作成紀錄，建檔保存。

第 7 條

辦理特殊教育支援服務與專業團隊之設置及運作所需經費，由各校及各該主管機關編列預算支應，中央主管機關應視需要補助之。

第 8 條

　　各級主管機關設立或核准立案之幼兒（稚）園，得準用本辦法規定辦理。

第 9 條

　　本辦法自發布日施行。

(九) 特殊教育課程教材教法及評量方式實施辦法

1. 中華民國七十五年十二月二十四日教育部（75）台參字第 58772 號令訂定發布全文 16 條

2. 中華民國八十七年十二月二日教育部（87）台參字第 87138053 號令修正發布名稱及全文 14 條

　　（原名稱：特殊教育課程、教材及教法實施辦法；新名稱：特殊教育課程教材教法實施辦法）

3. 中華民國八十八年六月二十九日教育部（88）台參字第 88075896 號令修正發布第 13 條條文

4. 中華民國九十九年十二月三十一日教育部臺參字第 0990218743C 號令修正發布名稱及全文 14 條；並自發布日施行

　　（原名稱：特殊教育課程教材教法實施辦法；新名稱：特殊教育課程教材教法及評量方式實施辦法）

第 1 條

　　本辦法依特殊教育法第十九條規定訂定之。

第 2 條

　　高級中等以下學校實施特殊教育，應設計適合之課程、教材、教法及評量方式，融入特殊教育學生（以下簡稱學生）個別化教育計畫或個別輔導計畫實施。

特殊教育課程大綱，由中央主管機關視需要訂定，並定期檢討修正。

第 3 條

高級中等以下學校實施特殊教育課程，應考量系統性、銜接性與統整性，以團隊合作方式設計因應學生個別差異之適性課程，促進不同能力、不同需求學生有效學習。

身心障礙教育之適性課程，除學業學習外，包括生活管理、自我效能、社會技巧、情緒管理、學習策略、職業教育、輔助科技應用、動作機能訓練、溝通訓練、定向行動及點字等特殊教育課程。

資賦優異教育之適性課程，除學生專長領域之加深、加廣或加速學習外，應加強培養批判思考、創造思考、問題解決、獨立研究及領導等能力。

第 4 條

高級中等以下學校實施特殊教育課程，應依學生之個別需求，彈性調整課程及學習時數，經學校特殊教育推行委員會審議通過後為之。

前項課程之調整，包括學習內容、歷程、環境及評量方式。

第 5 條

高級中等學校實施職場實（見）習課程，應視身心障礙學生個別需要，與實（見）習單位充分溝通、合作，安排適當場所，並隨年級增加實（見）習時數；其實施計畫，由學校訂定，報主管機關備查。

第 6 條

實施特殊教育之教材編選應保持彈性，依據學生特質與需求，考量文化差異，結合學校特性及社區生態，充分運用各項教學設備、科技資訊及社區教學資源，啟發學生多元潛能。

第 7 條

特殊教育之教法，應依下列原則為之：

一、運用各種輔助器材、無障礙設施、相關支持服務與環境佈置等措施，提供最少限制之學習環境。

二、教學目標明確、活動設計多樣，提供學生學習策略與技巧，適時檢視教學效能及學習成果。

三、透過各種教學與班級經營策略，提供學生充分參與機會及成功經驗。

四、進行跨專業、跨專長、跨領域或科目之協同、合作教學或合作諮詢。

前項教法依下列方式實施之：

一、分組方式：

　　(一) 個別指導。

　　(二) 班級內小組教學。

　　(三) 跨班級、年級或學校之分組教學。

二、人力或資源運用方式：

　　(一) 個別指導或師徒制。

　　(二) 協同或合作教學。

　　(三) 同儕教學。

　　(四) 科技及資訊輔具輔助教學。

　　(五) 社區資源運用。

三、其他適合之特殊教育教法。

第 8 條

　　學校實施多元評量，應考量科目或領域性質、教學目標與內容、學生學習優勢及特殊教育需求。

　　學校定期評量之調整措施，應參照個別化教育計畫，經學校特殊教育推行委員會審議通過後實施。

第 9 條

　　特殊教育學校為規劃全校課程方案與架構、發展學校本位課程、審查各年級課程計畫、協調並統整各學習領域之學習活動，應組成課程發展委員會；其組成方式，由學校經校務會議審議通過後定之。

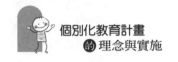

前項委員會,其單一性別委員應占委員總數三分之一以上。

第 10 條

各級主管機關應聘請學者專家、教師等,研發各類特殊教育教材、教法及評量方式。

前項研發,各級主管機關得視需要訂定獎補助規定,鼓勵研究機構、民間團體、學校或教師為之。

第 11 條

各級主管機關得視實際需要,訂定特殊教育課程、教材、教法及評量方式補充規定,報中央主管機關備查。

第 12 條

各級主管機關及學校應規劃定期辦理課程設計、教材編選、教學與評量策略及教學輔具操作與應用等之教師專業成長活動。

第 13 條

各級主管機關應視實際需要,協助學校、學術研究機構、民間團體等,舉辦特殊教育學生學習輔導活動、研習營、學藝競賽、成果發表會及夏冬令營等活動。

第 14 條

本辦法自發布日施行。

(十) 各教育階段身心障礙學生轉銜輔導及服務辦法

1. 中華民國九十九年七月十五日教育部台參字第 0990112933C 號令訂定發布全文 13 條;並自發布日施行

第 1 條

本辦法依特殊教育法第三十一條規定訂定之。

第 2 條

　　為使身心障礙學生（以下簡稱學生）服務需求得以銜接，各級學校及其他實施特殊教育之場所應評估學生個別能力與轉銜需求，依本辦法規定訂定適切之生涯轉銜計畫，並協調社政、勞工及衛生主管機關，提供學生整體性與持續性轉銜輔導及服務。

第 3 條

　　學校辦理學生轉銜輔導及服務工作，高級中等以下學校應將生涯轉銜計畫納入學生個別化教育計畫，專科以上學校應納入學生特殊教育方案，協助學生達成獨立生活、社會適應與參與、升學或就業等轉銜目標。

第 4 條

　　跨教育階段及離開學校教育階段之轉銜，學生原安置場所或就讀學校應召開轉銜會議，討論訂定生涯轉銜計畫與依個案需求建議提供學習、生活必要之教育輔助器材及相關支持服務，並依會議決議內容至教育部特殊教育通報網（以下簡稱通報網）填寫轉銜服務資料。

　　前項轉銜服務資料包括學生基本資料、目前能力分析、學生學習紀錄摘要、評量資料、學生與家庭輔導紀錄、專業服務紀錄、福利服務紀錄及未來進路所需協助與輔導建議等項；轉銜服務資料得依家長需求提供家長參考。

第 5 條

　　發展遲緩兒童進入學前教育場所之轉銜，直轄市、縣（市）主管機關應依發展遲緩兒童通報轉介中心通報之人數，規劃安置場所。

　　各發展遲緩兒童通報轉介中心應依前條規定於轉介前一個月召開轉銜會議，邀請擬安置場所及相關人員參加，依會議決議內容至通報網填寫轉銜服務資料，並於安置確定後二星期內，將轉銜服務資料移送安置場所。

　　前項安置場所於兒童報到後一個月內，視需要依接收之轉銜服務資料，召開訂定個別化教育計畫會議，邀請相關人員及家長參加。

第 6 條

　　學生進入國民小學、特殊教育學校國小部、國民中學或特殊教育學校國中部之轉銜，原安置場所或就讀學校應依第四條規定於安置前一個月召開轉銜會議，邀請擬安置學校、家長及相關人員參加，依會議決議內容至通報網填寫轉銜服務資料，並於安置確定後二星期內填寫安置學校，完成通報。

　　安置學校應於學生報到後二星期內至通報網接收轉銜服務資料，於開學後一個月內，召開訂定個別化教育計畫會議，邀請學校相關人員及家長參加，並視需要邀請學生原安置場所或就讀學校相關人員參加。

第 7 條

　　國民教育階段之安置學校，應於開學後二星期內對已安置而未就學學生，造冊通報學校主管機關，依強迫入學條例規定處理。

第 8 條

　　學生升學高級中等學校或特殊教育學校高職部之轉銜，學生原就讀學校應依第四條規定於畢業前一學期召開轉銜會議，邀請家長及相關人員參加，依會議決議內容至通報網填寫轉銜服務資料，並於安置或錄取確定後二星期內填寫安置（錄取）學校，完成通報。

　　高級中等學校及特殊教育學校高職部應於學生報到後二星期內至通報網接收轉銜服務資料，應於開學後一個月內，召開訂定個別化教育計畫會議，邀請學校相關人員及家長參加，並視需要邀請學生原就讀學校相關人員參加。

第 9 條

　　學生升學專科以上學校之轉銜，學生原就讀學校應依第四條規定於畢業前一學期召開轉銜會議，邀請家長及相關人員參加，依會議決議內容至通報網填寫轉銜服務資料，並於錄取確定後二星期內填寫錄取學校，完成通報。

　　專科以上學校應於學生報到後二星期內至通報網接收轉銜服務資料，

於開學後一個月內召開訂定特殊教育方案會議，邀請學校相關人員參加，並視需要邀請學生原就讀學校相關人員及家長參加。

第 10 條

設有職業類科之高級中等學校及特殊教育學校高職部，應於學生就讀第一年辦理職能評估。

前項學生於畢業前二年，學校應結合勞工主管機關，加強其職業教育、就業技能養成及未來擬就業職場實習。

第一項學生於畢業前一年仍無法依其學習紀錄、行為觀察與晤談結果，判斷其職業方向及適合之職場者，應由學校轉介至勞工主管機關辦理職業輔導評量。

第 11 條

國民中學以上學校學生，表達畢業後無升學意願者，學校應依第四條規定於學生畢業前一學期召開轉銜會議，邀請學生本人、家長及相關人員參加，並於會議結束後二星期內依會議決議內容至通報網填寫轉銜服務資料，完成通報。

學生因故離校者，除法律另有規定外，學校得視需要召開轉銜會議，並至通報網填寫轉銜服務資料，完成通報。

前二項學生離校後一個月內，應由通報網將轉銜服務資料通報至社政、勞工或其他相關主管機關銜接提供福利服務、職業重建、醫療或復健等服務，並由學生原就讀學校追蹤輔導六個月。

第 12 條

各級學校及其他實施特殊教育之場所提供學生轉銜輔導及服務之執行成效，應列入各主管機關評鑑項目。

第 13 條

本辦法自發布日施行。

(十一) 身心障礙者生涯轉銜計畫實施辦法

1. 中華民國一百零二年三月十八日內政部台內社字第 1010356945 號令、
   教育部臺教學（四）字第 1020008133B 號令、行政院衛生署衛署照字
   第 1012800120 號令、行政院勞工委員會勞職特字第 1020003000 號令會
   銜訂定發布全文 14 條；並自發布日施行

第 1 條

　　本辦法依身心障礙者權益保障法（以下簡稱本法）第四十八條第二項
規定訂定之。

第 2 條

　　主管機關、各目的事業主管機關及相關機關（構）依本辦法規定辦理
身心障礙者生涯轉銜服務時，應尊重身心障礙者意願及以其最佳利益為優
先考量。

第 3 條

　　直轄市、縣（市）主管機關及各目的事業主管機關，為受理轉銜服務
計畫之通報及提供轉銜服務，應設身心障礙者生涯轉銜通報及服務窗口
（以下簡稱轉銜窗口）。

　　前項轉銜窗口得委託公私立學校、機構、財團法人或社團法人辦理。

第 4 條

　　主管機關及各目的事業主管機關、相關機關（構）、學校或其他場所
（以下簡稱轉出單位），除另有規定外，應於身心障礙者生涯階段轉銜前
一個月邀請轉銜後生涯階段之機關（構）、學校或其他場所（以下簡稱轉
入單位）、身心障礙者本人、其家人及相關人員，召開轉銜會議確定轉銜
服務計畫，並填具轉銜通報表通報所屬轉銜窗口。

　　前項轉銜服務計畫內容應包括下列項目：

　　一、身心障礙者基本資料。

二、轉銜原因。

三、各階段專業服務資料。

四、家庭輔導計畫。

五、個案身心狀況及需求評估。

六、個案能力分析。

七、未來服務建議方案。

八、轉銜服務準備事項。

九、受理轉銜單位。

十、其他特殊記載事項。

第 5 條

轉出單位依前條規定辦理轉銜服務，應將轉銜服務計畫，於轉銜會議後十四日內送達轉入單位。

轉入單位應於轉銜後十四日內，將受案情況填具轉銜通報回覆表，通報所屬轉銜窗口，該轉銜窗口並應即通知轉出單位轉銜服務結果。

第 6 條

身心障礙者經轉銜服務完成後，轉出單位應持續追蹤六個月。

第 7 條

身心障礙者進入幼兒園（所）、跨教育階段及離開學校教育階段之轉銜服務，依各教育階段身心障礙學生轉銜輔導及服務辦法之規定辦理。

第 8 條

轉出單位認身心障礙者有轉銜至長期照顧階段需要者，應通知直轄市、縣（市）主管機關進行服務評估，其評估結果應載明於轉銜服務計畫。

身心障礙者依直轄市、縣（市）主管機關評估結果有轉銜需要者，轉出單位應即辦理轉銜服務至長期照顧機關（構）或其他適當之福利及照顧服務機關（構）。

第 9 條

　　身心障礙者經醫院評估需住院治療者，該醫院應依據本法第二十三條第二項規定，提供出院準備計畫，辦理轉銜服務。

第 10 條

　　為推動轉銜服務工作，直轄市、縣（市）主管機關應至少每半年召開一次轉銜服務工作聯繫會報，並得視需要邀集目的事業主管機關組成身心障礙者生涯轉銜服務工作小組，擬定身心障礙者生涯轉銜服務整合實施方案。

第 11 條

　　直轄市、縣（市）主管機關應定期評估、彙整轄區內轉銜服務執行成效，並於年度結束一個月內函報中央主管機關及中央目的事業主管機關備查。

　　前項轉銜服務成效，應列入中央主管機關及中央目的事業主管機關年度績效考核項目。

第 12 條

　　推展轉銜服務所需經費，由主管機關及目的事業主管機關按年度編列預算配合辦理。

第 13 條

　　本辦法所需書表格式，由中央主管機關會商中央目的事業主管機關定之。

第 14 條

　　本辦法自發布日施行。

附錄 *2*
個別化教育計畫會議
開會通知書

○○縣（市）○○學校○○○學年度○學期
個別化教育計畫會議開會通知書

重要會議，請務必出席

學校地址：

承辦人：

電話及 Line：

電子信箱：

受文者：

發文日期：

發文字號：

附件：○○○同學個別化教育計畫初稿（密件）

開會事由：召開本校○○○學年度第○學期○○○同學個別化教育計畫會
　　　　　議

開會時間：

開會地點：

主持人：

出席者：（列出參與本次個別化教育計畫之相關人員及職稱）

列席者：（列出本次個別化教育計畫邀請列席說明之相關人員及職稱）

副本：

備註：

一、本項會議依據《特殊教育法》第 28 條、《特殊教育法施行細則》第 9 條與第 10 條召開。

二、本項會議事關學生教育權益，請與會者務必出席。

三、請攜帶本會議通知單及其附件與會。

四、《特殊教育法》第 28 條：高級中等以下各教育階段學校，應以團隊合作方式對身心障礙學生訂定個別化教育計畫，訂定時應邀請身心障礙學生家長參與，必要時家長得邀請相關人員陪同參與。

五、家長若邀請相關人員陪同與會或需相關協助，請事先聯絡承辦人。

六、《特殊教育法》第 21 條：對學生鑑定、安置及輔導如有爭議，學生或其監護人、法定代理人，得向主管機關提起申訴，主管機關應提供申訴服務。

學生學習、輔導、支持服務及其他學習權益事項受損時，學生或其監護人、法定代理人，得向學校提出申訴，學校應提供申訴服務。

附錄 3
個別化教育計畫參考表格

　　表格使用說明：每一位身心障礙學生之身心條件不同、需求不同，其所需之特殊教育與支持服務內容也可能不同，因此，本表格並未盡列可適用於所有身心障礙學生之各項詳細內容以備勾選，而只列出《特殊教育法施行細則》所規定需包含之事項，及各事項之次項目，各校實際應用時，得依不同學生之條件、需求及所需之特殊教育與支持服務，彈性調整各次項目之列述內容。此外，本表格強調個別化教育計畫內容應盡量採具體敘述之方式，而非項目勾選方式。

○○縣（市）○○學校○○○學年度○學期
○○○同學個別化教育計畫家長同意書

1. □本人實際參與○○○同學之個別化教育計畫會議，並同意該計畫之內容。

   □本人經由其他方式，參與○○○同學之個別化教育計畫的溝通討論，並同意該計畫之內容。

2. □本人了解下列相關事項：

   • 有獲得○○○同學個別化教育計畫會議紀錄及個別化教育計畫複本的權利。

   • 有與學校討論及要求調整○○○同學個別化教育計畫各項內容之權利。

   • 有參與○○○同學個別化教育計畫檢討會議之權利。

   • 對於特殊教育措施及個別化教育計畫有提出申訴的權利。

3. 其他意見：

家長或監護人簽名：＿＿＿＿＿＿＿＿＿＿＿＿

日期：○○○年○○月○○日

○○縣（市）○○學校○○○學年度○學期
參與○○○同學個別化教育計畫簽名欄

行政人員代表	職稱	姓名	職稱	姓名

特殊教育及相關教師代表	職稱	姓名	職稱	姓名

相關專業人員	職稱	姓名	職稱	姓名

家長與學生	職稱	姓名	職稱	姓名
	○○○之○		學生本人	

其他人員	職稱	姓名	職稱	姓名

個案管理者簽章：（職稱與簽章）

○○縣（市）○○學校○○○學年度○學期
○○○個別化教育計畫

完成訂定日期：○○年○○月○○日　　　個案管理者：（職稱、姓名）

一、學生基本資料與家庭狀況

(一) 基本資料與家庭狀況表

<table>
<tr><td rowspan="13">個人資料</td><td>學生姓名</td><td colspan="2"></td><td>性別</td><td></td><td colspan="2">出　生</td><td>年　月
日</td><td>身分證
字　號</td><td></td></tr>
<tr><td>年級班別</td><td>年　班</td><td>導師</td><td colspan="2"></td><td colspan="2">資　源
教　師</td><td></td><td>特教班
教　師</td><td></td></tr>
<tr><td>住　　址</td><td colspan="9"></td></tr>
<tr><td>主　要
照顧者</td><td colspan="6">□父　□母　□祖父母　□其他_____</td><td colspan="2">電話</td><td></td></tr>
<tr><td>父　親</td><td colspan="5"></td><td colspan="2">電　話　（H）</td><td colspan="2">（手機）</td></tr>
<tr><td>母　親</td><td colspan="5"></td><td colspan="2">電　話　（H）</td><td colspan="2">（手機）</td></tr>
<tr><td>身障手冊
或證明</td><td colspan="9">□無　□有　類別：　　　　障礙程度：
□多重障礙，主障別：　　　效期：</td></tr>
<tr><td>鑑輔會
障礙類別</td><td colspan="2"></td><td>鑑定日期
與文號</td><td colspan="2"></td><td>特殊教育
安置</td><td></td><td>緊急狀況
送達醫療
院　　所</td><td></td></tr>
<tr><td colspan="10">健康狀況：（條列敘述重點包括：重大疾病或特殊健康問題、醫療史、目前用藥或醫療情形、照護應注意事項等，及與個別化教育計畫之關係）</td></tr>
<tr><td colspan="10">個人特質：（條列敘述重點包括：行為特質、特殊習慣或偏好、優勢、弱勢等，及與個別化教育計畫之關係）</td></tr>
<tr><td colspan="10">先前教育史：（條列敘述重點包括早期療育、先前各階段特殊教育安置狀況、先前主要特殊教育與相關服務，及與個別化教育計畫之關係）</td></tr>
<tr><td rowspan="3">家庭狀況</td><td colspan="10">家庭生活狀況：（條列敘述重點包括家庭成員、家庭氣氛、家人互動、教養態度等，及與個別化教育計畫之關係）</td></tr>
<tr><td colspan="10">家庭資源、困難與需求：（條列敘述重點包括家庭可用資源、家庭困難、家庭需求，及與個別化教育計畫之關係）</td></tr>
<tr><td colspan="10">家長期望：（條列敘述重點包括家長對學生安置、教育重點、支持服務、升學與就業之生涯發展等期望，及與個別化教育計畫之關係）</td></tr>
</table>

(二) 學生基本資料附件（含身心障礙手冊或證明影本、鑑輔會鑑定證明、醫生診斷證明，及其他相關文件）

二、學生能力現況

(一) 相關測驗或評量結果（含標準化測驗、學科測驗、性向測驗、情緒行為或人格測驗、醫學診斷、視力或聽力檢查結果等）

評量與診斷名稱	評量者 評量日期	評量結果說明 （條列說明測驗可靠性、測驗結果、與個別化教育計畫之關係）

(二) 基本能力現況

項目	學生能力現況與需求	
	優勢能力（或已習得之能力）	弱勢能力（或待加強之能力）及需求
認知 （於右側欄位條列敘述注意、記憶、問題解決能力，及與個別化教育計畫之關係）		
溝通 （於右側欄位條列敘述口語表達與理解能力，及與個別化教育計畫之關係）		

項目	學生能力現況與需求	
	優勢能力（或已習得之能力）	弱勢能力（或待加強之能力）及需求
獨立行動 （於右側欄位條列敘述獨立行動、運用行動輔具之行動能力，及與個別化教育計畫之關係）		
社會行為與情緒 （於右側欄位條列敘述人際關係、社會技巧、行為問題、情緒控制等，及與個別化教育計畫之關係）		
感官功能 （於右側欄位條列敘述視力、聽力狀況，及與個別化教育計畫之關係）		
知覺動作 （於右側欄位條列敘述精細動作、粗大動作能力，及與個別化教育計畫之關係）		
生活自理 （於右側欄位條列敘述進食、如廁、盥洗、穿脫衣服等能力，及與個別化教育計畫之關係）		

(三) 學業能力現況

科目	學科能力現況與需求	
	優勢能力（或已習得之能力）	弱勢能力（或待加強之能力）與需求
語文學科 （於右側欄位條列敘述聽、說、識字、閱讀理解、寫字、寫作等基本學科能力，與學業成就，及與個別化教育計畫之關係）		

科目	學科能力現況與需求	
	優勢能力（或已習得之能力）	弱勢能力（或待加強之能力）與需求
數學學科 （於右側欄位條列敘述數學概念、計算、解題等基本學科能力，與學業成就，及與個別化教育計畫之關係）		
其他學科		

三、特殊教育與相關服務之需求與服務內容

(一) 需求與服務內容

項目	需求與服務內容	起訖時間	負責人
特殊教育服務 （於右側欄位條列敘述學生對特殊教育之需求與服務內容，包括補救教學之基本學科能力、補救教學之學業成就、生活適應、生活自理、社會技巧等。服務內容需盡量具體說明內容、方式、場所、起訖、頻率、負責人等，或以實施計畫表方式呈現）			
相關專業服務 （於右側欄位條列敘述相關專業服務之需求與服務內容，包括物理治療、職能治療、語言治療、社工、職能評估、職業輔導、輔具等。服務內容需盡量具體說明內容、方式、場所、起訖、頻率、負責人等，或以實施計畫表方式呈現）			

項目	需求與服務內容	起訖時間	負責人
支持服務 （於右側欄位條列敘述支持服務之需求與服務內容，包括評量調整、融合教育、特殊教材、人力支援、無障礙環境、交通服務、家庭支持、其他支持服務。服務內容需盡量具體說明內容、方式、場所、起訖、頻率、負責人等，或以實施計畫表方式呈現）			

(二) 服務內容實施計畫表（包括以下文件：特殊教育班或資源班課表、巡迴輔導實施計畫表、社區教學計畫表、融合教育實施計畫表、評量調整實施計畫表、交通服務實施計畫表等）

四、學年目標與學期目標（依符合學生需求之學科／領域分別擬訂，並需包含正向行為支持及轉銜輔導之教學目標）

學科／領域	學年目標	學期目標	教學起訖期間	教學者	評量方式	評量標準	評量日期					是否通過	教學決定	說明
							評量結果							
A	A-1	A-1-1					/	/	/	/	/			
		A-1-2					/	/	/	/	/			

- 評量方式——「觀」：觀察；「口」：口頭；「指」：指認；「實」：實作；「寫」：書寫；「其」：其他（請說明）。
- 提示的評量標準——「獨」：獨立完成；「直提」：直接口語提示下完成；「間提」：間接口語提示下完成；「手」：手勢提示下完成；「視」：視覺提示下完成；「示」：示範動作下完成；「部身」：部分身體提示下完成；「大身」：大量身體提示下完成。
- 達成的評量標準——5：100%～80%；4：80%～60%；3：60%～40%；2：40%～20%；1：20%以下。或者直接使用百分比法（盡量設定80%以上之精熟水準），不使用等第法。
- 評量結果——＋（或○）：通過；－（或×）：未通過。

・教學決定——「P」或「通」：通過；「C」或「繼」：繼續教學；「M」或「調」：調整；「D」或「刪」：刪除。

五、行為功能介入方案及行政支援

　　□學生無情緒及行為問題（勾選本項目者，不需填寫本表）

　　□學生有情緒行為問題（請填寫以下表格）

(一) 情緒及行為問題描述

情緒／行為問題敘述
（具體說明學生之情緒行為特徵、發生頻率、嚴重程度、情境、以往處理方式與成效）

(二) 行為功能評量、介入策略及行政支援

行為功能評量與介入、行政支持			
項目	功能評量與介入策略 （先具體評估各項目可能之影響因素，再依評估結果，明確說明相關之介入策略，包括做法、負責人、場所、起訖、時間）	執行期間	負責人
前置環境因素			
行為後果因素			
行為功能與正向行為支持			
行政支援及相關資源			

335

六、轉銜輔導及服務內容

(一) 轉銜型態

☐不同安置類型轉換：_____

☐跨階段轉銜：_____

☐升學：_____

☐就業：_____

☐就養：_____

(二) 轉銜輔導及服務內容

項目	輔導與服務內容	執行期間	負責人員
學業輔導			
升學輔導			
生活輔導			
就業輔導			
心理輔導			
福利服務			
其他相關專業服務			

(三) 轉銜輔導與服務實施計畫表（列出各項轉銜輔導與服務之相關措施，並包括實施的內容、方式、起訖日期、時間、地點、負責人等）

附錄 4
個別化教育計畫參考
表格相關網站

- 教育部國教署特教網路中心

  https://www.aide.edu.tw/

- 教育部國教署特教網路中心網路 IEP 系統

  http://spe-iep.aide.gov.tw/（特殊教育學校網路 IEP 系統）

  http://ce-iep.aide.gov.tw/（一般學校網路 IEP 系統）

  http://vs-iep.aide.gov.tw/（高中職學校網路 IEP 系統）

- 有愛無礙電腦化 IEP

  https://webiep.dale.nthu.edu.tw/

- 基隆市特教資源中心

  https://kse.kl.edu.tw/

- 臺北市南區特教資源中心

  http://www.wsses.tp.edu.tw/web/sser/

- 新竹市特教資源中心

  http://special.hc.edu.tw/WebMaster/?section=1

- 新竹市特殊教育資源中心

  http://special.hc.edu.tw/WebMaster/?section=43

- 苗栗縣特殊教育網

  http://www.spc.mlc.edu.tw/spc/

- 南投縣特教資源中心

  http://ms1.skjhs.ntct.edu.tw/~center/v/index.html

・嘉義縣特教資訊網

http://ylg.cyc.edu.tw/spcedu/pub/page/dsb.php

・高雄市特殊教育資源中心

http://kserc.spec.kh.edu.tw/modules/document/index.php?dirsn=65

・花蓮縣特殊教育資源服務網

http://hlcspe.hlc.edu.tw/imain3.asp?id=357

國家圖書館出版品預行編目（CIP）資料

個別化教育計畫的理念與實施／胡永崇著.
-- 初版 .-- 新北市：心理，2018.08
面； 公分 .--（障礙教育系列；63152）
ISBN 978-986-191-833-4（平裝）

1. 特殊教育 2. 個別化教學

529.6　　　　　　　　　　　107011008

障礙教育系列 63152

個別化教育計畫的理念與實施

作　　　者：胡永崇

執行編輯：高碧嵥

總　編　輯：林敬堯

發　行　人：洪有義

出　版　者：心理出版社股份有限公司

地　　　址：231026 新北市新店區光明街 288 號 7 樓

電　　　話：(02) 29150566

傳　　　真：(02) 29152928

郵撥帳號：19293172 心理出版社股份有限公司

網　　　址：https://www.psy.com.tw

電子信箱：psychoco@ms15.hinet.net

排　版　者：龍虎電腦排版股份有限公司

印　刷　者：龍虎電腦排版股份有限公司

初版一刷：2018 年 9 月

初版三刷：2023 年 9 月

I S B N：978-986-191-833-4

定　　　價：新台幣 400 元